ANDAR ENTRE LIVROS

A leitura literária
na escola

Teresa Colomer

ANDAR ENTRE LIVROS

A leitura literária na escola

Tradução
Laura Sandroni

Título original en español: *Andar entre libros*
D.R. © (2005) FONDO DE CULTURA ECONÓMICA
Carretera Picacho-Ajusco 227, C.P. 14200, México, D.F.

1ª Edição, Global Editora, São Paulo 2007
7ª Reimpressão, 2024

Jefferson L. Alves – diretor editorial
Cecilia Reggiani Lopes – edição
Flávio Samuel – gerente de produção
Marina Itano – capa
Laura Sandroni – tradução
Fátima de Carvalho M. de Souza e
Vitória Tonetti Martini – revisão
Shutterstock/Jorm Sangsorn – imagem de capa

Dados Internacionais de Catalogação na Publicação (CIP)
(Câmara Brasileira do Livro, SP, Brasil)

Colomer, Teresa
   Andar entre livros : a leitura literária na escola / Teresa Colomer ; [tradução Laura Sandroni]. – São Paulo : Global, 2007.

   Título original : Andar entre libros : la lectura literaria en la escuela
   Bibliografia.
   ISBN 978-85-260-1233-2

   1. Leitura 2. Literatura 3. Livros e leitura I. Título.

07-6244   CDD-306.488

Índices para catálogo sistemático:
1. Leitura literária na escola : Sociologia educacional   306.488

Obra atualizada conforme o
NOVO ACORDO ORTOGRÁFICO DA LÍNGUA PORTUGUESA

Global Editora e Distribuidora Ltda.
Rua Pirapitingui, 111 – Liberdade
CEP 01508-020 – São Paulo – SP
Tel.: (11) 3277-7999
e-mail: global@globaleditora.com.br

- grupoeditorialglobal.com.br
- @globaleditora
- /globaleditora
- @globaleditora
- /globaleditora
- /globaleditora
- blog.grupoeditorialglobal.com.br

Direitos reservados.
Colabore com a produção científica e cultural.
Proibida a reprodução total ou parcial desta
obra sem a autorização do editor.

Nº de Catálogo: **2943**

ANDAR
ENTRE LIVROS
A leitura literária na escola

Sumário

Introdução 9

Primeira Parte

Escolas, leitores e livros

1. Ler na escola: os "livros de leitura" 15
O acesso às obras no ensino da literatura 20
Algumas confusões sobre a leitura literária 33

2. O progresso do leitor 49
De onde partimos? Os livros na etapa infantil 52
Uma contínua construção do sentido 60
Linhas de avanço na aprendizagem escolar 63

3. Os livros como mestres 73
Uma escada com corrimão 75
O exemplo de livros destinados a leitores iniciantes 89

Segunda Parte

Leituras escolares

4. A articulação escolar da leitura literária 101
O estímulo à leitura 102
O planejamento escolar 116

5. Ler sozinho	125
A seleção dos livros	127
6. Ler com os outros	143
Uma ponte do individual ao coletivo	144
Estabelecer redes horizontais	147
Estabelecer redes verticais	151
7. Ler, expandir e conectar	159
Ler e escrever literatura: os contos no primeiro ciclo	162
Os livros infantis no ciclo inicial	168
Os livros infantis no ciclo médio	170
Os livros infantis no ciclo superior	170
Ler e escrever literatura: o caso da poesia	172
8. Ler com os especialistas	179
Levar a interpretação mais adiante	182
Mostrar diferentes enfoques nas obras: alguns exemplos para a etapa secundária	187
9. À maneira de conclusão	197
Referências bibliográficas	201

Introdução

Poderia dizer que o tema deste livro remonta ao meu primeiro trabalho como docente em uma escola da área metropolitana de Barcelona. Acabava de sair da Universidade e não tinha experiência nem formação didática, mas nesse ano as crianças e eu montamos uma biblioteca de classe com os livros que elas levaram. Durante os muitos anos transcorridos desde então, não deixei de confiar nos livros como os melhores colaboradores dos professores na educação leitora e literária de seus alunos. A leitura de livros é o ponto de intersecção entre leitura, literatura infantil e juvenil e ensino de literatura, onde situei o meu trabalho, por isso voltei uma e mais vezes a esta questão. Este livro recolhe, relaciona e aprofunda algumas reflexões realizadas durante esses anos.

Devo advertir que nele se falará de livros para crianças, mas não se trata de um estudo sobre a literatura infantil e juvenil em si mesma. Também se tratará de seu uso na escola, mas não se oferece como uma proposta sobre didática da literatura. Na realidade, este livro se refere a ambas as coisas ao mesmo tempo: pretende refletir sobre a forma como os livros e os professores trabalham juntos para criar um itinerário de leitura, que permita às novas gerações transitar pelas possibilidades de compreensão do mundo e desfrutar da vida que a literatura lhes abre.

E uma vez delimitado o âmbito do estudo, é necessário esclarecer algumas intenções, que também me parece conveniente colocar a seu possível leitor.

A primeira é traçar uma ponte entre a prática docente e as teorias que podem explicá-la e sustentá-la. Não se trata de descrever os avanços das teorias de referência, sejam elas psicopedagógicas, de teoria literária ou da análise dos livros infantis para assinalar sua influência benéfica nas aulas... se os docentes encontram maneiras de articulá-las. Tampouco de resenhar as expe-

Andar entre livros

riências positivas sobre a leitura de livros acumuladas na escola, como uma chuva de exemplos nos quais os docentes podem encontrar atividades atraentes para utilizar em seu trabalho. Este livro pretende unir-se aos esforços para *construir um quadro de atuação educativa* que se alimente tanto dos avanços teóricos como da experiência prática, com o objetivo de que cada professor possa entender melhor o porquê e o como de sua tarefa e sentir-se mais seguro e criativo com seu trabalho cotidiano. É nesse sentido que se tenta esclarecer as discussões, as interrogações e os critérios que influenciaram a presença, a seleção e a leitura de livros nas aulas, durante as últimas décadas.

A segunda é manter-se dentro dos limites da leitura dos livros, sem pretender abarcar todo o terreno da educação literária. A leitura integral de obras literárias canônicas e de livros infantis não serve como atividade única para alcançar todos os objetivos da formação literária na escola, já que esta requer também atividades tais como leituras de fragmentos, escrita, exercícios, informações ou sistematizações conceituais. Do mesmo modo cabe recordar que ler obras literárias não limita seus benefícios a objetivos estritos da programação dessa área. É claro que falar de por que e para que damos livros para que crianças e adolescentes os leiam durante as aulas, se inscreve no debate sobre para que serve a literatura na escola, mas, ao longo destas páginas, não vamos priorizar o ensino da literatura com todas as suas implicações, mas trataremos especificamente *da leitura de obras literárias durante a infância e a adolescência no quadro escolar.*

A terceira é destacar a unidade de ação entre as etapas educativas. A leitura de livros cria um itinerário prolongado ao longo de toda a escolaridade obrigatória. Não se lê livremente em umas séries e se aprende literatura em outras. Se se está consciente da continuidade da aprendizagem, as séries se podem enlaçar de forma mais eficaz e os professores podem trabalhar em equipe para ajudar a seus alunos durante esse período. Por isso as ideias expostas se referem à leitura literária escolar de maneira global e pretende-se o aprofundamento em aspectos que nos levariam a centralizar a reflexão em uma e outra etapa. Por essa razão optou-se deliberadamente para que os exemplos desenvolvidos se distribuam entre as etapas escolares, desde os livros para os primeiros leitores nas classes iniciais, ao trabalho com os contos nas primeiras séries ou as possibilidades dos clássicos juvenis de quinta à oitava.

Com estas intenções, o livro organizou-se em duas partes – a primeira consta de três capítulos dedicados respectivamente aos três elementos em

Introdução

questão: *a escola, os leitores e os livros.* Interessa-nos a escola como instituição que outorga um sentido específico à leitura de obras; assim, o primeiro capítulo trata dessa função, sobre como se deu sua evolução e por quê, assim como sobre os principais debates que afetam de um modo direto a leitura de livros nas salas de aula. Também nos interessam os leitores como pessoas, que desenvolvem suas capacidades e competências literárias; de modo que o segundo capítulo reflete sobre o itinerário formativo que se oferece aos meninos e meninas através da leitura. E, finalmente, nos interessam os livros da perspectiva de seu apoio a esse percurso; de modo que o terceiro capítulo se dedica a mostrar que os livros infantis "constroem seu leitor", quer dizer, que se situam à altura das crianças, levam-lhes a atuar como leitores literários e os introduzem em possibilidades de leitura cada vez mais amplas.

Esta perspectiva em relação à escola, aos leitores e aos livros conduz a propor a leitura destes últimos em formas determinadas e a excluir outras, de maneira que, do quadro descrito na primeira parte, se depreende uma série de critérios relacionados com a atualização escolar, abordados na segunda parte dedicada à *escola em ação.*

Estimular a leitura e planejar o desenvolvimento das competências infantis são os dois eixos da tarefa escolar no acesso à literatura. Das melhores formas de consegui-lo trata o capítulo quarto, que fez um balanço sobre a "animação para a leitura" e propõe algumas maneiras especialmente sugestivas de organizar esse trabalho. A partir daí se concretizam quatro espaços e tipos de leitura que podem ajudar os docentes a programar as atividades de leitura de livros. Os capítulos seguintes dedicam-se a expor questões relativas a cada um desses quatro âmbitos: o primeiro deles é abordado no capítulo quinto e se refere a um espaço de *leitura autônoma e pessoal.* Tendo-se que aí se necessita apenas selecionar os livros que serão postos nas mãos das crianças, o capítulo se concentra em analisar os critérios usados para avaliar e escolher as leituras infantis e as formas pelas quais elas se sucedem. O capítulo sexto sustenta que a leitura se socializa e se *compartilha* com os outros através de práticas de leitura, que estabelecem comunidades de leitores tanto "fisicamente" como "ligados" pela tradição cultural. É desse ponto de vista que surge o tema da leitura dos "clássicos" na escola. O capítulo sétimo *expande* a literatura em direção às habilidades linguísticas e às demais áreas do currículo, dando especial importância às atividades de relação entre a leitura e a escrita de contos e poemas. No oitavo capítulo se recupera o protagonismo da escola como *guia experimentada* na interpretação dos textos e se abordam

Andar entre livros

as possibilidades que tem a leitura de obras, numa programação específica sobre saberes literários.

A reflexão finaliza no capítulo 9 com um quadro sintético sobre a proposta de planejamento nesses campos inter-relacionados da leitura, assim como em um convite aos professores para que comparem suas práticas com os critérios expostos e façam surgir daí atividades concretas que lhes sejam úteis em seus trabalhos em sala de aula. A esperança de que assim aconteça encerra as páginas do livro.

No entanto, não gostaria de concluir esta introdução sem algumas palavras de agradecimento. Por um lado quero dizer que, ainda que se tenha optado por simplificar ao máximo as referências, este texto se nutre de um tecido de vozes que me ofereceram suas reflexões e seus exemplos de ensino através de todas as leituras, intercâmbios pessoais e trabalho em sala de aula realizado durante muito tempo. Por outro, desejo assinalar especialmente as leituras que Maria Cecília Diaz e Daniel Goldin realizaram do rascunho, bem como expressar os mais sinceros agradecimentos a este último pela confiança e apoio que me concedeu e que se encontram, muito concretamente, na base da realização deste livro.

Teresa Colomer

Primeira Parte

Escolas, leitores e livros

1.

Ler na escola: os "livros de leitura"

> É pelas leituras extensas que os alunos adquirem alguns conhecimentos:
> eles não têm capacidade para analisar por si mesmos, profundamente, um
> escasso número de linhas.
>
> J. Bézard[1]

Durante séculos a literatura exerceu um papel preponderante como eixo vertebral do ensino linguístico, a formação moral, a consciência de uma cultura com raízes clássicas greco-latinas e, desde o século XIX, de aglutinadora de cada nacionalidade. Que a literatura tivesse representado todas essas funções não significa, no entanto, que os alunos tenham se dedicado a ler obras literárias nas aulas, nem que a literatura lida fosse adequada à sua capacidade e interesse. Basta lembrar que, segundo os redatores do Plano Educativo de 1825, na Espanha, as únicas leituras necessárias na escola primária eram a cartilha, o catecismo e as *Fábulas* de Samariego, e que, um século mais tarde, passou a ser obrigatória uma leitura tão discutível para os destinatários infantis como o *Quixote*.[2]

Entre essas duas datas, em meios do século XIX, haviam começado a ser escritos em diferentes países livros especialmente pensados e escritos para a etapa escolar, embora sempre levando em conta que sua função principal era a instrução moral. Esses "livros de leitura" agrupavam pequenos relatos edificantes, histórias humorísticas ou pequenas peripécias emocionantes. Alguns foram incluindo também poemas ou fragmentos, patrimônios da literatura nacional, de modo que se unificaram as referências entre as etapas primária e secundária. Outros conservaram as sequências narrativas sobre diferentes

---

[1] Julien Bézard, *De la méthode littéraire: journal d'un professeur dans une classe de première*, 1911, citado por Martine Jey, *La littérature dans l'enseignement secondaire (second cycle) en France de 1880 à 1925*, Paris, Université de la Sorbonne Nouvelle, 1996.

[2] Podem achar-se alguns dados desta evolução histórica em Gabriel Núñez, *La educación literaria*, Madri, Sintesis, 2001, e em Gustavo Bombini, *Los arrabales de la literatura: la historia de la enseñanza literaria en la escuela secundaria argentina (1860-1960)*, Buenos Aires, Miño y Dávila, 2004.

Andar entre livros

aspectos educativos a partir do fio condutor de um protagonista infantil; um dos exemplos mais famosos foi o italiano *Giannetti*, de Parravicini, que durante mais de cem anos encheu as escolas espanholas de *Joóezinhos e Joaninhas*, produto de suas versões castelhanas. Ainda na década de 1950 os livros de leitura da Espanha franquista adotaram formas, já caricatas, desse modelo.

1 – Saúda seu papai e sua mamãe e lhes deseja um bom dia.

2 – Hoje, primeiro dia de aula, está muito contente. O professor lhe dará um livro novo.

3 – Depois do café da manhã Joãozinho irá ao colégio junto com seu irmão Luís.

4 – Ao entrar cumprimentará o professor e dirá como todas as crianças espanholas: "Ave Maria Puríssima".

5 – E logo, diante da bandeira da Espanha, cantará junto com seus companheiros, o hino pátrio.

"que soube seguir
sobre o azul do mar
o caminho do sol".[3]

Em alguns países, os livros de leitura coletiva adotaram a forma de "novelas escolares", narrativas extensas e coesas, que às vezes estimulavam o conhecimento do passado, como no condensado *Voyage du jeune Anarchasis en Grèce*, do abade Barthèlemy, publicado originalmente em 1788 e muito utilizado nas escolas francesas da primeira metade do século XIX; outras faziam os leitores deslizar por um autêntico espaço geográfico, como em *El maravilloso viaje de Nils Holgersson através de Suécia*, de Selma Lagerloff, publicado em 1907, e outras ainda resultavam em um compêndio de unidade patriótica e de proposta de articulação social, como no caso de *Coração*, a obra de Edmundo de Amicis, publicada em 1878 na Itália recém-unificada:

Através de sua explicação se ouvia o martelo da oficina de algum ferreiro, a canção de ninar de alguma mulher das casas vizinhas, e, ao longe, as cornetas e cornetins da tropa que treinava no quartel de Cernaia. Todos estávamos contentes; até Eduardo estava alegre.
Em um momento, o ferreiro começou a bater mais forte, a mãe a cantar mais alto e o professor se deteve em sua explicação. Logo disse, lentamente, olhando pela janela:
– O céu que sorri, a mãe que canta, um bom homem que trabalha, crianças que estudam... aí estão quatro coisas muito boas e bonitas.[4]

Lidas em capítulos nas classes finais do curso primário, as novelas escolares eram uma garantia de que qualquer pessoa teria lido ao menos um livro

---

[3] Textos E.P., *Lecturas escolares (grado primero)*, Madri, Editorial Bibliográfica Española, 1957, pp. 7-8.

[4] Edmundo de Amicis, *Coração*, Rio de Janeiro, Livraria Francisco Alves, 1940.

recreativo completo em sua vida e se tornavam um vínculo de referência coletiva. Basta evocar que todos os imigrantes italianos que foram para a Argentina levaram o *Coração* em suas maletas, como um de seus mais apreciados sinais de identidade.[5]

Em relação à etapa secundária, o modelo secular de ensino literário foi o aprendizado prático para criar discursos orais e escritos. Desenvolvia-se através do eixo da retórica e se baseava na leitura dos autores gregos e latinos em sua língua original. Tratava-se de agrupar as referências culturais, estudar os recursos expressivos utilizados nessas obras e tomar as citações de autoridade ou os exemplos adequados para incluí-los na construção do próprio discurso. No século XIX, a substituição desse modelo pelo estudo da história da literatura nas línguas nacionais levou ao ensino de uma linha de evolução cronológica literária mais ou menos exemplificada com textos nos quais os alunos deviam comprovar os juízos de valor e as características estudadas. Em ambos os casos se recorria, principalmente, à leitura intensiva de fragmentos de obras, orientada para o trabalho guiado pelo professor.

Assim, pois, até há relativamente pouco tempo, as obras deliberadamente "escolares" e as antologias de textos e autores conhecidos foram os livros mais presentes nas aulas. No melhor dos casos tratava-se de "belas páginas" para moldar o gosto e imitar nos exercícios de redação; poemas e fragmentos para memorizar e compartilhar como referências da coletividade cultural ou nacional; e fábulas e contos morais curtos para educar em relação a valores e comportamentos.

Da perspectiva dos alunos, a leitura literária não teve uma presença consistente na percepção das atividades escolares, a julgar por diferentes rastros da memória social perpetuada através dos tempos. Em uma compilação recente[6] de mais de 130 textos sobre evocações escolares escritas por autores de épocas e línguas distintas – desde Quintiliano a Quevedo ou Alberti – podemos observar que o aprendizado a que aludem são extraordinariamente limitados e estáveis: aprender a ler e a escrever no seu sentido mais básico de decodificação, memorização das tabuadas de multiplicar e dos nomes a geografia espalhados pelo mapa pendurado na parede da sala de aula, ou a leitura em voz alta de textos religiosos e patrióticos. De vez em quando, os textos

---

[5] Valeria Sardi (2003) estudou o interessante fenômeno da difusão e adaptação à realidade argentina de *Coração*.

[6] Carlos Lomas, *La vida en las aulas: memoria de la escuela en la literatura*, Barcelona, Paidós, 2002.

compilados, que se destinam às etapas educativas superiores, invocam o latim, a gramática, a retórica ou os problemas matemáticos. Todos estes conteúdos escolares quase sempre são lembrados como áridos, absurdos e desconectados da vida, de modo que cabe refletir sobre a triste impressão que tantas horas de ensino deixaram nessa pobre representação do conhecimento transmitida por uma literatura de séculos. É também impressionante comprovar que são escritores precisamente, ao que tudo indica, aqueles que encontraram em outro lugar o estímulo para dedicar-se posteriormente à literatura, os que nunca mencionam o prazer literário na escola.

Apesar de tudo, há mais de um século existe um discurso escolar favorável a que a escola permita o acesso dos meninos a uma biblioteca com livros adequados à sua idade. Como assinala Anne-Marie Chartier[7], já em 1882 os programas oficiais franceses recomendavam aos professores que emprestassem livros infantis aos alunos do primário e que lessem para eles em voz alta trechos clássicos, duas vezes por semana. Também, na Espanha, a *Institución Libre de Enseñanza* e outras correntes de renovação escolar do início do século XX (a *Escuela Moderna del libre pensador Ferrer i Guàrdia*, a *Associació Protectora de l'Ensenyança Catalana*, etc.) defendiam a leitura direta de obras, a introdução da literatura universal nas leituras escolares, o exercício da conversação e o diálogo como método pedagógico ou o uso recreativo da biblioteca fora da aula.

Os métodos de pedagogia ativa da época entreguerras continuaram propiciando este discurso. O modelo das bibliotecas públicas infantis, proveniente dos Estados Unidos, estendeu-se pela Europa e começou a pressionar sobre a concepção escolar da leitura de livros. O mundo editorial iniciou, durante aqueles anos, uma nova etapa de colaboração com a escola através de coleções infantis, como a de Père Castor, na França, a publicação de antologias escolares originadas tematicamente por centros de interesse e a busca de um consenso para constituir uma "biblioteca ideal", composta por textos clássicos e literatura infantil de qualidade, mais próxima do interesse dos alunos.

Do mesmo modo que se assinalou o papel das instituições na criação de uma tradição literária infantil no mundo anglo-saxão, a incorporação profis-

---

7   Anne-Marie Chartier, "La littérature de jeunesse à l'école primaire: histoire d'une rencontre inachevée", in Henriette Zoughebi, *La littérature dès l'alphabet*, Paris, Gallimard Jeunesse, 2002, pp. 141-157.

sional de mulheres ilustradas às bibliotecas e à docência primária nesta época parece ter tido também um papel determinante para uma atitude escolar mais favorável à leitura infantil de livros recreativos.

Contudo, esta tendência renovadora se manteve em um espaço minoritário. A formação de professores continuou sendo muito deficiente do ponto de vista literário e as prioridades escolares e os métodos didáticos não tiveram grandes variações. Tampouco diminuiu a distância entre este tipo de leituras – breves, oralizadas e apoiadas no professor – que se realizavam nas aulas de uma escola obrigatória, em expansão, e as obras literárias, muito mais difíceis de ler, que os alunos podiam encontrar no mundo exterior. O modelo humanista de acesso a uma "biblioteca ideal" terminava, pois, por responder unicamente às possibilidades do escasso número de crianças que prosseguiam os estudos secundários. Isto é, correspondia às expectativas dos filhos da burguesia ilustrada ou com o resgate escolar dos melhores alunos provenientes das zonas rurais ou das classes populares urbanas. Esta situação prolongou-se até a década de 1970, quando o modelo escolar sofreu profundas transformações globais que provocaram mudanças substanciais nos livros utilizados.

Qualquer modelo de ensino literário se caracteriza pela forte inter-relação que estabelece entre seus objetivos, seu eixo de programação, o *corpus* de leitura proposto e as atividades escolares através das quais o ensino se desenvolve.[8] Quando se tratava de aprender a produzir discursos profissionais, o eixo da retórica parecia o mais pertinente, do mesmo modo que o era a leitura de textos exemplares e a prática da escrita. Quando se desejava fomentar a consciência nacional da cultura, se recorria ao eixo histórico, à leitura de textos nacionais e práticos como a recitação e a memorização. Diferentemente, quando se desejou ensinar a interpretar, programou-se a análise dos elementos construtivos das obras e o comentário do texto pareceu uma prática teoricamente adequada.

De modo que, apenas quando mudou o modelo que havia permanecido essencialmente estável desde o século XIX até o pós-guerra europeu nas décadas de 1950 e 1960, a leitura de obras completas e o uso da biblioteca tiveram lugar na escola de forma generalizada.

---

[8]   Teresa Colomer, "La didáctica de la literatura: temas y líneas de investigación e innovación", in Carlos Lomas (coord.), *La educación lingüística y literaria en la enseñanza secundaria*, Barcelona, ICE Universidad de Barcelona/Horsori, 1996, pp. 123-142.

Andar entre livros

O ACESSO ÀS OBRAS NO ENSINO DA LITERATURA[9]

> A criação de uma linguagem interior da qual emerge a literatura, a consolidação de uma estrutura mental, o cultivo do pensamento abstrato que é, essencialmente, linguagem, a luta por recriar continuamente em relação aos princípios de verdade, justiça, liberdade, beleza, generosidade, tudo isso marca o caminho do progresso e da convivência. E isto é, por sua vez, cultivo e cultura das palavras, revisão do imenso legado escrito, que não é outra coisa senão pensar com o já pensado, desejar com o já desejado; definitivamente, sonhar os sonhos das palavras, que dormem no legado da tradição escrita, da tradição real e que ao sonhar com elas as despertamos e, ao mesmo tempo em que as despertamos, despertamos com elas a nós mesmos.[10]

Esta citação, proveniente do campo da filosofia, recorda-nos que as disciplinas que compõem a área de "humanidades" sempre sustentaram que a contribuição da literatura na construção social do indivíduo e da coletividade não apenas é essencial, mas simplesmente inevitável. E, no entanto, pode constatar-se que, a partir da Segunda Guerra Mundial, o sistema educativo foi diminuindo a importância, que em teoria havia ostentado a literatura desde seus inícios e compartimentado seu uso. A perda de seu centralismo na escola não se deve, naturalmente, a uma espécie de obnubilação coletiva, mas foi o resultado de diferentes processos de mudança.

Na segunda metade do século XX, as sociedades ocidentais sofreram importantes transformações que deram lugar às sociedades pós-industriais que hoje conhecemos. Logicamente, estas novas sociedades começaram a redefinir globalmente a formação que esperavam que a escola oferecesse a seus cidadãos nesse contexto. Além disso, a tarefa de redefinição se acelerou ao coincidir com a decepção generalizada de sociedades que viam desvanecer-se as esperanças que haviam presidido o grande esforço escolar empreendido há mais de um século: a ideia de que a constituição de um sistema educativo

---

[9] Esta parte reformula algumas ideias expostas antes em outras publicações. O leitor interessado pode encontrar nelas mais informações sobre esses aspectos. Especialmente em Teresa Colomer, "La didáctica de la literatura: temas y líneas de investigacción e innovación", in Carlos Lomas, *La educación lingüística y literaria en la enseñanza secundaria*, Barcelona, ICE Universidad de Barcelona/Horsori, 2002, pp. 123-142; Teresa Colomer, "La evolución de la enseñanza literaria", in *Aspectos didácticos de la lengua y literatura*, vol. 8, 1996, pp. 127-171; Teresa Colomer, "L'ensenyament de la literature", in Anna Camps e Teresa Colomer (coords.), *L'ensenyament i l'aprenentatge de la llengua i la literatura en l'educació secundària*, Barcelona, ICE Universidad de Barcelona/Horsori, 1998, pp. 85-103; e Teresa Colomer, "La enseñanza de la literatura como construcción de sentido", in *Lectura y vida*, vol. 22, n. 1, 2001, pp. 6-23.

[10] Emilio Lledó, "La voz de la lectura", in *CLIJ: Cuadernos de literatura infantil y juvenil*, ano 7, n. 63, 1994, p. 11.

obrigatório atuaria como um poderoso agente de culturalização e democratização social.

Efetivamente, no final da década de 1960 constatou-se o fracasso leitor das primeiras gerações de adolescentes, que haviam seguido já o largo processo de escolaridade ampliado até à etapa secundária. A diferença entre as expectativas geradas e o resultado obtido obrigou a analisar as causas dessa distância e a reconsiderar o modelo de ensino cultural e linguístico oferecido pela escola. Isto afetou em cheio o ensino da literatura, que havia sido até então um dos pilares da formação escolar, de modo que a gestação de um novo modelo educativo deixou seus objetivos de ensino desaparecidos na confusão.

ENSINAR LITERATURA EM UM NOVO CONTEXTO

A causa principal do desajuste produzido se achava no aparecimento de um novo perfil de estudante no ensino secundário. A necessidade social de ampliar o período de escolaridade de todos os cidadãos até os quinze ou dezesseis anos, junto com a explosão demográfica das décadas do pós-guerra, haviam modificado a composição social do alunado dessas aulas. Agora o formavam meninos e meninas procedentes de todos os setores sociais e tratava-se, além disso, de alunos caracterizados como "adolescentes". O conceito de adolescência como representação de uma etapa da vida de todos os jovens formou-se no último quarto do século XX e os estudos sociológicos[11] consignaram o processo de fixação e evolução de suas características como novo setor social, um setor que combina uma autonomia cada vez maior a partir dos doze anos, com uma dependência econômica e familiar sem precedentes que vai até bem depois da fronteira dos vinte.

Os estudos sobre a relação entre adolescentes e leitura têm dado resultados sistematicamente situados abaixo do projeto social de alfabetização.[12] O fracasso da educação leitora da população foi considerado de tal magnitude, que já a partir da década de 1960 começou-se a dar sinais de que o modelo educativo, que havia sido concebido para os setores minoritários da população, resultava inoperante e ineficaz para enfrentar uma escola de massas. Como veremos mais tarde, a preocupação pela possível interrupção do fluxo de leitores das novas gerações surgiu então com força no debate social.

---

[11]   Como os vários estudos de Pierre Bruno, por exemplo.

[12]   Veja-se, por exemplo, o relatório PISA dos países da OCDE, 2001.

Andar entre livros

Outra causa do desajuste foi que os estudantes do secundário não haviam mudado unicamente pela entrada de novos setores sociais e pela criação da representação social da adolescência, mas também eram diferentes porque pertenciam agora a uma sociedade que baseava seu funcionamento no uso intenso e variado da palavra escrita, havia desenvolvido uma grande presença dos meios de comunicação e evoluía em direção a uma crescente implantação de novas tecnologias.

Por um lado, estes fatores modificaram os usos sociais da língua escrita; por outro, a irrupção da comunicação audiovisual contribuiu para satisfazer a necessidade de fantasia própria dos seres humanos, além de oferecer outros canais para a formação do imaginário coletivo; ao mesmo tempo, os mecanismos ideológicos para criar modelos de comportamento e de coesão social acharam excelentes caminhos nos poderosos meios de comunicação; e, além de outras funções, como a de entreter e de informar, que estiveram principalmente a cargo da literatura em outras épocas, foram assumidas pelos meios de comunicação de massas e pelas novas tecnologias.

Devido a estas mudanças, o sistema literário como tal teve que posicionar seu espaço e sua função social em relação aos novos sistemas culturais e artísticos. Não é portanto estranho que o ensino de literatura ficasse profundamente afetado pelo fato de que as ideias sociais a respeito de sua função e aos hábitos de consumo cultural – incluídas as dos próprios alunos – se tornassem diferentes daquelas assumidas pelas gerações anteriores.

A escola teve que enfrentar muitos problemas derivados destas questões. Alguns afetavam aspectos tão básicos como a emergência de um discurso tecnológico e científico, que eclipsava o prestígio tradicional das humanidades como disciplinas formadoras das elites sociais, ou como a ruptura de um certo consenso social sobre a importância da aprendizagem literária em favor de outros usos linguísticos. Outros problemas, ao contrário, ainda propõem interrogações, como o efeito que podem ter na leitura as novas tecnologias. Ainda que seja cedo para sabê-lo, parece lógico supor que terão fortes repercussões, e para isso apontam muitos estudos recentes, como o que revela que, nos Estados Unidos, os jovens entre treze e vinte e quatro anos passam já mais tempo navegando na Internet (16,7 horas semanais sem incluir as dedicadas ao correio eletrônico) do que diante da televisão (13,6 horas)[13]. Tal como o formula o crítico português Carlos Reis:

---

[13] Segundo a pesquisa realizada por Harris Interactive publicada em *Teenage Research*, 2003.

1. Ler na escola: os "livros de leitura"

> Ainda que de maneira prudente, parece possível e legítimo indagar quais são as consequências estético-cognitivas que, desde os mecanismos de apreensão até os comportamentos de prazer, vão estabelecendo um novo paradigma da leitura, cujas tendências são as seguintes: a tendência a pôr em segundo plano a palavra-conceito (ou o signo verbal), entendida como unidade discreta, a favor da globalização da mensagem e de procedimentos de leitura não linear; a tendência a cultivar procedimentos de leitura minimalista e instantânea, justificados pela reduzida extensão das mensagens e pela multiplicação de estímulos visuais fulminantes; a tendência a ignorar a sintaxe complexa, substituindo-a por essa sintaxe elementar da sucessão e da acumulação de elementos frásicos.[14]

Finalmente, o desajuste escolar se devia também a modificações na maneira das obras literárias circularem na sociedade. Os mecanismos modernos de produção editorial e consumo multiplicaram os livros; a internacionalização do mercado e a cultura os difundiu de maneira distinta e a evolução das tendências artísticas em direção ao jogo intertextual completou um panorama configurado agora por uma grande quantidade de obras, que aparecem em um mesmo momento em muitos lugares, em diferentes idiomas e que se escrevem e leem no contexto de sistemas artísticos e ficcionais muito inter-relacionados.

Este fenômeno dinamitou a antiga função escolar de transmitir um *corpus* literário nacional, limitado, ordenado e valorizado segundo uma tradição uniforme, essencialmente literária; de modo que a literatura fortaleceu sua imagem de bem cultural de acesso livre para todos: um bem que se escolhe segundo os interesses pessoais de cada um e que é suscetível de produzir uma satisfação imediata.

Esta representação da literatura acentuava uma extensão que se veio expandindo ao longo do século XX, tal como descreveram com detalhe Chartier e Hébrard: por um lado, a tradicional visão escolar da leitura como uma atividade de formação progressiva, guiada e realizada através de textos literários; por outro, a extensão de um discurso social "moderno", que concebia o uso democratizado da leitura, livre de diretrizes formativas e exercida sobre todo tipo de textos. A potência deste novo discurso social pressionou a escola até o ponto de penetrar em suas concepções e modificar muitas das práticas de leitura que nela se desenvolviam. Ao analisar a crise do ensino literário, Chartier e Hébrard assinalam que o abandono de um modelo ou de um procedimento didático obedece às seguintes causas:

---

[14] Carlos Reis, "Lectura literaria y didáctica de la literatura: confrontaciones y articulaciones", in Francisco José Cantero *et al.* (ed.), *Didáctica de la lengua y la literatura para una sociedad plurilingüe del siglo XXI*, Barcelona, Universidad de Barcelona, 1997, p. 115.

Andar entre livros

(…) deve-se ao fato de que os alunos "já não acreditam mais nele" ("Tentei de tudo, mas os estados de alma de Rodrigo são completamente indiferentes a eles") ou que o próprio professor tenha dúvidas ("Para dizer a verdade, por que faço os alunos lerem em voz alta?"). No primeiro caso, descobre-se duramente que os conteúdos do ensino nunca se impuseram na classe por decreto ou pela força: é necessário que exista um consenso suficiente dos receptores; se esse consenso não existe, "motivar" os alunos torna-se um trabalho de muita paciência. No segundo caso, descobre-se que não é possível transmitir algo sem que se acredite em seu valor: os conhecimentos e os procedimentos escolares não são objetos.[15]

Ao surgir um novo contexto de ensino, a escola começou a mudar seus objetivos e o uso didático dos livros. Deu-se por terminada a hegemonia literária no ensino da linguística; diversificaram-se os materiais escolares – divididos até então em livros de texto e livros de leitura –, incorporando a leitura de diversos textos sociais (jornais e revistas, publicidade, livros informativos, etc.); introduziram-se práticas de leitura que, como no caso da biblioteca escolar, procuraram tornar-se tão parecidas quanto possível ao uso social da leitura realizada fora da escola; ampliou-se a concepção do *corpus* literário com a entrada de obras nacionais ou não canônicas, tais como os livros infantis e juvenis, e se substituiu a leitura das antologias e manuais literários pela reivindicação do acesso direto às obras.

O QUE HÁ PARA ENSINAR E COMO SE APRENDE?

Se a composição do alunado, o desenvolvimento da sociedade e da representação social da leitura afetaram os objetivos escolares do ensino literário a partir da segunda metade do século XX, outro fator essencial para entender sua evolução se encontra nos avanços das disciplinas de referência ocorridos durante essas décadas. Por um lado progrediu a reflexão sobre o que *é literatura* e o que significa *saber literatura*; por outro lado, mudou a concepção sobre *o que são os processos de ensinar e aprender*. Como consequência, transformou-se tanto a visão do que a escola se propunha a ensinar nesta área como a visão sobre qual era a melhor forma de fazê-lo.

As teorias linguísticas e literárias dos anos sessenta foram as que difundiram a reivindicação do acesso direto à leitura de obras na escola. As propostas didáticas surgidas então basearam-se na reflexão impulsionada pelos

---

[15] Anne-Marie Chartier e Jean M. Hébrard, *Discursos sobre la lectura (1880-1980)*, Barcelona, Gedisa, 1994, p. 566.

formalistas e estruturalistas sobre o caráter daquilo que pode ser definido como "literário" e de suas análises das obras enquanto construção textual.

Uma consequência imediata das novas premissas teóricas é que impulsionaram a crítica do ensino histórico realizado através dos manuais e das explicações do professor. Notou-se, por exemplo, que o desenvolvimento de uma cadeia de causas e consequências aplicadas a uma seleção de obras clássicas através dos tempos supunha uma falsidade caricata; uma seleção que, por outro lado, não podia fazer compatível sua *representatividade* dos diferentes momentos históricos, com sua qualidade de textos magistrais *singulares*, precisamente o critério a partir do qual se justificava sua presença incontestável na formação escolar. Do ponto de vista docente, a abstração do discurso explicativo só conduzia a que os alunos memorizassem os quadros de tendências e movimentos culturais e a que assumissem de maneira passiva e reverencial as avaliações artísticas. O conhecimento sobre o texto se achava deslocado pelo conhecimento do contexto – a biografia do autor, o movimento artístico, o período sócio-histórico, etc. – e por avaliações críticas que pareciam indiscutíveis, mas que se revelavam historicamente condicionadas. Em definitivo, os alunos deviam recordar o que haviam lido ou ouvido *sobre* as obras sem que houvessem tido necessidade de aprofundar-se em sua leitura.

Como consequência, questionou-se a ideia de que saber literatura fosse saber história literária e reivindicou-se a substituição do conhecimento enciclopédico pelo desenvolvimento da competência literária dos alunos através da leitura e da formação de instrumentos interpretativos, baseados na análise dos elementos que configuram as obras.

Se nesses anos, pois, a atenção da teoria literária se deslocou do autor para o texto como objeto de estudo, mais tarde o interesse se foi ampliando em duas direções:

- por um lado, "para fora", em direção aos fatores externos do funcionamento social do fenômeno literário, com a contribuição principal das teorias da pragmática;
- por outro lado, "para dentro", em direção aos fatores internos da construção do significado por parte do leitor, tal como analisaram as teorias da recepção. A isto se anexou a ideia de que nas aulas encontra-se um tipo específico de leitor: aquele que se acha em situação de "aprender", um campo educativo que foi renovado, na mesma época, pela psicolinguística e as teorias de aprendizagem.

Andar entre livros

No primeiro sentido, as teorias literárias focalizaram a visão da literatura como um uso específico da comunicação social e produziram-se novas formulações do fenômeno literário. Umas assinalaram a dependência do que chamamos "literatura" a critérios externos às obras, desenvolvendo, por exemplo, o aspecto da relatividade do *corpus* de textos agrupados sob esta denominação, já que está sujeito às mudanças que sofrem as avaliações socio--culturais através das épocas. Outras reformularam o literário atendendo à análise dos elementos paratextuais, ao circuito de produção-recepção do livro e às práticas sociais de leitura. Este desenvolvimento permitiu ressaltar a importância da escola como instituição social que contribui para definir e estabilizar o que é "literatura" dentro da dinâmica do "campo literário", segundo a conceituação realizada por Pierre Bourdieu.[16]

No segundo sentido, outros avanços teóricos analisaram a literatura à luz de critérios internos, no sentido de "fundados sobre os efeitos da leitura".[17] As teorias da recepção tomaram o leitor como objeto de estudo, analisaram o papel cooperativo que lhe dá o texto e ofereceram novos conceitos, que também foram determinantes para reformular os objetivos educativos, já que esta é uma perspectiva especialmente interessante na análise dos livros infantis e da atividade escolar.

Da perspectiva de uma escola que necessitava de novas formulações sobre o sentido da leitura literária, também resultou particularmente atraente que se passasse a caracterizar o texto literário como um "gênero segundo", ou seja, como um discurso capaz de absorver todo tipo de formas de linguagem e de transformar as realizações linguísticas habituais no mundo comum – conhecidas como "gêneros primeiros" – em outras formas próprias da comunicação literária. A importância de passar a um "gênero segundo" é que se introduz uma distância entre o leitor e os contextos de interação própria do mundo comum. Com isto, as formas de representação da realidade que achamos na literatura – em todas as variedades que a constituem: representações miméticas, paródicas, míticas, etc. – projetam uma luz sobre o mundo

---

[16] Pierre Bourdieu, "La production de la croyance: contribuition à une économie des biens symboliques", in *Actes de la recherche en sciences sociales*, vol. 13, 1977, p. 13.

[17] Jean-Paul Bronckart, "Le texte comme lieu d'articulation de la didactique de la langue et de la didactique de la littérature", in Francisco José Cantero *et al.* (eds.), *Didáctica de la lengua y la literatura para una sociedad plurilingüe del siglo XXI*, Barcelona, Universidad de Barcelona, 1997, pp. 13-23.

conhecido, que reinterpreta para o leitor a forma habitual de entendê-lo. Assim, o texto literário ostenta a capacidade de reconfigurar a atividade humana e oferece instrumentos para compreendê-la, posto que, ao verbalizá--la, cria um espaço específico no qual se constroem e negociam os valores e o sistema estético de uma cultura. Esta ideia básica contribuiu para a nova argumentação sobre a importância da literatura no processo educativo.

De outra perspectiva, a psicolinguística começou a dar uma atenção crescente à literatura, ao estudar o desenvolvimento da linguagem. Os primeiros estudos neste campo se haviam centrado na evolução linguística dos primeiros anos de vida, mas daí logo se passou ao estudo dos processos psicológicos nele implicados e, em especial, ao do desenvolvimento, na criança, da noção de narração. Muitos autores, como Arthur Applebee,[18] analisaram então aspectos relacionados a estas questões, tais como a maneira em que os meninos e meninas estabelecem o esquema narrativo, percebem a relação entre realidade e fantasia ou aprendem as conotações culturais dos personagens dos contos.

No quadro cognitivista destas investigações, desenvolveu-se também a pesquisa sobre a leitura, sobre os mecanismos e processos através dos quais o leitor constrói o significado do texto escrito. As consequências destes avanços para o ensino escolar começaram a plasmar-se na década de 1970, através de novas práticas de aquisição das estratégias e habilidades de leitura. Fizeram-no sobretudo com o foco na compreensão dos textos informativos, mas, já que em nossa sociedade o acesso à literatura se produz em grande medida com a leitura do escrito, estas investigações puderam relacionar-se com a reflexão literária sobre o papel do leitor e reverter, portanto, no ensino da leitura literária.

Do mesmo modo que as teorias literárias haviam ampliado seus interesses da obra em si para o circuito da comunicação, as teorias psicolinguísticas potencializaram uma perspectiva construtivista da aprendizagem cultural, que as levou a ampliar o conceito de leitura em direção a seus aspectos socio--cognitivos. Vigostky havia assinalado que o jogo e a linguagem representam os mais fundamentais desígnios humanos para transcender o aqui e agora e construir os modelos simbólicos que permitam compreender a realidade. A partir desta ideia se desenvolveram os estudos sobre as formas de criação e negociação dos significados no interior de uma comunidade.

---

[18] Arthur N. Applebee, *The Child's Concept of Story: Ages Two to Seventeen*, Chicago, The University of Chicago Press, 1978.

Situado nesta linha, Jerome Bruner[19] recordou que a experiência humana se expressa através da participação nos sistemas simbólicos da cultura, de tal modo que a vida só nos resulta compreensível em virtude desses sistemas de interpretação; ou seja, através das modalidades de linguagem e do discurso, das formas explicativas lógicas e narrativas, e dos padrões de vida estabelecidos por nossa comunidade. É nesse leque de interesses de psicologia cognitiva que as formas narrativas do discurso tornaram-se um dos temas privilegiados de estudo, já que supõem um sistema cultural extraordinariamente potente para dar forma à experiência. Heilbrun o expressa como se segue:

> O que importa é que as vidas não servem como modelos. Só as histórias servem. E é duro construir histórias nas quais viver. Só podemos viver nas histórias que lemos ou ouvimos. Vivemos nossas próprias vidas através de textos. Podem ser textos lidos, contados, experimentados eletronicamente, ou podem chegar até nós, como os murmúrios da nossa mãe, dizendo-nos o que as convenções exigem. Qualquer que seja sua forma ou o meio pelo qual nos cheguem, essas histórias nos formaram a todos nós; e são as que devemos usar para produzir novas ficções, novas narrativas.[20]

A evolução destas diversas linhas de reflexão levou a um encontro cada vez mais frutífero entre as disciplinas interessadas no significado, na cultura e na linguagem, um ponto de convergência no qual, justamente, o estudo da literatura cumpriu sempre um papel essencial. A reflexão educativa surgida destes enfoques concedeu, pois, uma importância crescente à literatura como "andaime" privilegiado para a experiência infantil da capacidade simbólica da linguagem e como cenário natural para o desenvolvimento da motivação e do progresso no domínio da língua escrita. Muitos trabalhos sobre o assunto tiveram grande repercussão nas pesquisas relacionadas com os livros infantis ou na utilização escolar dos livros no acesso à cultura alfabetizada.

Definitivamente, a literatura converteu-se em um ponto de reunião de diferentes disciplinas e a ideia de seu valor como construção cultural das pessoas foi assinalada repetidamente por autores de diversas áreas da psicologia cognitiva, como Bruner, da teoria literária, como Bajtin ou Ricoeur, ou do campo da didática, como Reuter ou Bronckart. Tal como o formularam Remo Ceserani e Lidia de Federicis:

---

[19] Jerome Bruner, *Realidad mental y mundos posibles: los actos de la imaginación que dan sentido a la experiencia*, Madri, Gedisa, 1986.

[20] Carolyn G. Heilbrun, *Writing a Woman's Life*, citado por F. Michael Connelly e Dorothy J. Clandinin, "Relatos de experiencia e investigación narrativa", in Jorge Larossa *et al.*, *Déjame que te cuente*, Barcelona, Laertes, 1995.

1. Ler na escola: os "livros de leitura"

> A literatura é sentida como uma das formas em que se auto-organiza e se autorrepresenta o imaginário antropológico e cultural, um dos espaços em que as culturas se formam, se encontram com outras culturas, as absorvem, pretendem confrontar-se ou conquistá-las; ou bem elas desenvolvem, no seu interior, modelos alternativos aos existentes, ou criam modelos e imagens do mundo que, através da retórica da argumentação e da persuasão, tratam de impor-se aos diferentes estratos de público que configuram o tecido social.
>
> A retórica, no sentido mais alto do termo, entendida como técnica argumentativa e persuasiva e como grande arsenal de modelos de discurso, apresenta princípios fundamentais para a comunicação humana, as estratégias dialógicas, a capacidade de debate e de confrontação de ideias. De forma semelhante, a literatura oferece importantíssimos suportes e modelos para compreender e representar a vida interior, os afetos, as ideias, os ideais, as projeções fantásticas e também, modelos para representarmos nosso passado, o de nossa gente, e o dos povos, a história.[21]

Se, tal como assinalamos, o contexto social do ensino, a ideia da literatura, objeto de estudo, e a concepção da aprendizagem mudaram profundamente em poucas décadas, era absolutamente necessário que a escola definisse novamente os objetivos do ensino literário, os conteúdos a que se propunha facilitar e a melhor forma de fazê-lo.

Neste novo marco conceitual ficou claro que o interesse da formação literária na escola não tem como raiz a transgressão de um discurso estabelecido sobre as obras, mas que a educação literária serve para que as novas gerações incursionem no campo do debate permanente sobre a cultura, na confrontação de como foram construídas e interpretadas as ideias e os valores que a configuram. Por conseguinte tratava-se de desenvolver uma capacidade interpretativa, que permita tanto uma socialização mais rica e lúcida dos indivíduos como a experimentação de um prazer literário que se constrói ao longo do processo. O aprendizado, então, se concebe centrado na leitura das obras. É neste sentido que Jean-Paul Bronckart assinala:

> Se a literatura é verdadeiramente um patrimônio, este patrimônio é, antes de mais nada, um patrimônio de debates, de trabalho interpretativo a propósito da pessoa humana, de sua sociabilidade, da diversidade sociocultural, e das possibilidades do uso da língua.[22]

---

[21] Remo Ceserani e Lidia de Federicis, "La ricerca letteraria e la contemporaneità", in *Il materiale e l'immaginario: laboratorio di analisi dei testi e di lavoro critico*, Turim, Loescher, 1988, vol. IX, p. 28. A tradução das citações de obras que não têm edição em espanhol foi feita pela autora.

[22] Jean-Paul Bronckart, *op. cit.*, p. 17.

Andar entre livros

A formação da capacidade interpretativa, defendida desde as décadas de 1960 e 1970, integra agora a fruição do texto, tal como defende Reis quando mantém que "anulada a hiperbolização da teoria, o ensino da literatura recupera o texto literário como entidade que leva ao gozo estético"[23] e quando cita Steiner para sustentar essa recuperação da "presença real" da literatura no ensino:

> Qualquer que seja sua forma, o poema fala em voz alta, proclama, fala a alguém. O significado, os modos existenciais da arte, a música e a literatura têm uma função no interior da experiência de nosso encontro com o outro.

Assim, a busca de um novo modelo de ensino literário se inicia com um certo consenso na reflexão educativa das últimas décadas: o objetivo é desenvolver a competência interpretativa e é necessário fazê-lo através da leitura.

A FORMAÇÃO DO LEITOR LITERÁRIO COMO OBJETIVO

Formar os alunos como cidadãos da cultura escrita é um dos principais objetivos educativos da escola. Dentro desse propósito geral, a finalidade da educação literária "pode resumir-se à formação do leitor competente" segundo a definição do Seminário della Ricerca DILIS, na Itália, 1986.[24] O debate sobre o ensino da literatura se superpõe, assim, ao da leitura, já que o que a escola deve ensinar, mais do que "literatura", é "ler literatura".

Mas o que significa ser um leitor literário competente em nossa sociedade? Esse cidadão que se espera ter formado ao fim do período escolar já não é alguém que possua alguns conhecimentos informativos sobre a literatura, tal como se depreendia da caricatura a que se havia reduzido o modelo patrimonial e historicista; mas tampouco alguém que tivesse adquirido um aparato instrumental adequado para uma análise textual própria da função de um

---

[23]   Carlos Reis, "Lectura literaria y didáctica de la literatura: confrontaciones y articulaciones", in Francisco José Cantero *et al.* (eds.), *Didáctica de la lengua y la literatura para una sociedad plurilingüe del siglo XXI*, Barcelona, SEDLL-Universidad de Barcelona, 1977, p. 116.

[24]   Esta pesquisa, centrada no ensino da literatura na etapa secundária, contém uma boa síntese do início da inovação escolar neste campo desde meados da década de 1980. Pode-se ler um resumo de suas conclusões em G. Bertoni del Guercio, "L'ensenyament del text literari", in Teresa Colomer (coord.), *Ajudar a llegir: la formació lectora a primària i secundària*, Barcelona, Barcanova, 1992, pp. 87-104.

leitor profissional especializado, tal como pareceriam indicar os modelos surgidos na década de 1970, que entronizaram o "comentário do texto". Como víamos, o leitor competente se havia definido a partir de diferentes perspectivas como aquele que sabe "construir um sentido" nas obras lidas. E, para fazê-lo, deve desenvolver uma *competência específica* e possuir alguns *conhecimentos determinados* que tornem possível sua interpretação no seio de uma cultura.

É a partir deste valor formativo que se pode afirmar[25] que o objetivo da educação literária é, em primeiro lugar, o de contribuir para a *formação da pessoa*, uma formação que aparece ligada indissoluvelmente à construção da sociabilidade e realizada através da confrontação com textos que explicitam a forma em que as gerações anteriores e as contemporâneas abordaram a avaliação da atividade humana através da linguagem.

Em segundo lugar o confronto entre textos literários distintos oferece ao aluno a ocasião de enfrentar a diversidade *social e cultural*, no momento em que têm início as grandes questões filosóficas propostas ao longo do tempo. Por exemplo, a estrutura enunciativa dos textos, tal como descreveu Bajtin, revela o passo de um enunciador monolítico – reflexo de um sujeito cartesiano ideal – a um anunciador múltiplo – testemunho da tomada em consideração do sujeito social por parte do pensamento do século XIX. Indo ainda mais adiante, revela a reflexão sobre o indivíduo realizada a partir dos parâmetros da pós-modernidade, uma perspectiva que acentuou a visão relativista do mundo, a partir de uma observação descentralizada do indivíduo, de maneira que este não é visto como um produto da consciência individual, mas como um processo, sempre em perpétua construção, contraditório e aberto à mudança. Deste modo, as interrogações artísticas do século XX, a partir das vanguardas ao pós-modernismo, geraram novos caminhos de exploração do mundo, ao problematizar as relações entre a linguagem e ao que a ela se refere, uma tendência que pode rastrear-se, inclusive, no campo da literatura dirigida às crianças e adolescentes[26] e que a educação literária dos alunos deve incluir, se se deseja formar cidadãos preparados para entender a época atual.

---

[25] Jean-Paul Bronckart, *op. cit.*

[26] Teresa Colomer, *A formação do leitor literário*, São Paulo, Global, 2003, e Cecilia Silva-Díaz Ortega, "'¡Que libros más raros!' Construcción y evaluación de un instrumento para describir las variaciones metaficcionales en el álbum", in *Anuario de investigación en literatura infantil y juvenil*, n. 1, 2003, pp. 167-192.

Andar entre livros

Em terceiro lugar, o ensino da literatura pode reformular a antiga justificativa sobre sua idoneidade na formação linguística. Atualmente se assiste a uma nova reivindicação da profunda inter-relação entre língua e literatura depois do divórcio iniciado com o abandono da retórica preceptiva do século XIX. Nesta linha denunciou-se que a linguística do texto e a pesquisa sobre os processos de escrita "reinventaram" as técnicas da escrita, depois do esquecimento da tradição clássica por parte da cultura ocidental[27], e também sustentou-se que a literatura em seu nível mais profundo permite apreciar as infinitas possibilidades de estruturar e reestruturar os recursos da linguagem a serviço da atividade comunicativa do discurso. Bronckart disse a respeito:

> As atividades de identificação das vozes se expressam em um texto, as tentativas de evidenciar os mecanismos de gestão dessas vozes, através das instâncias formais que constituem o narrador ou o enunciador, nos levam diretamente aos aspectos mais profundos da literatura – porque essas instâncias, as vozes que distribuem e as modalizações que essas vozes regem, não são, definitivamente, mais que vestígios dos processos interpretativos ou propriamente avaliativos: avaliação do estatuto dos temas convertidos em discurso (certo, provável, felizes, etc.); avaliação da origem e dos elementos dessa primeira avaliação; avaliação do estatuto e da legitimidade mesma dessa segunda avaliação, e, assim, nessa espiral permanente na qual se desenvolve o trabalho interpretativo da humanidade sobre si mesma.[28]

A formação do leitor literário como justificação da tarefa educativa se integra na maioria das reflexões e dos programas curriculares surgidos recentemente. A mudança de ótica se visualizou também ao substituir-se a forma habitual de "ensino da literatura" por uma nova denominação de "educação literária".[29]

No entanto, a transferência destes princípios para a escola e seu desenvolvimento coerente através de práticas inovadoras sofreram múltiplas confusões e problemas; às vezes porque se reduzem a uma simples mudança de nome e outras porque se superpõem objetivos e práticas próprios de modelos educativos que nem sempre resultam compatíveis.

Em continuação pretendemos sistematizar alguns pontos que afetam a leitura de obras íntegras e que se mostraram especialmente problemáticos.

---

[27] Vicenç Pagès, *Un tramvia anomenat text: el plaer en l'aprenentatge de l'escriptura*, Barcelona, Empúries, 1998.

[28] Bronckart, *op. cit.*, p. 22.

[29] Teresa Colomer, "De la enseñanza de la literatura a la educación literaria", in *Comunicación, lenguage y educación*, vol. 3, n. 9, 1991, pp. 1-31.

1. Ler na escola: os "livros de leitura"

Algumas confusões sobre a leitura literária

No contexto evolutivo que acabamos de esboçar, a função escolar atribuída à leitura de obras integrais se encontra ainda pouco clara. Isto pode ser constatado facilmente tanto ao observar-se concretamente a prática educativa ou ao analisar-se os decretos legislativos que deveriam orientá-la, como se se amplia a visão com o aspecto social sobre esta questão.

Na prática escolar é evidente que a leitura literária acessível aos alunos ganhou espaço nas aulas. Na pré-escola e no primário a presença de livros para crianças se acha em consonância com determinados objetivos escolares, que têm a vantagem de ser percebidos e aceitos com clareza por todos. Os professores sentem-se seguros ao afirmar que ler livros com os meninos e as meninas ajuda a que se familiarizem com a língua escrita, facilita a aprendizagem leitora e propicia sua inclinação para a leitura autônoma. Diferentemente, não se entende muito bem que relação pode ter esta atividade com a possibilidade de programar um itinerário crescente de aprendizagens e, em consequência, os professores não costumam estabelecer objetivos concretos de desenvolvimento.

Na etapa secundária, quando os conteúdos passam a ter um peso maior, a carência de uma programação consistente no primário faz com que aumente a desorientação sobre a função das leituras. Embora os docentes desta etapa se inclinem cada vez mais por oferecer obras de leitura juvenil, vista como continuação da leitura do primário, fazem-no como "um mal menor" ante a pouca prática leitora de seus alunos e percebem-no como algo radicalmente distanciado de suas crenças sobre aquilo que é "realmente" a literatura,[30] de modo que a leitura se propõe em paralelo como algo totalmente desvinculado do programa literário seguido nas aulas. Por outro lado, a escassa formação profissional sobre o romance juvenil destes docentes conduz a uma seleção de obras de qualidade muito diferente.

Nos planos oficiais de estudo não é comum tampouco articular em que pontos concretos deve incidir a leitura das obras integrais, que se aconselham ou se indicam. Nos da Catalunha, por exemplo, existe uma certa divisão de objetivos entre a aquisição de hábitos de leitura nos primeiros anos do secundário e uma recuperação detalhada da história da literatura nos últimos, com o conselho oficial que se leiam então obras clássicas. Podemos perguntar-nos no entanto quantos livros deveria um estudante ler para cumprir o objetivo

---

[30] Danièle Manesse e Isabelle Grellet, *La littérature du collège*, Paris, Nathan/INRP, 1994.

explícito de "conhecer os autores mais representativos através de suas obras", posto que esta representatividade abarca a menção de toda a história da literatura catalá e castelhana. Ou trata-se de pensar que "suas obras" deveriam consistir sempre e unicamente em alguns fragmentos selecionados como nos antigos modelos historicistas?

Por outro lado, quando a sociedade se queixa de que os meninos e as meninas não leem, parece que se lamenta de não os ver sentados com uma obra literária nas mãos, mas o que se teme é que não dominem a língua escrita, de maneira que não tenham êxito na escola e comprometam com isso sua ascensão social. Pensa-se, pois, na função utilitária da leitura própria das sociedades alfabetizadas, um objetivo que inclui aspectos tão distintos como o uso cotidiano do escrito ou o acesso à informação e ao conhecimento.

Assim, pois, a situação aqui lembrada reflete fenômenos distintos como a dificuldade do professorado para levar os alunos à leitura, a vacilação didática sobre a história da literatura como eixo pertinente do ensino no curso secundário ou a forte concepção utilitária da leitura. Os principais problemas relacionados a estas questões podem expressar-se através das dicotomias escolares que vamos enumerar em seguida.

LER OU LER LITERATURA

> Por que se tem de ensinar língua e literatura conjuntamente? Na minha opinião caberia perguntar-se se a língua e a literatura podem ser ensinadas razoavelmente em separado.
>
> Eugenio Coseriu

A relação entre língua e literatura no ensino tem tido diferentes enfoques e equilíbrios ao longo do tempo. Como assinalamos, quando a retórica era o eixo da aprendizagem, a educação linguística se produzia através da literatura e abarcava todo tipo de escritos. Gérard Genette recorda que o antigo manual francês *Nueva retórica*, de Le Clerc, afirmava que era preciso iniciar os alunos nas "fábulas, narrações, discursos misturados a relatos, cartas, retratos, paralelos, diálogos, desenvolvimento de uma frase célebre ou de uma verdade moral, pedidos, informações, análises críticas, panegíricos, alegações".[31]

A extensão da escolaridade a toda a população correu em paralelo com o desejo "ilustrado" de pôr os clássicos nas mãos de todas as classes sociais.

---

[31] Gérard Genette, *Figuras II*, Paris, Seuil, 1969, p. 19.

1. Ler na escola: os "livros de leitura"

Mas ambas as coisas nunca se encaixaram bem. Apesar das declarações de princípios, as antologias de grandes autores e a recomendação de ler em voz alta esses textos para que pudessem chegar a todos os alunos, o objetivo real e prioritário da nova escola obrigatória foi simplesmente o de ensinar a "ler". Os estudos sobre história educativa[32] demonstram que os professores sempre se inclinaram para os textos informativos, considerando-os fáceis de entender e de controlar ante as sutilezas das leituras literárias. Sua crença era compartilhada pelos pais de amplos setores sociais, que pensavam que seus filhos não podiam perder tempo em divagações. Então, como agora em tantas regiões pouco alfabetizadas, a literatura foi vista como um luxo supérfluo, algo próprio das elites sociais e abissalmente distanciado das necessidades da maioria da população, que devia aprender a linguagem escrita o mais depressa possível para poder começar a ganhar a vida.

Por outro lado, na etapa secundária minoritária dessa época, a substituição do estudo retórico da literatura pela história literária deixou órfã a aprendizagem prática da escrita e o discurso oral formal. Esta ausência facilitou que os programas escolares dessem as boas-vindas às teorias linguísticas do último quarto do século XX e postulassem a defesa de uma formação linguística centrada na reflexão sobre a produção oral e escrita. Então, a concepção do texto literário como desvio da norma e a função da literatura como *um dos usos sociais* da língua inverteram completamente a relação hierárquica anterior entre a formação linguística e literária nas aulas. Esse uso da literatura reduziu-a, praticamente, à finalidade de obter uma fruição mais qualificada do tempo livre nas sociedades de consumo. A dificuldade de saber para que serve literatura neste contexto mostra-se, inclusive, no fundo da repetida frase de Gianni Rodari afirmando que não se ensina literatura para que todos os cidadãos sejam escritores, mas para que nenhum seja escravo.

Os novos enfoques, mais ativos e linguísticos, cruzaram-se, ao final da década de 1980, com a proposta "comunicativa" do ensino da língua e da literatura. Por mais que isso tenha servido para abandonar as estéreis árvores da sintaxe e os abstratos "comentários de textos", que haviam dominado as aulas a partir da década de 1970, a intenção manifesta da nova perspectiva comunicativa em favor da integração do ensino da língua e da literatura, tampouco parecem ter chegado a um bom porto.

---

[32] Anne-Marie Chartier, "La littérature de jeunesse à l'école primaire: histoire d'une rencontre inachevée", in Henriette Zoughebi, *La littérature dès l'alphabet*, Paris, Gallimard Jeunesse, 2002, pp. 141-157.

Andar entre livros

Provavelmente pode ter contribuído para isso o fato de que os docentes do secundário tenham tido uma formação universitária dividida entre língua e literatura, de tal modo que, no exercício de sua profissão, a dificuldade para juntar as duas atividades os conduz a suprimir a literatura, se não podem organizá-la em um eixo histórico-cultural semelhante ao estudado por eles mesmos. E tanto os professores do primário como os do secundário, ante a complicação de organizar globalmente as aulas de "língua e literatura", privilegiaram o ensino da língua. Com isto chegou-se a uma notável dissolução da literatura, colonizada ou perdida entre tantos requerimentos linguísticos, ou à sua simples supressão na prática, por falta desse tempo, que nunca se tem... para aquilo que não se considera verdadeiramente importante.

Ensinar a ler e escrever textos "funcionais" continuou parecendo um conteúdo mais adequado para o êxito acadêmico e para a vida cotidiana nas modernas sociedades alfabetizadas. O desejo de "cientificidade" dos conteúdos propiciado pelas teorias da década de 1960 mudou-se agora para os exercícios sobre estratégias e habilidades, de modo que o ensino da leitura e da escrita se entende como uma questão técnica que deve dar acesso ao uso dos discursos sociais através de práticas diferenciadas para cada um dos tipos de texto. Os manuais escolares derivados deste enfoque tenderam a organizar as lições de maneira que a literatura aparecesse como um tema, ao lado de *outros* temas, como podem ser o texto expositivo ou, inclusive, o texto prescritivo. Mas, sem cair na casuística das tipologias indiscriminadas, visto o recente resultado deste enfoque no ensino, é possível afirmar que a restrição escolar da literatura não parece ter sido benéfica para a formação linguística dos alunos.

Talvez a questão resida no fato de que a familiarização com os distintos usos sociais do escrito, por um lado, e sua aprendizagem durante a infância, por outro, não se relacionam de forma mecânica. Já aludimos antes à consideração da literatura como "gênero segundo", capaz de absorver qualquer discurso linguístico de maneira que, como se disse repetidamente, *a literatura nos prepara para ler melhor todos os discursos sociais*. É uma ideia que sustenta que os textos literários constituem um bom andaime educativo, não apenas para ler e escrever literatura, mas também para aprender os mecanismos do funcionamento linguístico em geral. Em um exemplo quase banal, pego ao acaso, não parece que as habilidades usadas na leitura possam ser adquiridas no primário, sem ler-se grandes doses de ficção, já que esse é, normalmente, o único tipo de leitura a que os meninos e as meninas estão dispostos a dedicar grande quantidade de horas livres que necessitam para dominar os mecanismos que a regem.

1. Ler na escola: os "livros de leitura"

Concluindo, parece que um dos pontos de debate na atualidade deveria ser buscar novas formas de estabelecer a função de aprendizagem linguística que a literatura é capaz de desenvolver na escola.

LER OU SABER LITERATURA

Supondo que a literatura tivesse um lugar reconhecido e estável nas aulas, o problema seguinte é saber o que fazer com ela. Já em 1893, Gustave Lanson – referência obrigatória da moderna educação na França – havia formulado a tensão entre prática da leitura e conhecimento literário, nos seguintes termos:

> A ideia de que um jovem quando sai do Liceu tem que "saber" literatura é uma das mais absurdas que conheço; a literatura, para a maior parte das pessoas, não há de ser um objeto de conhecimento concreto, mas um instrumento de cultura e uma fonte de prazer. Há de servir ao aperfeiçoamento intelectual e há de produzir um prazer intelectual. Portanto, não se trata de "saber"; trata-se de ler literatura e de amá-la.[33]

Vimos que desde a década de 1970 defendeu-se a ideia de uma formação literária que não se baseie no eixo histórico, mas na leitura das obras e na aquisição de instrumentos de análise. No entanto, ambos os modelos didáticos buscaram, desde o início, fórmulas de compromisso através, por exemplo, do comentário de textos... organizados historicamente. Desta maneira, a representação da tarefa própria da escola secundária não logrou desprender-se nunca da história literária em favor da capacidade de leitura. Ou seja, que a função de transmissão patrimonial – a biografia dos autores, a lista de suas obras, a descrição sociocultural do contexto histórico e a transposição das avaliações críticas – manteve-se de uma ou outra forma, porque, apesar de todas as críticas que choveram sobre o ensino histórico da literatura, os docentes e a sociedade em geral continuaram acreditando que tinha sentido dar às novas gerações adolescentes uma sistematização da evolução cultural através das obras de referência de sua coletividade.

Por outro lado, as teorias literárias que defenderam a alternativa de uma formação baseada em instrumentos de análise textual não ofereceram apoios suficientes nos quais a escola pudesse amparar-se para ter uma nova consideração educativa da literatura. A análise formal da construção textual produziu apenas uma falsa aparência científica no trabalho da escola secundária e uma

---

[33] Gustave Lanson, "L'étude des auteurs français dans les classes de lettres", in *Revue universitaire*, Paris: Armand Colin et Cie., 1893, ano 2, vol. 2, citado por Martine Jey, em "La lecture comme exercice: sa place au tournant du siècle dernier", in *Le Français aujourd'hui*, Paris, n. 118, 1997, pp. 11-18.

total inibição na definição de objetivos na escola primária, assustada ante a dificuldade do que se postulava como "saber literatura".

Na realidade, aceitar uma nova proposta segundo a qual devia-se formar uma competência, significava adotar decididamente uma aprendizagem do tipo "prático", algo muito distante dos hábitos escolares de transmissão do conhecimento. Efetivamente, era preciso concordar que o uso normal da literatura passa pela participação subjetiva e gratificante na comunicação proposta pela obra e que as estratégias de análise incorporadas pelo leitor se dirigem a enriquecer sua interpretação *durante* a leitura.

Se se tratava de basear-se na prática da leitura, devia-se pensar que esta constrói a competência do leitor em fases recorrentes que incluem, primeiro, o desejo de entrar no jogo; segundo, a aquisição gradual das capacidades interpretativas – a suspensão da incredulidade, a projeção psicológica, a antecipação e reinterpretação do que se está lendo, etc. –, e, apenas em terceiro lugar, a explicitação das regras seguidas dos mecanismos utilizados para construir o sentido e que podem servir tanto para aprofundar a leitura realizada como para aprender a fazer leituras mais complexas – e, portanto, mais gratificantes – em outra ocasião. Tratava-se, finalmente, de passar do *não saber* a *saber fazer e saber como se faz*.

Hoje podemos pensar que o erro do ensino da literatura na escola se deveu ao tipo e ao nível dos instrumentos de interpretação literária que foram postulados. Não era pertinente que as crianças do primário aplicassem as "funções", que o formalista russo Vladimir Propp estabeleceu como constitutivas dos contos populares maravilhosos, à leitura e escrita de seus contos, como foi feito; nem que o secundário se enredasse com análises semióticas ou com os equilíbrios sutis e abstratos de forma e conteúdo. A experiência educativa demonstra o erro de tentar transpor, sem mais nem menos, as elaborações conceituais das disciplinas de referência ao ensino obrigatório. Um equívoco repetido em parte agora, ao converter-se a descrição do ato de ler em um novo conteúdo do ensino escolar. Ao contrário, é necessário partir da ideia de que "saber como se faz", ou seja, como se estrutura uma obra ou como se lê um texto, não é um objetivo prioritário em si mesmo, senão um meio para participar mais plenamente da experiência literária, um instrumento a serviço da construção do sentido e da interpretação pessoal das leituras.

Contudo, a ideia de que se trata de ensinar formas de proceder, que tornem possíveis interpretações mais complexas das obras, continua sendo um aporte essencial para reformular o ensino da literatura. O problema é que, apesar do tempo transcorrido, não se chegou a um consenso sobre quais devem ser os conhecimentos explícitos e as formas de ação que se devem ensinar ao longo da etapa escolar.

1. Ler na escola: os "livros de leitura"

Em compensação, a ideia complementar de que seria necessário oferecer aos alunos a possibilidade de ler diretamente os textos e as obras literárias, obteve um triunfo arrasador no curso primário e iniciou uma lenta penetração no secundário; uma infiltração, com obras pioneiras como a de Maria Hortênsia Lacau, na Argentina (1966), que terminou por generalizar a combinação da programação de conteúdos com a proposta de um tipo ou outro de leitura (o aumento de fragmentos antológicos lidos, a leitura de algumas obras integrais que seriam analisadas, a proliferação de trechos escolhidos e antologias para utilizar em atividades de oficinas de redação, etc.). Certamente, defender a prática leitora era um movimento que incitava unanimidades. Ia no mesmo sentido que o discurso social sobre a leitura como um bem de livre acesso, casava com a segurança dos professores primários em seu trabalho com as crianças e, inclusive, correspondia ao enorme desenvolvimento do mercado editorial infantil e juvenil nesses mesmos anos. A partir de então instalou-se um grande consenso, ao menos em teoria, sobre a reafirmação da leitura direta dos textos como método formativo.

Neste caso, a chegada posterior dos enfoques comunicativos encaixou perfeitamente com a adoção de práticas de imersão e contato com as obras literárias, ainda que dessas propostas nunca tenha surgido tampouco uma proposta clara e generalizada sobre o que se devia saber a respeito delas. A saída mais plausível diante desse difícil problema foi situar a leitura de obras e textos no centro mesmo da educação literária e utilizar a necessidade de conhecimentos derivada dessa leitura como critério para a seleção de conteúdos. Ou seja, dar prioridade às atividades de prática da leitura e oferecer os conhecimentos a partir das necessidades geradas por essa prática.

No entanto, esta solução permanece insatisfatória, especialmente na etapa secundária. Por isso, vozes com credibilidade sustentaram que o tipo de textos lidos ou os instrumentos construídos não são questões muito importantes, já que o realmente decisivo é que a leitura resulte em uma experiência pessoal positiva e que se realize a partir do diálogo com a obra e com a comunidade cultural. Com a intenção de ir mais adiante, o projeto de reformulação literária da etapa secundária, dirigido por G. Bertoni del Guercio[34], realizou na Itália uma das propostas mais concretas e adaptáveis às exigências escolares ao assinalar como objetivos finais da escolaridade obrigatória possuir:

---

[34] G. Bertoni Del Guercio, "L'ensenyament del text literari", in Teresa Colomer (coord.), *Ajudar a llegir: la formació lectora a primària i secundària*, Barcelona, Barcanova, 1982, pp. 87-104.

Andar entre livros

1 – conhecimentos sobre diferentes procedimentos específicos mediante os quais a literatura dá forma à experiência e às ideias humanas (mítico-fabulosas, realístico-miméticas, cósmico-paródicas, etc.);

2 – conhecimentos sobre os procedimentos formais mediante os quais estas formas se realizam. Ou seja, algumas convenções relativas aos gêneros, à métrica, às figuras de retórica ou os temas e tópicos, entre outros;

3 – conhecimentos em relação à literatura contemporânea e do passado, da própria língua e de outras, sobre alguns momentos significativos e ilustrativos de conexão entre a produção literária e o contexto sociocultural da época.

Contudo, achamo-nos ainda longe de estabelecer quais são as competências literárias e que classe de conhecimentos e informação um leitor comum necessita para alcançar uma capacidade interpretativa aceitável em relação às expectativas da escola obrigatória. Esta falta de definição torna muito difícil determinar os objetivos concretos de cada etapa escolar e de muitos autores, inclusive as formulações oficiais dos *curricula* escolares, que limitam-se a enunciar as finalidades mais gerais e indiscutíveis, insistem mais no *como* do que no *o que*, ou acumulam novos e antigos enfoques, sem ordem nem acordo.

Classificar os conteúdos ajudaria a superar a alternativa entre ler e saber literatura... se se estabelecesse um caminho de fusão e não um simples retorno em direção à mera reafirmação da história literária, como parece estar ocorrendo em alguns lugares. Mas também está por ver-se até onde se podem conciliar ambas as correntes em prática. No momento, os docentes do secundário se sentem divididos entre uma função de transmissão do legado literário (entendido como *saber*) e um novo objetivo de animar a leitura (entendido como *ler*). Manesse e Grellet o constataram ao analisar as práticas e opiniões dos docentes franceses, assinalando que muitas dificuldades do ensino literário continuam se originando da superposição confusa destes objetivos:

> (...) a escola pede aos docentes de língua que cumpram duas funções ao mesmo tempo: uma função de formador em relação aos textos e uma função de mediador em relação aos livros. Por um lado, analisar os grandes textos do patrimônio literário, com a consciência de que são de difícil acesso para uma grande parte do novo público do secundário; por outro, lutar contra o desinteresse pelos livros e pela leitura em geral. Por um lado, iniciá-lo na leitura sábia, que utiliza os métodos tradicionais do comentário do texto, ou, às vezes, tenta

integrar os instrumentos de análise da nova crítica literária, com o risco de aumentar a distância entre o texto e o leitor adolescente; por outro, motivar a leitura pessoal, dar a conhecer o prazer imediato do texto de ficção, valorizar o livro difundido por outros meios de informação e lazer.[35]

Assim, o problema remete ainda à tensão entre leitura livre e leitura guiada, assinalada por Chartier e Hébrard, ainda que o tempo transcorrido ofereça uma imagem mais tranquila com base nas acomodações práticas nas aulas:

> Depois de um século, o modelo "moderno" de leitura parece ter triunfado. Na realidade, os dois modelos subsistem mas o paradoxal está em que se deixou de vê-los como modelos contraditórios: a nova norma é que deve-se ler ao mesmo tempo para informar-se e para formar-se recorrendo, simultaneamente, a aprendizagens didáticas eficazes e à leitura de entretenimento ou prazer, tanto para instruir-se como para distrair-se, instruir-se e distrair-se muito e bem, rápida e lentamente. É na escola onde se inventa claramente este modelo contemporâneo de leitura, pois ela não pode abandonar a leitura de formação, que constitui a base de suas práticas, nem pode rechaçar a leitura de informação que dá crédito a seus discursos.[36]

Agora urge chegar a algum acordo sobre o mapa – épocas, autores, gêneros, hierarquias do sistema, etc. – que resulta conveniente possuir, para que qualquer leitor possa colocar e relacionar cada nova obra em sua "biblioteca mental", sobre a metalinguagem que deve conhecer para poder refletir e falar sobre as obras e sobre a medida em que é benéfico que aceite as interpretações da crítica, para confrontar sua leitura com uma "comunidade interpretativa" mais ampla do que aquela da classe.

LER POR GOSTO OU LER POR OBRIGAÇÃO

Se a literatura já está presente e se chega a um certo grau de conciliação entre a atividade de leitura e os saberes implicados no processo interpretativo, deve-se decidir, na sequência, a melhor forma de conseguir que essa leitura escolar seja produtiva para o leitor.

Como assinalamos, os termos *frequentar* e *amar*, utilizados por Lanson há mais de um século, tiveram um enorme eco nas últimas décadas. Assim o testemunha o nível das diretrizes oficiais, onde proliferam expressões sinônimas como *familiaridade com os livros, hábitos de leitura, animação da leitura,*

---

[35] Manesse e Grellet, *op. cit.*, p. 66.
[36] Chartier e Hébrard, *op. cit.*, p. 582.

prazer da leitura, gosto pela leitura, etc., um conjunto de termos que remetem, de uma forma ou de outra, à prática escolar da leitura extensa e livre dos livros.

Mencionou-se antes que a função de transmissão da cultura patrimonial se manteve como objetivo escolar apesar das críticas das décadas de 1960 e 1970. Em contrapartida, desapareceram as formulações oficiais de algumas palavras-chaves que associaram a ela, tais como *educação moral* ou a *formação do gosto*, que foram substituídas por expressões como o *prazer da leitura* ou o *amadurecimento pessoal.*[37] Experimentar o *prazer da leitura* e contribuir para o *amadurecimento pessoal* são precisamente as funções que os docentes consideram prioritárias ao selecionar as leituras escolares quando estas se afastam da programação estrita dos conteúdos. Ambas as formulações se integram em um modelo de "leituras por prazer", que por seu êxito no âmbito educativo merece que lhe dediquemos maior atenção.

Quando a escola comprovou que não lhe serviam os dispositivos didáticos utilizados para a formação das minorias cultas, pretendeu adotar as práticas familiares que pareciam ter sucesso em setores como: o acesso livre das obras, a função do adulto como distribuidor de livros ou como agente sedutor através, por exemplo, da leitura em voz alta, assim como a ligação da motivação leitora com o prazer que seria obtido. A leitura obrigatória não tem lugar neste esquema e, consequentemente, ampliou-se a rejeição militante a esta prática. Esta atitude gerou tanta aquiescência social que os alunos atuais a têm absolutamente interiorizada.

Pois bem, é preciso levar em conta que estamos falando de alunos que, diferentemente das gerações imediatamente anteriores às que pertencem seus pais e professores, não adotam a leitura como uma prática que lhes defina pessoalmente, quase como uma forma de rebelar-se contra o que está à sua volta. Os jovens atuais não precisam "ler debaixo dos lençóis", nem reivindicar a leitura de obras integrais em lugar da leitura fragmentada dos livros didáticos ou do ensino enciclopédico da literatura. Na realidade, todo mun-

---

[37] Também se acrescentaram a elas novas dimensões, como o *espírito crítico* ou o direito à leitura na *formação de cidadãos*. Estes dois últimos conceitos lembram-nos a função da literatura como aprendizagem interpretativa do mundo, mas se associam a um nível mais amplo de domínio da linguagem e, mais especificamente, da linguagem escrita. É o sentido que aparece com frequência no discurso educativo de defesa dos setores socioculturais mais fracos ou de países com graves problemas de alfabetização e que remetem muitas vezes à fronteira difusa entre ler e ler literatura, aludida anteriormente.

do está tão interessado em dirigi-los para a leitura utilitária que, nos Estados Unidos, se chegou a pôr em prática um programa particular que pagava dois dólares a cada aluno por livro lido. A pressão social em relação à leitura, frequentemente contraposta ao tempo que os meninos passam em frente a todos os tipos de telas, é tão perceptível que, nas respostas a pesquisas sobre essas questões encontramos adolescentes que terminam por inventar mitificadas épocas douradas nas quais foram grandes leitores, até que a funesta obrigatoriedade escolar da leitura tornou esta prática insuportável.

Talvez o principal problema do modelo "leitura por prazer" seja que ele assimila totalmente a leitura escolar com uma leitura do tipo particular, de maneira que o prazer designa a aproximação pessoal, enquanto que a obrigação de ler se situa no terreno escolar da utilidade. Pode-se pensar que a suposição de que ler é algo gratuito, mistura-se, talvez paradoxalmente, com a ideia humanista da leitura; mas é evidente que se situamos a justificativa escolar da leitura no prazer alguns efeitos perversos se produzem; por exemplo, a ideia de que "a literatura", considerada como um todo indivisível, não pode ser ensinada, pode-se unicamente propiciar o contágio. Ou então produz-se um afastamento, mais legítimo e radical, por parte dos alunos de famílias pouco leitoras, que não percebem, na literatura, nenhuma utilidade social e que se sentem interpelados pela escola em sua intimidade pessoal.

A mudança produzida em relação aos antigos parâmetros de formação do gosto e educação moral, é que estes se referiam a uma dimensão coletiva. Podemos concordar que se tratava então de uma coletividade muito restrita socialmente, mas não é menos certo que os objetivos, agora mais evidentes, se limitem a experiências estritamente individuais. Se nos situamos aí, podemos argumentar, inclusive, que muitos alunos já se divertem lendo banalidades e que, portanto, o prazer já se produz, de modo que utilizar "o que agrada aos alunos" como critério de seleção escolar parece por demais problemático. Por um lado, é certo que respalda seleções baseadas em uma razoável aceitação das diferenças de idade e de coordenadas geracionais que os docentes percebem entre eles e seus alunos. Mas, por outro, essa distância estabelece um duplo discurso entre o legitimado e o aceito. É óbvio que a maioria dos professores pensa que seu gosto é melhor do que o de seus alunos, e demonstra-o de várias maneiras: com palavras depreciativas ou de esperança de que um dia melhorarão. Em ambos os casos o problema consiste em que se abdica de ajudá-los a fazê-lo. A esperança educativa parece depositar-se apenas nos livros, nas leituras que, talvez, pouco a pouco, levarão os jovens em direção a outras leituras mais complexas. Mas sabemos que não se aprende a ler livros difíceis lendo apenas livros fáceis.

Na realidade, o desejo de ajustar o gosto à obrigação nos trabalhos educativos não é nenhuma novidade. Já no século XIX a escola aplicava uma pedagogia do estímulo, complementar à pedagogia impositiva. O problema acentuou-se agora porque a harmonia é mais complicada no contexto atual, com uma escolaridade de massas, prolongada por razões socioeconômicas e desenvolvida em uma sociedade de consumo com uma concepção hedonista da cultura.

Pois bem, a opção de resolver o conflito em favor da leitura livre e limitar o papel da escola ao do simples estímulo não parece uma boa saída, porque torna muito difícil que o prazer da leitura (e do leitor) progrida. Talvez avance em determinados aspectos, já que a simples imersão na ficção oferece gratificações imediatas através da identificação projetiva, a invenção imaginativa de mundos ou a vivência de realidades diferentes, efeitos provocados também por outros veículos ficcionais, como os audiovisuais. Neste sentido, pode ser que os alunos necessitem apenas de alguém que lhes saiba sugerir o livro adequado às suas capacidades e necessidades vitais. Mas, se pensamos em outros aspectos do prazer, tal como aquele obtido ao fim de um esforço para descobrir o sentido em alguma coisa que parecia não tê-lo, que não o tinha de forma evidente ou que o tinha em diferentes níveis de profundidade, então os alunos necessitam ser encorajados por alguém que lhes ajude de forma continuada para que realizem essas descobertas.

"Eu não gosto de um poema até que o professor me explique", dizia-me um adolescente em uma entrevista. Com esta citação, não pretendemos defender a aula magistral como sistema didático habitual. Na realidade essa é a melhor maneira de manter as mentes jovens na passividade mais complacente. Métodos didáticos que levem à releitura são necessários; a descoberta ou a construção de um sentido que o aluno deve poder explicar até certo ponto e comparar com aquele obtido pelos demais. Possivelmente o problema teve sua origem quando a escola copiou as práticas da burguesia culta, apenas tomou elementos da situação de comunicação, ou seja, alguns adultos possuidores de bibliotecas que facilitavam acesso a livros e leituras a alguns jovens. Mas ao examinar-se o que faziam e fazem esses adultos quando compartilham os livros com seus filhos, pode-se ver que ajudam muito ativamente na construção do sentido. Sua intervenção oferece então muitas pistas para servir de modelo à mediação da escola no progresso da leitura.[38]

---

[38] Podemos ver um exemplo disso em Teresa Colomer, *A formação do leitor literário*, São Paulo, Global, 2003, pp. 194-198.

A função do ensino literário na escola pode definir-se também como a ação de *ensinar o que fazer para entender* um *corpus* de obras cada vez mais amplo e complexo. Isso é o que os alunos devem entender que estão fazendo ali e o que se deve avaliar. Não sua intimidade, seus gostos, seu prazer ou sua liberdade de escolha. Nada disso pode ser, efetivamente, obrigatório.

LER NA ESCOLA OU LER SOCIALMENTE

O objetivo de ensinar literatura na escola se percebe mais tarde com as consequências que essa aprendizagem deve ter para os cidadãos uma vez abandonadas as aulas. A escolarização da população e a sua extensão à etapa adolescente fez pensar que se poderiam ampliar as condutas culturais dos setores cultos minoritários aos demais setores da sociedade. A escola não era responsável unicamente por ensinar a ler, mas também de que todo o mundo o fizesse quando terminados seus estudos. Mas, tal como já assinalamos, os estudos sociológicos mostraram que depois de algumas décadas de extensão dos anos de frequência escolar, o efeito nos hábitos de leitura das sociedades ocidentais não havia sido o esperado. Na atualidade sabemos que aumentaram enormemente a quantidade e a percentagem social dos leitores ocasionais, mas também sabemos que existe uma tendência crescente à diminuição dos leitores assíduos.

A primeira razão pode achar-se na massificação do acesso à leitura. Daí que, já na década de 1970, a queixa sintetizada na França, "nossos meninos não leem", foi contestada pela sociologia da leitura com um contundente: "é que já não são nossos meninos". Efetivamente, os percentuais da população dos países adiantados com acesso a etapas cada vez superiores da educação resultam espetaculares. No caso da França, por exemplo, só um, de cada 20 alunos, chegava ao bacharelado em 1945, enquanto que em 1993, um em cada dois o alcançava. Mas alguns estudos mais sofisticados e recentes sobre hábitos leitores revelaram que esta não é a única causa. A inter-relação de fatores como a origem socioeconômica, o nível de estudos, o gênero do leitor ou os hábitos culturais familiares criam um conjunto muito diversificado e complexo de resultantes, embora com uma invariável final constante: a diminuição do percentual de grandes leitores entre as crianças de absolutamente todos os setores da sociedade.[39]

---

[39] Ignacio Gómez Soto, *Mito y realidad de la lectura: los hábitos lectores en la España actual*, Madri, Endymion, 1999, e Christian Baudelot, Marie Cartier e Christine Detrez, *Et pourtant ils lisent...*, Paris, Seuil, 1999.

Andar entre livros

A inversão das expectativas sociais apenas intensificou-se e proporcionou um conjunto de reflexões que tendem a agrupar-se em dois polos; em um extremo, a nostalgia e o apocalipse que anuncia o fim da cultura da palavra e, em consequência, da civilização. No outro, o consolo de um domínio da leitura mais generalizado e variado, que se traduz em argumentos como o de que agora se lê mais que nunca, apenas se leem diferentes tipos de material escrito, enquanto que a diminuição do número de leitores afeta apenas as obras literárias ou que antes a leitura aparecia supervalorizada nas pesquisas e agora, ao contrário, é minimizada por causas vinculadas ao prestígio social outorgado aos livros; uma posição consoladora que se associa normalmente a uma espécie de "ampla expectativa" diante das modificações aceleradas introduzidas nas sociedades pós-industriais pelas novas tecnologias e formas de vida.

O debate social afeta em cheio a escola, a quem se pedem contas de sua responsabilidade no fracasso da formação de leitores. Os docentes, culpados e perplexos, coincidem em identificar a nova situação com uma espécie de barbárie, na qual seus alunos, submergidos nas novas formas de cultura, se mantêm indiferentes à mensagem estética da literatura canônica. Então, as saídas ante este diagnóstico se dividem entre duas opções extremas: a de dirigir-se unicamente à minoria, que ainda pode aderir aos antigos valores, ou ainda a de defender que as regras de comunicação estética variaram e que é preciso aceitar a legitimidade dos gostos espontâneos e do jogo imediato a que se tenham acostumado alguns alunos, que estariam mais preparados que seus professores para a função da cultura pós-moderna.

Apesar de tudo, os estudos de sociologia da leitura, centrados no âmbito escolar,[40] mostram que a tarefa realizada pela escola não resulta inútil. Observa-se, por exemplo, que o nível de estudos alcançados é o fator que mais influi nos hábitos de leitura, que os alunos adquirem uma noção de hierarquia entre os textos que lhes ajudam a entender os mecanismos dos fenômenos socioculturais, ou que a função escolar de criar referentes coletivos parece ainda efetiva, já que nas pesquisas de hábitos se reflete o efeito dos títulos lidos nas aulas. No entanto, sobre este último aspecto cabe admitir que unicamente esses títulos privilegiados podem concentrar o número suficiente de notas que os leva a emergir na maré de obras consumidas, assim como também há que aceitar que os clássicos e os *best-sellers* são os títulos mais lembrados pelos entrevistados, porque foi seu conhecimento prévio que os levou a "reconhecê-los" no momento de sua escolha.

---

[40] Baudelot, Cartier e Detrez, *op. cit.*

1. Ler na escola: os "livros de leitura"

Contudo, é inquestionável que o desinteresse pela leitura ocorre nos jovens enquanto ainda estão na etapa escolar e que alguns dos fatores que o produzem têm causas escolares, por defeitos nos métodos didáticos ou por fatores tão contraditórios como o fato de que a exigência do conhecimento própria do secundário diminui o tempo que os meninos e as meninas dedicavam à leitura livre no primário. Assim, é possível que a escola melhore, de maneira substancial, a contribuição que até agora deu ao acesso dos cidadãos à literatura. No entanto, é preciso lembrar que, em qualquer hipótese, a escola só atua sobre as leituras que se realizam em seu âmbito, com todas as condições e limitações que isto implica. E o que parece evidente nos últimos anos é que a possibilidade de acesso à leitura que a escola dá e o consumo posterior de bens culturais são duas coisas diferentes.

Neste sentido, os atuais estudos qualitativos sobre a leitura adolescente revelam que, na evolução recente de nossas sociedades, existem muitos fatores que não favorecem as condições da leitura individual e que ainda o fazem em menor medida em relação à leitura literária. Por exemplo, é óbvio que o livro se reacomodou no interior de um conjunto de instrumentos de lazer muito mais amplo que nunca e que, além disso, o mercado editorial dirige essa parte do lazer, ao encaminhá-lo para o consumo rápido das novidades. Da mesma forma, pode-se constatar que na sociedade predomina uma função profissionalizante da leitura; por exemplo, nos estudos universitários a bibliografia de cada matéria é já tão ampla que os alunos – e também seus professores – praticam uma leitura rápida de capítulos, artigos, fragmentos e sínteses divulgadoras, mais do que uma leitura reflexiva de livros complexos e de obras que constituem as fontes primeiras da disciplina. Já salta à vista que as formas de vida atuais se afastam das representações leitoras anteriores, devido a que incluem uma relação utilitária com o tempo, não propiciam atividades de ritmo sustentado e concentrado, desenvolvem hábitos de socialização juvenil que não passam de compartilhar as leituras, ou produziu-se nelas a desvalorização do livro – ou, o que é o mesmo, quanto à posse de bibliotecas particulares – como elemento de prestígio das classes altas.

A escritora argentina Graciela Montes utiliza o conceito de "estrutura do sentimento", de Raymond Williams, para caracterizar a falta de sentido da leitura no imaginário coletivo atual e assinalar que é a *significatividade* o que nos faz falta na leitura e não uma *massividade* que nunca existiu de fato.

Hoje não parece ser a crítica, nem a argumentação, nem o raciocínio, nem a narração – refiro-me sempre à nossa estrutura de sentimento – mas, ao contrário, o consumo, o fugaz, a

Andar entre livros

acumulação ilimitada, o fragmentário, o espetáculo (…) Vem à mente porque contradiz, bastante frontalmente, o que a leitura supõe. Que é sempre demora, construção prolongada do tempo, e da persistência, os dentes da atenção bem trincados em uma história, um tema, um pensamento. Ou seja, justo o contrário da fragmentação, da fugacidade e do "surfar".[41]

Na atualidade assistimos, portanto, a uma reflexão mais sutil das causas da recusa em ler. É igualmente interessante ver que desde há algum tempo as pesquisas dirigem-se também a esclarecer as razões contrárias, aquelas que fazem perdurar a leitura em contextos pouco propícios, inclusive, como nos bairros periféricos de Paris ou nas zonas rurais francesas estudadas por Michele Petit.[42]

De tudo isso depreende-se uma informação útil para levar a cabo uma ação escolar combinada com a intervenção de outros agentes sociais, de forma que escola e sociedade se fortaleçam mutuamente em ações globais integradas. Da perspectiva escolar, se analisarmos melhor a realidade atual (tendo-se em conta, por exemplo, que é uma constante em todos os países e que em torno de 15% dos jovens não alcançam o nível mínimo de leitura definido nas provas de leitura utilizadas), se não se tenta projetar sobre o conjunto da sociedade o modelo de ensino criado para uma minoria no passado e se definimos melhor as tarefas específicas da escola e as de animação de leitura que deve ser compartilhada com as instâncias sociais (família, biblioteca, promotores de leitura, etc.), talvez pudéssemos achar estratégias mais eficazes para solucionar os diferentes desafios implicados e mesclados nesta questão.[43]

Para isso, há que se levar em conta definitivamente que os hábitos culturais da sociedade não dependem apenas da instituição escolar e que as decisões neste âmbito devem basear-se em uma análise mais complexa do fenômeno e na colaboração de diferentes agentes sociais.

---

[41] Graciela Montes, "Espacio social de la lectura", in *La educación lectora*, Madri, Fundación Germán Sánchez Ruipérez, 2001, p. 88.

[42] Michèle Petit, *Nuevos acercamientos a los jóvenes y la lectura*, México, Fondo de Cultura Económica, 1999.

[43] Veja-se a respeito Teresa Colomer "¿Quién promociona la lectura?", in *Lectura y vida – Revista latinoamericana de lectura*, ano XXV, n. 1, 2004, pp. 6-15.

2.

O progresso do leitor

> Frequentemente não tomamos conhecimento do que escolhem (os meninos e as meninas) porque a banalidade destes livros nos supera. E ao fazer isso não vemos, realmente, o leitor não especializado construindo um objeto imaginário. (...) Na leitura infantil, na literatura infantil, podemos ver as convenções, os repertórios, e demonstrar como as crianças aprendem e desenvolvem sua competência literária.
>
> Margaret Meek[1]

Até os quinze ou dezesseis anos, a maioria dos adolescentes dos países ocidentais abandona as aulas da escolaridade obrigatória. Se os objetivos desta tivessem sido cumpridos, todos eles deveriam ser leitores competentes em uma sociedade alfabetizada. No entanto, temos visto que os estudos sobre compreensão leitora, como os de hábitos de leitura, emitem um balanço pouco lisonjeiro sobre este tema. Examinar os aspectos que se incluem nesses estudos permite uma primeira constatação explícita das expectativas sociais sobre o que se desejaria que os cidadãos soubessem fazer com relação à leitura. Analisar os resultados permite traçar um retrato representativo tanto da média escolar como da distância que a separa desses desejos. É algo que ajuda a estabelecer a tarefa que a escola tem pendente. Vamos ver, pois, em seguida, o que seria o "retrato robô" do leitor médio que termina seus estudos secundários em uma sociedade ocidental desenvolvida.

Tal como indicam as estatísticas dos hábitos sociais de leitura nos distintos segmentos da população, o protótipo de leitor adolescente tem muitas possibilidades de pertencer a um meio sociocultural que o induz a adquirir hábitos leitores precários. E de acordo com o grau efetivo da extensão escolar que se alcançou na maioria desses países, pode-se esperar que se trate de um adolescente que tenha sido normalmente – poderíamos dizer *corretamente* – escolarizado.

---

[1] Margaret Meek, "What Counts as Evidence in Theories of Children's Literature?", in *Theory into Practice*, vol. 21 n. 4, 1982, p. 290.

Os estudos qualitativos sobre práticas culturais entre os jovens mostram um indivíduo, que teve um número de leituras limitado e de tipo muito diverso, desde os livros infantis e juvenis, até os *best-sellers* e leituras escolares de obras clássicas. Sua avaliação pessoal dessas leituras parece ser positiva, sobretudo quando alude àquelas que escolheu livremente; enquanto que, pelo contrário, desenvolveu uma atitude adversa em relação às obras canônicas e impostas pela instituição escolar, especialmente durante a etapa secundária de seus estudos. Sua maneira de expressar-se sobre a leitura revela uma grande tensão entre as formas de apropriação popular da literatura, que por um lado centralizam o interesse no enredo, na projeção identificadora, nos temas da atualidade, etc.; e o valor dado a uma leitura "sábia" aprendida na escola, que inclui uma atitude distanciada, crítica ou desligada de seus interesses imediatos, por outro. O critério de autoridade da escola levou-o a interiorizar esse valor, mas a base que o sustenta é muito frágil, já que suas opiniões transparecem uma espécie de voluntarismo ascético que o conduz a dividir as leituras entre "prazerosas" e "boas". Esta forma de pensar traduz-se em um sentimento que Jean-Marie Privat[2] qualifica de "culpabilização cultural". A tensão, logicamente, termina por resolver-se a favor da salvaguarda pessoal da própria imagem e isso precipita esse adolescente "típico" em um rápido processo de aculturação após deixar a escola. No estudo de Primat, situado neste campo, uma moça sintetiza o reconhecimento do valor da leitura "sábia" e sua renúncia progressiva a ela, dizendo: "É que sou muito boba, cada vez leio menos".

Segundo a nomenclatura estabelecida pela sociologia da leitura, o leitor formado nas aulas termina sendo um leitor "débil" pela média dos livros lidos[3]. A maioria de suas leituras são parciais e casuais, concentram-se sobretudo em autores e obras não legitimadas, das quais nem sequer se lembra dos nomes e títulos. Não parece ter um conhecimento experimentado sobre as mediações culturais do mundo do livro (não frequenta as bibliotecas, não conhece as livrarias próximas nem seu funcionamento específico, não usa os

---

[2]   Jean-Marie Privat, "Sandrine, lectrice adolescente ou 'Je lis de moins en moins, je suis bête'", in Serge Goffard e Annick Lorant-Jolly, *Les adolescents et la lecture*, CRDP de L'Académie de Créteil, 1995, pp. 107-119.

[3]   A denominação e as fronteiras entre os tipos de leitor variam segundo os estudos. Uma das mais usadas é a utilizada nas pesquisas francesas, que divide os leitores em "débeis", se declaram ler de zero a quatro livros por ano, "médios", se leem de cinco a nove livros, e "fortes", se leem mais de dez.

2. O progresso do leitor

catálogos das editoras, etc.), tem uma biblioteca pessoal pobre e uma prática escassa de relação social com os livros (empréstimos, recomendações ou conversas). Sua capacidade de construir um discurso sobre as obras lidas é elementar, de maneira que, depois de dez ou quatorze anos de cultura escolar lidando com livros, não consegue usar termos específicos para caracterizar suas leituras e preferências. De fato, tende a classificá-las tematicamente ou segundo o grau de "verdade" do mundo ficcional ("é muito real", "fala de coisas que lhe aconteceram") e, de qualquer modo, suas preferências se inclinam por obras que exigem pouca concentração.

A conclusão é de que a escola levou-o a ler e mostrou-lhe uma nova maneira de aproximar-se dos textos que compreende uma certa hierarquia de valores do sistema literário; mas não o ajudou a tornar-se um leitor. Ler é para ele algo pontual e próprio da esfera escolar. Carece do "capital cultural" acumulado de que necessita para que as situações de leitura se produzam de forma estável e permanente. Privat exemplifica esta ideia de "capital cultural" com uma comparação muito usual entre um leitor e um aficcionado da pesca:

> Na representação dominante, o leitor é um pescador. O leitor lê como um pescador pesca. É solitário, imóvel, silencioso, atento ou meditativo, mais ou menos hábil ou inspirado. Considera-se evidente que o leitor é leitor quando lê como o pescador é pescador quando pesca, nem mais, nem menos. Aprender a pescar como aprender a ler consiste então em dominar certas técnicas básicas e experimentá-las, progressivamente, em correntes de água ou frotas de textos cada vez mais abundantes.
>
> (...) O pescador apenas raramente é esse doce sonhador um pouco marginal e narcisista, esse ser separado do mundo e cujas práticas e felicidade têm algo de misterioso e secreto. O pescador é também membro de um clube ou associação no qual se assegura o secretariado ou assume a presidência. Pagou sua cota da federação, que regula os usos e dita os direitos da pesca. Seguramente gosta de discutir acerca de seu material e contar histórias de pescador a seus amigos no café ou durante o descanso no escritório. Coleciona anzóis de pescar (...) ensina seu filho, desde a idade mais tenra, a pescar como *hobby* e gosta de ganhar de presente, em seu aniversário ou no natal, livros ilustrados sobre pesca ecológica em água doce (sente apenas desprezo ou incompreensão pela pesca submarina superequipada).
>
> (...) Em resumo, pesca e leitura – longe de serem atos de pura técnica e/ou de pura inatividade individualista – estão cheias de sociabilidade.[4]

---

[4] Jean-Marie Privat, "Socio-lógicas de las didácticas de la lectura", in *Lulú Coquette: revista de didáctica de la lengua y la literatura*, ano 1, n. 1, 2001, p. 54.

Andar entre livros

DE ONDE PARTIMOS? OS LIVROS NA ETAPA INFANTIL

A formação desse futuro "leitor-pescador" começa com um acúmulo de práticas sociais que o rodeiam desde seu nascimento. Os primeiros contatos com a leitura se produzem, em grande parte, através de formas orais e, inclusive, mediante narrativas audiovisuais. Mas também os livros para crianças que ainda não sabem ler são uma realidade bem consolidada na atual produção de literatura infantil e, ao ampliar-se o sistema educativo para as primeiras idades, estes livros penetraram nas creches e na fase pré-escolar. É, pois, através de distintos canais, dos livros infantis e das atividades proporcionadas pelos adultos, que as crianças começam a fixar as bases de sua educação literária.

Como bem sabemos, a evolução dos interesses e capacidades dos pequeninos é excepcionalmente rápida em seus primeiros anos de vida. O progresso de suas principais competências no campo literário através dos livros pode ser sintetizado, como veremos a seguir.[5]

A AQUISIÇÃO DE SISTEMAS DE SÍMBOLOS

A aquisição de sistemas simbólicos é tão rápida desde o nascimento, que a ela se aludiu como uma prova da capacidade inata de simbolização da espécie humana. Neste sentido, os livros ajudam a saber que as imagens e as palavras são representações do mundo da experiência, de modo que enquanto as ilustrações, por exemplo, diferem da realidade em tantos aspectos (seja em duas dimensões, em preto e branco, de tamanhos diferentes, etc.), os meninos e as meninas reconhecem os objetos nas formas desenhadas antes do segundo ano de vida.

A exploração das imagens estáticas lhes oferece tempo para identificar e compreender, já que os primeiros livros simplificam e fazem mais aceitáveis a imagem de um mundo exterior, que se apresenta ante os olhos dos bebês de um modo muito mais complexo e caótico, com uma enorme multiplicidade de objetos e de ações simultâneas. Nesse processo de compreensão, as crianças não apenas interpretam o símbolo do que *há* objetivamente na pági-

---

[5] Algumas dessas competências foram expostas pela primeira vez em Teresa Colomer, "El lector de la etapa infantil (0-6 años), in *Alacena*, n. 21, 1995, pp. 17-24, e foram retomadas em Teresa Colomer, "La enseñanza de la literatura como construcción de sentido", in *Lectura y vida: revista latinoamericana de lectura*, ano 22, n. 1, 2001, pp. 6-23.

na do livro, mas também se iniciam na necessidade de inferir informações, não explícitas, próprias de qualquer ato de leitura e começam a notar, ao mesmo tempo, os julgamentos de valor que se tem das coisas em sua própria cultura: o que é seguro ou perigoso, o que se considera belo ou feio, habitual ou extraordinário, adequado ou ridículo, etc.

O acesso à linguagem escrita supõe um avanço na possibilidade de simbolizar a realidade. A progressiva aparição do texto nos livros infantis oferece um bom andaime para a aprendizagem da leitura, da mesma maneira que a conversação com os adultos o foi para a aquisição da linguagem oral. O texto desses livros contribui para a aprendizagem através de procedimentos tais como o uso de palavras ou frases repetitivas, que podem ser identificadas com facilidade, ou o de canções e textos rimados, que ajudam na antecipação e no reconhecimento das palavras. Ou ainda a utilização de modelos narrativos previsíveis, como os próprios dos contos populares, ou das estruturas cumulativas que crescem e diminuem a partir dos mesmos elementos (animais que entram e saem na mesma ordem), ou mediante a organização em sequências como os dias da semana, as estações do ano, e em diversos tipos de hierarquias (do maior para o menor, do nu ao vestido, entre outros).

A aplicação de critérios de capacidade leitora ou grau de facilidade de leitura (o léxico, o tamanho das frases, a densidade semântica, etc.) aos livros para os primeiros leitores suscitou grandes polêmicas. Na década de 1970, contos como os do norte-americano Arnold Lobel demonstraram que se podem produzir excelentes obras com um vocabulário limitado e um cuidado especial em relação a esse gênero de questões.

Mas também é certo, como assinalaram Bruno Bettelheim e Karen Zelan,[6] que valorizar o significado da história é muito mais importante para a aprendizagem infantil que a facilidade técnica da leitura; mais importante, por exemplo, do que determinar o número de palavras pouco familiares, sobretudo se a dificuldade pode resolver-se através da imagem ou se o significado das palavras pode ser deduzido do contexto ou de sua morfologia, ou seja, através dos dois procedimentos mais utilizados pelos leitores de todas as idades para ampliar seu vocabulário.

Já que os livros para crianças pequenas são ilustrados, o debate sobre a compreensão das imagens também faz parte da discussão acerca da relação entre os textos infantis e seus leitores. Ainda na década de 1970 começaram a

---

[6] Bruno Bettelheim e Karen Zelan, *Aprender a leer*, Barcelona, Crítica, 1983.

Andar entre livros

ser produzidos livros de imagens com predomínio realista, no sentido da adoção de uma perspectiva habitual, cuidado nos detalhes, realce das figuras sobre um fundo neutro e cores naturais. No entanto, ainda que se possa supor que são menos compreensíveis, a prática demonstra que estilos diferentes e mais experimentais também podem agradar às crianças por outras razões; assim, muitos ilustradores fugiram das fórmulas fáceis para explorar a permeabilidade da fronteira entre compreensão e atração nos livros para os pequenos.

As reservas sobre uma facilidade deliberada na criação artística não negam, naturalmente, que existam textos ou ilustrações excessivamente complexos para essas idades, tanto se a dificuldade se refere à extensão do texto ou à sua riqueza de significados, como se deriva, simplesmente, de uma proposta inadequada. Por exemplo, os leitores terão dificuldades se se produz uma incongruência entre algum detalhe e o sentido geral. Michael Chandler[7] expôs o caso de uma ilustração na qual um menino sorria enquanto lhe davam uma injeção: apenas os meninos de mais de seis anos se distanciaram da primeira impressão e incorporaram o sorriso do menino para formular uma nova hipótese – a de que ele e seu pai estavam brincando de médico –, enquanto os menores optaram por não notar o detalhe e insistiram em dizer que o menino estava assustado.

O DESENVOLVIMENTO DA CONSCIÊNCIA NARRATIVA

Desde muito cedo, meninos e meninas possuem muitos conhecimentos sobre a narração de histórias. Aos dois anos a maioria usa convenções literárias em seus solilóquios, jogos e relatos (fórmulas de início e final, uso do pretérito imperfeito, mudança de tom de voz, presença de personagens convencionais da ficção, etc.). É um indício claro de que nessa idade as crianças já identificam a narração de histórias como um uso especial da linguagem. Essa consciência se desenvolverá até o reconhecimento das histórias como um modo de comunicação, uma técnica aceita socialmente para falar sobre o mundo real ou para imaginar mundos possíveis.

O progresso gradual do conhecimento sobre as características formais da história inclui dois pontos essenciais: *o que acontece* e *de quem falamos*, ou seja, a aquisição do esquema narrativo e o desenvolvimento das expectativas sobre os personagens.

---

[7]   Michael Chandler, "Social Cognition: A Selective Review of Current Research", citado por Nicholas Tucker in *El niño y el libro: exploración psicológica y literaria*, México, Fondo de Cultura Económica, 1985.

2. O progresso do leitor

No início de sua aquisição da estrutura narrativa, meninos e meninas dão-se por satisfeitos em reconhecer e nomear o conteúdo das imagens e veem as histórias como episódios desconexos. À medida que crescem, aumenta sua capacidade para estabelecer nexos causais entre as ações representadas e para colocar o que está ocorrendo nas ilustrações e no interior de um esquema progressivo. Sabemos, sem dúvida, que este avanço resulta mais fácil para aqueles que tenham ouvido contar muitas histórias e que aprenderam a levar em conta os acontecimentos das páginas anteriores para atribuir um sentido às histórias dos livros.[8]

As estruturas narrativas que as crianças dessa idade são capazes de controlar foram classificados por Applebee[9] em seis formas básicas cada vez mais complexas e que correspondem aos estágios de desenvolvimento estabelecidos por Vygotsky. O primeiro tipo de estrutura, por exemplo, refere-se simplesmente a uma *associação* de ideias entre os elementos, na qual uma ideia leva à outra sem mais relação. Aos cinco anos a maioria das crianças já utiliza a estrutura que Applebee denominou *cadeia focalizada*, na qual se estabelecem as peripécias de um personagem como em um rosário de contas. Finalmente, lá pelos seis anos, meninos e meninas dominam propriamente a estrutura da narrativa com todas as suas características, por exemplo, a de que o final deve ter relação com a proposta do início.

Os livros que se destinam às crianças que se acham nesse processo deveriam limitar a complexidade de suas histórias, se esperam que estas possam ser entendidas. As histórias devem ser curtas para não ultrapassar os limites da capacidade de concentração e memória infantil e para não exigir demais de sua confusa atribuição nas relações de causa e consequência. As observações a respeito indicam que os livros são melhor compreendidos se têm poucos personagens, o argumento segue os modelos regulares de repetição e o texto não ultrapassa umas duas mil palavras. Esta economia de meios pode ser alcançada através de diferentes recursos, que são muito usados nos livros para primeiros leitores, como veremos mais adiante.

A consciência narrativa inclui também as expectativas sobre a conduta dos personagens. Eles formam parte do mundo real das crianças e permanecerão em suas referências sobre a representação da realidade como uma herança cultural compartilhada com os adultos. É um dos principais aspectos

---

[8]   Gordon Wells, *Aprender a leer y escribir*, Barcelona, Laia, 1988.

[9]   Arthur N. Applebee, *The Child's Concept of Story: Ages Two to Seveteen*, Chicago, The University of Chicago Press, 1978.

Andar entre livros

que permitem experimentar a literatura como uma forma de cultura e sentir-se parte de uma "comunidade de leitores", com as demais pessoas que estão próximas.

A maioria dos livros para crianças potencializa a leitura identificativa através de protagonistas infantis, que levam a cabo ações muito parecidas com as do leitor em sua vida real. Várias vezes esses protagonistas se convertem em personagens de séries, o que agrada aos pequenos, porque torna mais previsíveis as histórias e amplia o contato com seus personagens prediletos. Os livros adotam então um conjunto de elementos idênticos (formatos, desenhos, etc.) e criam uma sensação de ordem, em uma etapa da vida em que a regularidade é muito necessária.

O desenvolvimento de expectativas sobre os personagens inclui também o conhecimento das conotações que lhes são atribuídas culturalmente, sobretudo no caso dos animais e dos seres fantásticos. Tal como estabeleceram alguns estudos,[10] os seres fantásticos oferecem modelos de conduta que podem ser definidos ainda mais depressa do que as conotações habitualmente suscitadas pelos animais. Mas são estes últimos, em forma humanizada, os que aparecem com maior frequência nos livros infantis. Embora seu uso remonte às fábulas e outros relatos pertencentes ao folclore, sua utilização atual se situa melhor na tradição inglesa do início do século XX, formada por autores como Beatrix Potter.

A figura do animal (e especialmente de alguns deles, como os ursos ou todo tipo de roedores, dado que suas características e conotações parecem favorecer a identificação infantil) é um recurso utilizado frequentemente para criar certa distância entre o leitor e uma história especialmente transgressora das normas sociais ou demasiado dura afetivamente. Desta maneira, o impacto de acontecimentos, como a morte dos personagens ou a excitação produzida pela vulnerabilidade das normas de conduta, será menor, já que os atores não são humanos. Sem dúvida, para os leitores situados em uma fase de tanta dependência em relação aos pais, a morte da mãe de Babar[11] é mais suportável porque se trata de uma família de elefantes, e a criança pode entregar-se, sem culpa, à secreta fascinação pela independência conseguida pelo elefantinho órfão. Também fica claro que os animais podem cometer ações terríveis e proibidas aos humanos, como planejar a caça de outros animais ou rebelar-se

---

[10] James L. Kuethe, "Perpetuation of Specific Schemata in Literature for Children", in *Psychological Reports*, vol. 18, n. 2, 1966, pp. 433-434, citado por A. Applebee, *op. cit.*, p. 48.

[11] Jean de Brunhoff, *A história de Babar*, São Paulo, Cia. das Letrinhas, 1992.

contra os humanos adultos. Por outro lado, as ambiguidades e desmistifica-ções (o leão covarde de *O Mágico de Oz*, porque o esperamos valente, ou a princesa empreendedora, porque seu modelo básico é a passividade) deverão ser usadas quando se tenha estabelecido as convenções, se quisermos que as crianças as apreciem como tais.

Outra vantagem dos personagens fantásticos é sua economia descritiva. Não faz falta deixar de caracterizar o mundo de ficção estabelecido pela fór-mula inicial "era uma vez um coelho". Os personagens fantásticos, por outro lado, permitem criar textos com uma grande liberdade de regras. As explica-ções psicanalíticas sobre os contos populares se referem a muitos desses per-sonagens como encarnações da percepção infantil sobre a ameaça do poder dos adultos ou como personificações das pulsões agressivas das crianças. No entanto, atualmente, a forte corrente de desmistificação existente converteu a maioria destes seres tradicionais em personagens ternos e simpáticos, enquanto sua mudança de função coincide com o predomínio de um novo tipo de ser fantástico: os monstros, já que sua plasticidade e pouca concretu-de parece fazê-los aptos a encarnar as angústias interiores, pesadelos e terrores indefinidos, exorcizados hoje em dia por uma literatura infantil que reflete a grande atenção dada aos temas psicológicos próprios das sociedades pós-industriais.

A AMPLIAÇÃO DA EXPERIÊNCIA

Muitos livros infantis oferecem aos pequenos a confirmação do mundo que conhecem: a vida cotidiana em família, as compras, os jogos no parque, etc. Mas eles necessitam também de uma literatura que amplie sua imagina-ção e suas habilidades perceptivas, além de seus limites atuais, de maneira que os melhores livros ilustrados são aqueles que estabelecem um compro-misso entre o que as crianças podem reconhecer facilmente e o que podem compreender através de um esforço imaginário, que seja suficientemente recompensado. Algumas linhas de progresso, nas possibilidades de com-preensão destas idades, têm a ver com os temas e gêneros adotados pela ficção infantil.

Em primeiro lugar, referimo-nos à relação entre realismo e fantasia. As histórias são percebidas pelas crianças como uma representação do mundo tal como ele é. Não se questionará sua veracidade até o final desta etapa, quando passam a interessar-se pela origem das coisas. Apenas quando as histórias

Andar entre livros

emergem – conscientemente – como ficção, as crianças podem começar a utilizá-las para explorar o mundo tal como ele *poderia ser*. Trata-se de uma representação literária que proporá alternativas, mas que confirmará certezas.

A evolução dos gêneros de ficção estabelece um *continuum*, que parte da experiência imediata dos destinatários, para deslocar-se até outros espaços reais ou imaginários. Parece que aos dois anos as crianças preferem livros sobre um mundo conhecido e com ações já experimentadas por elas, mas aos quatro anos já predomina a excitação pelo desconhecido e, em geral, se produz uma progressiva ampliação em direção à fantasia. Anne Haas Dyson[12] observou que 97% das histórias que as crianças inventavam, aos dois anos e meio, centravam-se no mundo da casa e da família, com ações cotidianas como comer, dormir, etc. Já aos cinco anos, só um terço de suas narrativas ocorriam em casa e unicamente 7% se circunscreviam a ações realistas. Haas Dyson e outros autores tendem a oferecer explicações psicológicas para estes fatos. Destacam, por exemplo, que as crianças de dois anos afastam, prudentemente, da esfera imediata, aquelas histórias que contêm elementos de perigo, do mesmo modo que jamais narram na primeira pessoa. Mas também se pode pensar que a evolução obedece à assimilação cultural produzida, já que as crianças de cinco anos tiveram tempo de familiarizar-se com o mundo literário da aventura, vista como sucessos longínquos e próprios das histórias. Em suas narrativas adotariam, pois, estas formas e colocariam a aventura ali, onde aprenderam culturalmente que ela habita.

Outro meio para a exploração da realidade muito presente nos livros infantis é o humor. Nesta etapa, o humor se baseia, frequentemente, na inversão ou transgressão das normas de funcionamento do mundo que os pequenos já dominam, de forma a que os equívocos ou exageros das ações configuram uma parte importante dos recursos utilizados. Um urso que pergunta se deve pôr as calças pela cabeça é engraçado para a criança, pois ela tem a superioridade de saber como se deve fazer, do mesmo modo que a quebra de regras e tabus apela à sua complacência pela ruptura de uma repressão interiorizada.

O jogo com o absurdo se baseia, por sua vez, na inversão da ordem que as palavras outorgam à realidade. Se a criança sente a discrepância entre os feitos e sua necessidade de ordená-los através da linguagem, pode sentir-se

---

[12] Anne Haas Dyson, "'Once Upon a Time' Reconsidered: The Developmental Dialectic between Function and Form", in *Written Communication*, vol. 6, n. 4, 1989, pp. 436-462.

angustiada (*Como podem voar uns lábios sem rosto?*, como ocorre no conto *Besos*, de Alfonso Ruano[13]), mas ri se percebe essa contradição como um jogo que confirma a regra. No exemplo lembrado por Dorothy White,[14] uma mãe dá boa-noite à sua filha, ao gato, aos bonecos, e à cadeira. A menina protesta incomodada pela inclusão de um objeto inanimado na série de despedidas: "não diga 'boa-noite, cadeira'!". Mas o jogo recomeça e a menina entra nele finalmente e ri agora repetindo: "Não diga 'boa-noite, cadeira'!".

Uma terceira forma se refere à tensão entre a idealização e o questionamento do mundo. As crianças aceitam uma imagem *idealizada* delas mesmas e do que as cerca, porque lhes oferece uma imagem ordenada, coerente e tranquilizadora da realidade. Mas também necessitam uma literatura mais dura, que se faça eco de sua parte menos socializada e agressiva. Como disse Bettelheim:

> (…) Queremos que nossos filhos acreditem que os homens são bons por natureza. Mas as crianças sabem que eles nem sempre são bons; e, frequentemente, quando o são, prefeririam não sê-lo. Isto contradiz o que os pais afirmam, e por esta razão a criança vê-se a si mesma como um monstro.[15]

A obra de Maurice Sendak, *Donde viven los monstruos*,[16] publicada em 1963, ilustrou esse sentimento e, de alguma forma, inaugurou esse tipo de literatura para os pequenos. Outras obras, como *Fernando furioso*, de Hiawyn Oram e Satoshi Kitamura,[17] também refletiram a raiva das crianças por sua situação de dependência e manipulação por parte dos adultos. E pode-se dizer que oferecer caminhos de reconciliação pessoal ao leitor, através do distanciamento humorístico ou imaginativo para tratar dos conflitos psicológicos (o medo noturno, os ciúmes, etc.), tem sido uma das linhas mais usadas na produção dos livros infantis para estas idades, nas últimas décadas.

A proliferação desse tipo de literatura provocou, inclusive, a denúncia sobre a constituição de um novo didatismo literário, assim como a advertência acerca dos limites do uso terapêutico dos livros infantis, porque, certa-

---

[13] Alfonso Ruano, *Besos*, Madri, SM, 1993.

[14] Dorothy White, *Books before Five*, Oxford, Oxford University Press, 1954, baseado no livro de Margaret Wise Brown e Clement Hurd, *Buenas noches, luna*, Barcelona, Corimbo, 2003.

[15] Bruno Bettelheim, *A psicanálise dos contos de fadas*, São Paulo, Paz e Terra, 1978.

[16] Maurice Sendak, *Donde viven los monstruos*, Madri, Alfaguara, 1995.

[17] Hiawyn Oram e Satoshi Kitamura, *Fernando furioso*, Caracas, Ekaré, 1989.

Andar entre livros

mente, em muitas ocasiões as crianças não recebem as histórias como identificação subconsciente, mas como reconhecimento de que as ações que nelas ocorrem contradizem, frequentemente, as expectativas sociais, de maneira que lhes servem para explorar as consequências das ações proibidas ou perigosas em relação ao ponto de vista do leitor. A criação de normas traz consigo, ao mesmo tempo, a possibilidade de infringi-las, de modo que entender as normas significa diferenciar o que é cumpri-las e o que é transgredi-las. Ou seja, é algo que se refere ao jogo intelectual ou moral, com as ideias ou as condutas. É assim, e não a partir de didatismos deliberados, que a literatura apela, como nos recordou o poeta Coleridge, a tudo que somos como seres humanos, para além das circunstâncias de nossa existência, para construir a experiência como uma operação de conhecimento.

Uma contínua construção do sentido

O itinerário infantil das leituras, iniciado na primeira infância, amplia-se à medida que as crianças crescem. Mas isso não significa que elas tenham que esperar a chegada a algum momento determinado de sua formação para desfrutar da experiência literária. Ao contrário, é a sua participação em um ato completo de comunicação literária o que lhes permite avançar por esse caminho. Assim, as narrativas infantis, não importando a idade a que se destinam, oferecem uma experiência que tem a ver, de alguma maneira, com os seguintes aspectos:

1 – *A aprendizagem com as formas prefixadas da literatura (e da imagem) nas quais se plasma a experiência humana.* No caso da narração na cultura ocidental, inclui, por exemplo, as distintas maneiras de organizar as histórias. Trata-se de um itinerário no qual elas podem ser cada vez mais extensas e complexas (com ações paralelas, inter-relações, etc.) e podem adotar "modelos" (narrativas circulares, cumulativas, encadeadas, incluídas em uma história-padrão, etc.) e gêneros (fábulas, lendas, contos maravilhosos ou policiais, etc.) cada vez mais variados na medida em que aumenta a capacidade das crianças para acompanhá-las sem perder-se.

2 – *A familiaridade com as diferentes vozes que configuram o conjunto de narradores e através dos quais os livros falam às crianças.* Mais do

que ser uma ideia inquietante (vozes que ressoam em nosso cérebro), isso significa que se amplia o conhecimento das crianças sobre a forma de ver e contar a realidade, já que falam com elas muito mais pessoas do que aquelas que estão em seu entorno real. As "vozes dos livros" vão levá-las pela mão ao longo de suas leituras, fazendo-as adotar distintas – e frequentemente simultâneas – perspectivas sobre o mundo (oniscientes, íntimas, distanciadas, burlescas, admirativas, etc.) e acostumando-as ao uso de registros e formas linguísticas muito variadas.

3 – *A incursão na experiência estética.* Os livros introduzem as crianças a uma nova forma de comunicação na qual importa o *como* e na qual a pessoa se detém para apreciar a *textura* e a *espessura* das palavras e das imagens, as formas com que a literatura e as artes plásticas elaboraram a linguagem, e as formas visuais para expressar a realidade de um modo artístico. Ou seja, o acesso a uma maneira especificamente humana de ver e sentir o mundo.

4 – *A possibilidade de multiplicar ou expandir a experiência do leitor através da vivência dos personagens e a oportunidade de explorar a conduta humana de um modo compreensível.* Como já foi dito em repetidas ocasiões, a literatura permite "ser outro sem deixar de ser o mesmo", uma experiência que, como a do jogo, oferece o mistério de permitir ser e não ser – ou ser mais de uma coisa – ao mesmo tempo. É através dessa experiência tão particular de sonhar-se a si mesmo que se dá ao leitor um instrumento poderoso de construção pessoal e uma completa dimensão educativa sobre os sentimentos e ações humanas.

5 – *A ampliação das fronteiras do entorno conhecido.* Os livros têm o poder de transportar o leitor no tempo e no espaço, de levá-lo a penetrar em outros modos de vida, mostrar-lhe realidades desconhecidas e proporcionar-lhe o eterno prazer de quem se senta ao lado do viajante que regressa. No caso dos livros infantis, não há dúvida de que os adultos utilizam esse instrumento para contar às novas gerações como são as coisas que os pequenos desconhecem e propor-lhes a interpretação que lhes dá sua cultura.

Andar entre livros

6 – *A incursão na tradição cultural,* em uma espécie de praça pública onde se reúnem todas as perspectivas desde que os humanos contemplaram o mundo, ali onde ressoa o coro de vozes, o patrimônio dos textos, que se acumularam ao longo dos séculos. Cada texto, cada obra, se forma em relação com o que já foi dito pelos demais. Os livros infantis convidam a tomar assento nesse foro e a dele participar. Através de sua leitura, as crianças podem entender como funciona esse eco e estabelecer seu próprio diálogo pessoal com a tradição.

As crianças podem obter estas experiências através da leitura de um vasto conjunto de obras infantis e juvenis que realizaram, com êxito, um duplo movimento: ajustar-se à capacidade dos leitores e ajudar-lhes a progredir. Definitivamente, as obras lidas ao longo da infância, como toda a experiência literária, propõem o acesso à formalização da experiência humana. É assim que as crianças podem conhecer, por exemplo, o canto à infância que *As aventuras de Tom Sawyer* contém ao tentar recriar a perspectiva infantil que supõe a coexistência dos sentimentos de exaltação pela natureza em que vivem imersos os protagonistas, com o medo que os leva a conjurá-la através de práticas supersticiosas. Ou podem conhecer através de Robinson Crusoé a manutenção da dignidade humana em circunstâncias adversas e a tensão estabelecida entre o ideal da possessão de bens materiais e o impulso de superação própria do gênero humano.[18]

A comunicação literária se produz desde o início e o que progride é a capacidade de construir um sentido através dos caminhos assinalados. Isto sustenta a ideia educativa de que a formação leitora deve se dirigir desde o começo ao diálogo entre o indivíduo e a cultura, ao uso da literatura para comparar-se a si mesmo com esse horizonte de vozes, e não para saber analisar a construção do artifício como um objetivo em si mesmo, tal como assinalamos antes. O trabalho escolar sobre as obras deve orientar-se, pois, para a descoberta do seu sentido global, a estrutura simbólica onde o leitor pode projetar-se. A literatura oferece então a ocasião de exercitar-se nessa experiência e aumenta a capacidade de entender o mundo. Tal recompensa é o que justifica o esforço de ler.

---

[18] Estas diferentes linhas de iniciação literária estão desenvolvidas a partir de exemplos de livros infantis em Teresa Colomer (dir.), *Siete llaves para valorar las historias infantiles,* Madri, Fundación Germán Sánchez Ruipérez, 2002.

2. O progresso do leitor

LINHAS DE AVANÇO NA APRENDIZAGEM ESCOLAR

Falar de "avançar" na aprendizagem literária ou utilizar outras palavras muito frequentes como "desenvolvimento" ou "progresso" são termos que levam, em seguida, a pensar em fases, momentos ou capacidades distintas. Pode-se imaginar como uma paisagem que vai mudando ao ser vista através da janela de um veículo. Mas há que se ter muito claro que essas palavras significam também algumas constantes: a ideia de que não "se chega" um dia à literatura, mas que se desfruta e que se aprende sempre no presente, e a ideia de que há objetivos comuns ao longo das etapas educativas. Ao contrário do que se diz frequentemente, não se aprende a gostar no primário e se adquirem conhecimentos no secundário, por exemplo. O tipo de conhecimentos, leituras ou intensidades previstos pela escola podem ser distintos, mas qualquer docente deve ter presente que desde a etapa infantil até o final do secundário todos jogam na mesma equipe e que os objetivos perseguidos, inclusive os métodos, apresentam – ou deveriam apresentar – uma grande unidade de ação.

Como pode ajudar a escola no progresso da competência literária? O que se espera que mude no olhar dos alunos, atrás da janela dessa viagem imaginária? A cada ano as classes se enchem de novos estudantes, que vemos partir no fim do período escolar. Antes de pensar em qualquer tipo de programação ou de atividade, vale a pena deter-se para refletir sobre os aspectos nos quais se espera que sejam mais competentes, ou seja, mais capazes de interpretar as obras literárias que leem depois que se forem. Veremos, em seguida, alguns desses aspectos nos quais seria desejável que as crianças progredissem com a ajuda de seus professores, sem importar a etapa educativa em que se encontrem.[19]

SOBRE SENTIR A LITERATURA COMO ALGO LONGÍNQUO
A SENTIR-SE NELA IMPLICADO

"Não obrigarás um cavalo a beber água, se não tem sede", afirmou o pedagogo Célestin Freinet no seu livro *Consejos a los maestros jóvenes*.[20] Uma

---

[19] Estas linhas de progresso foram expostas, inicialmente, na conferência pronunciada no segundo congresso internacional de "Lectura y vida", publicada em Teresa Colomer: "¿Qué significa progresar en competencia literaria?", in *Textos en contexto: la literatura en la escuela*, vol. 5, 2002, pp. 9-22.

[20] Célestin Freinet, *Consejos a los maestros jóvenes*, Barcelona, Laia, 1978.

Andar entre livros

das principais dificuldades em aceder à literatura é considerá-la como algo ligado à escola, que se abandona tão logo se deixam as aulas. Em geral, nós docentes dedicamos muito pouco tempo para saber que autoimagem, como leitores, têm os alunos e como lhes afetam as obras que leem. Talvez não desejemos saber porque isto nos afastaria do programa que tínhamos organizado ou porque requer um tempo que não nos permitiria terminá-lo. A tradição educativa anglo-saxã difere daquela própria dos países mediterrâneos e latino-americanos neste ponto. Naquelas aulas, as atividades sobre os textos se baseiam, frequentemente, na resposta do leitor, naquilo que a leitura evoca e na reflexão posterior que provoca. No nosso contexto educativo, ao contrário, ensina-se a dar repostas objetivas e a ocultar a subjetividade, passando à margem do enlace do texto com o mundo do leitor.

Este enfoque asséptico dificulta entender a aula de literatura como um espaço onde se questiona, dialoga e enriquece o mundo individual. É notável o paradoxo de alguns adolescentes que constroem sua visão da literatura como uma "matéria", quando se acham em uma etapa vital na qual se sentem particularmente ávidos desse encontro pessoal. Quando se lhes assegura que ler é prazeroso e interessante, provavelmente os alunos acreditem... apenas já decidiram que pode ser *para os outros*, mas que a literatura não serve para *eles*. Ninguém gostaria de assistir a um curso de pesca se não se sente pescador e pensa que jamais vai se ver envolvido nessa atividade. A escola dedica grandes esforços para falar de livros e autores que, simplesmente, não fazem parte do mundo dos alunos. A barreira existente, então, é prévia e as possibilidades de êxito são bastante escassas.

A conclusão é que se pensamos que meninas e meninos devem progredir neste aspecto, devemos dedicar tempo e programar atividades que favoreçam o interesse pessoal e estabeleçam essa conexão, fazendo com que se sintam pertencentes ao universo dos livros.

DO DOMÍNIO INCIPIENTE DAS HABILIDADES LEITORAS AO SEU TOTAL DOMÍNIO

A maioria das obras literárias se apresenta como um texto escrito que é preciso ler. Assim, muitas atividades e exercícios propostos pela pesquisa educativa sobre o ensino da leitura são perfeitamente aplicáveis aos textos literá-

2. O progresso do leitor

rios.[21] Antes de mais nada está o fato de oferecer um tempo de prática leitora na sala de aula ou na biblioteca escolar para que os alunos exercitem as habilidades de rapidez, concentração, autocontrole, etc., implicadas no ato da leitura. E são as atividades de leitura dirigida e compartilhada, aquelas em que meninos e meninas vêm elucidar-se, ante os seus olhos, o modo de ler que devem interiorizar: como se antecipa o que se pode esperar na narrativa que leem coletivamente; analisar o que seria cumprir as regras do gênero nessa obra, o que seria desobedecê-las e qual pode ser o propósito do autor para fazê-lo dessa maneira; comprovar as hipóteses realizadas; notar os fios ainda soltos ou as incongruências que derivam de uma falta de compreensão pontual; buscar os detalhes do texto que validam uma interpretação e invalidam outra; etc.

Ninguém espera que se aprenda a tocar um instrumento musical se não se exercita com ele. Não faz muito tempo, a surpresa provocada em uma classe do secundário diante da novidade de uma aula dedicada à leitura, levou um adolescente a pegar sua calculadora para saber quanto tempo levaria para ler a obra, dado o número de páginas lidas nesse primeiro momento: nunca tinha lido um livro completo. É o mesmo tipo de constatação obtido por Margaret Meek em relação à sua aula para recuperação de leitores, quando os professores estabeleceram que a diferença entre seus alunos e aqueles era, precisamente, a experiência acumulada de leitura:

> Falávamos de "leitores atrasados", "leitores lentos", "leitores refratários", "leitores ineficientes". Sempre que nos referíamos a nossos estudantes utilizávamos alguma palavra que identificava sua falta de habilidade. Um dia, quando parecia que apenas progredíamos em nosso trabalho de professores, perguntamo-nos: qual é a diferença essencial entre nossos alunos e nós mesmos quando lemos? Não se atrasam, nem são lentos quando fazem ouras coisas como falar ou fazer desenhos técnicos. Sabemos que não são burros. Sem dúvida é porque têm medo de arriscar-se ou de errar o que há de diferente no seu modo de ler? A resposta é simples e, ao contrário, não tão óbvia quanto parece. Como professores nos fartamos de ler. Nossas obrigações profissionais o exigem, ou seja, para nós ler é natural, quando em realidade é cultural. Nossos alunos não consideram que a leitura seja natural, sabem que devem trabalhar muito para progredir. Leram muito menos que nós. Muitos deles nunca leram um livro inteiro, nem ao menos um bem fino.[22]

---

[21] Pode ver-se, por exemplo, a sistematização realizada em Teresa Colomer e Anna Camps, *Ensenyar a llegir, ensenyar a comprendre*, Barcelona, Edicions 62 , 1991 (trad. castelhana em *Enseñar a leer, enseñar a comprender*, Madri, Celeste, 1996; trad. portuguesa em Artmed, 2002).

[22] Margaret Meek, "Ajudant els lectors", in Teresa Colomer (coord.), *Ajudar a llegir: la formació lectora a primària i secundària*, Barcelona, Barcanova, 1992, p. 132.

Andar entre livros

DO CONHECIMENTO IMPLÍCITO DAS CONVENÇÕES AO CONHECIMENTO EXPLÍCITO

Usar palavras especializadas para falar sobre as obras e explicitar as regras que regem a literatura são fundamentais em um programa escolar. As crianças aprendem rapidamente o que é um título, um personagem, um conto ou um poema. Mais tarde saberão o que é uma comparação ou uma lenda e, logo, o que é uma metáfora, um personagem secundário ou um início *in media res.**

E, no entanto, todas essas coisas já existem nos livros que leem antes de sabê-las explicitamente. A escola trata de torná-las visíveis, levá-los a entender como funcionam e por que estão ali. Evidentemente é um esforço motivado pela convicção de que sabê-lo melhora a interpretação.

Por exemplo, descobrir que a ambivalência de sentimentos que o personagem John Silver nos provoca, deve-se ao fato de que é o jovem Jim quem nos relata *A ilha do tesouro* e que é essa perspectiva narrativa a responsável por tal efeito. Se conhecemos as leituras anteriores dos alunos e aludimos às suas referências, a tarefa de explicitar as convenções pode se tornar mais fácil e adquirir novo sentido.

Se deixamos que falem sobre os livros e se os ouvimos, poderemos saber também se usam, realmente, os conceitos e as palavras que lhes foram dados para interpretar suas leituras ou se esse é um conhecimento reservado unicamente para a prova. Ensinar a falar, a argumentar, a usar a metalinguagem literária é uma das linhas básicas do ensino da literatura na escola. É o que permite que as crianças possam julgar os contos lidos a partir de análises realmente literárias, como faz um garoto que define em três características (do argumento, do tema e dos personagens) sua opinião sobre livros adequados a uma fase de leitura mais infantil:

> Este livro não me agradou porque me pareceu destinado a crianças muito pequenas, porque não acontecem muitas coisas, porque trata de animaizinhos e é muito sentimental (Xavier, 8 anos).

E, se nesse caso devemos rapidamente oferecer um livro à altura do leitor, para o menino do comentário seguinte há que salvá-lo de uma indigestão de contos folclóricos (da qual derivou um conhecimento explícito do gênero e implícito de suas características) colocando livros de outras temáticas a seu alcance:

---

* Horácio, em sua obra *Ars poetica*, observa que Homero vai "ao âmago das coisas" (*in media res*) (N. da T.).

2. O progresso do leitor

Este é um bom livro se você gosta de contos populares, mas se você não gosta é pouco emocionante, porque já se pode imaginar o que acontecerá (Sergi, 8 anos).

DA APRECIAÇÃO DE UM CORPUS RESTRITO DE LEITURAS
A OUTRO MAIS AMPLO

Os alunos gostam de determinadas manifestações literárias. Não há dúvida sobre isso, embora possa ocorrer que se divirtam repetindo as conhecidas metáforas de uma canção da moda, ou lendo, um atrás do outro, os títulos de uma coleção banal e estereotipada de contos de mistério, enquanto se mantêm impenetráveis ante um soneto de Petrarca ou um conto de Edgar Allan Poe.

Temos de saber "onde estão" para ajudá-los a ampliar progressivamente sua capacidade de fruição. Não saltarão de repente de um tipo de *corpus* a outro. Podem ficar deslumbrados, isso sim, ante o desempenho entusiasmado do professor e de seus recursos para interpretar um texto; mas essa admiração não passará, sem mais nem menos, a capacidade de análise do adulto para a autonomia de fruição do aluno. Talvez resulte adequado usar pontualmente um texto fora de seu alcance, inclusive com a deliberada intenção de aumentar suas expectativas sobre o que pode ser entender um texto com maior profundidade. Alguma coisa como levantar a vista para ver até onde o caminho pode nos levar. Entretanto, parece mais conveniente progredir passo a passo, renunciando a saltos tão grandes. A distância desalentadora, que muitos alunos percebem entre sua capacidade de fruição e a cultura proposta pela escola, não difere da aludida por Dorothea, personagem de *Middlemarch*, de George Eliot:

(...) Devia ser porque nunca soube ver beleza alguma nos quadros que meu tio dizia que todo conhecedor os julgava esplêndidos. E passei por Roma com a mesma ignorância. Há relativamente poucos quadros de que eu realmente gosto. Quando entro pela primeira vez em uma sala, na qual as paredes estão cobertas de afrescos ou de quadros insólitos, sinto uma espécie de angústia (...) sinto-me na presença de uma vida superior à minha. Mas quando começo a examinar um por um os quadros, ou essa vida desaparece ou possuem algo violento e estranho para mim. Deve ser meu próprio desconhecimento. Estou vendo muito rapidamente sem entender a metade e isso sempre faz com que você se sinta um bobo. É muito doloroso que digam a você que algo é belíssimo e que você não consiga sentir da mesma maneira.[23]

---

[23] George Eliot, *Middlemarch: um estudo da vida provinciana*, trad. de Leonardo Fróes, Rio de Janeiro, Record, 1998.

Não podemos esquecer, tampouco, que a literatura tem múltiplas funções e que nem sempre se deseja ver os museus de Roma ou ler Petrarca. Os alunos têm direito de saber que existem *corpus* distintos, com variadas ofertas para diferentes momentos e funções de muitos tipos. Seu avanço na "aquisição do gosto" fará com que haja *corpus* que fiquem esquecidos e desprezados. Como diziam os meninos antes citados: "você já sabe o que acontecerá" ou "é para crianças pequenas". Outros *corpus* se manterão, compatibilizando-se entre eles, tal como se alternam constantemente os gêneros e a dificuldade das leituras na vida cotidiana de qualquer bom leitor. E a algumas obras só se chegará bem mais tarde.

Talvez tenhamos de reconhecer que, para muitas pessoas, este último acesso à leitura só terá lugar no contexto escolar e como experiência pontual. Ler enriquece a todos até certo ponto, mas como diz o escritor catalão Emili Teixidor,[24] para certas obras o leitor não apenas precisa de ajuda, mas um certo "valor moral", uma disposição de ânimo de "querer saber". Nem todo mundo, nem sempre, o deseja. É útil pensar a educação literária como uma aprendizagem de percursos e itinerários de tipo e valor muito variáveis. A tarefa da escola é mostrar as portas de acesso. A decisão de atravessá-las e em que medida depende de cada indivíduo.

DE FORMAS LIMITADAS A FORMAS DIVERSAS DE FRUIÇÃO

A queixa da personagem Dorothea em *Middlemarch*,[25] que acabamos de citar, merece a seguinte resposta por parte de seu interlocutor:

> Bem, há muito de aquisição em relação ao sentimento pela arte (...) A arte é uma linguagem antiga, com grande quantidade de estilos artificiais, e, por vezes, o maior prazer que uma pessoa obtém ao conhecê-los é a simples sensação de conhecimento. Eu aprecio enormemente todos os tipos de arte que há aqui; mas suponho que se pudesse dividir o meu prazer em partes encontraria, em sua composição, incontáveis fios.

Efetivamente há muito de "aquisição" no prazer artístico e este prazer constitui-se de "incontáveis fios". Por isto, a ampliação do *corpus* de leituras está ligada à possibilidade de apreciá-las sob diferentes aspectos. Essa aprecia-

---

[24] Josep Maria Aloy, "Emili Teixidor, un escritor exigente", in *CLIJ: Cuadernos de literatura infantil y juvenil*, ano 16, n. 158, 2003, pp. 7-15.
[25] George Eliot, *op. cit.*

2. O progresso do leitor

ção desenha também um itinerário, porque há formas de prazer mais imediatas que outras; por exemplo, é mais fácil identificar-se com os personagens ou perder o fôlego com o enredo, do que apreciar a atmosfera criada pelo texto ou adotar a posição distanciada que ele exige, quer se trate de uma distância irônica, intelectualizada ou de um jogo metaficcional.

É importante mostrar logo às crianças que isto é possível, que existe alguma forma nova de apreciar um texto, que nem sempre se justifica porque "é divertido" ou porque é "como se você o estivesse vivendo". Lamentavelmente a experiência nos diz que a leitura dos professores, inclusive, se limita com frequência a essas formas mais acessíveis. Muitos deles, por exemplo, reagem de modo positivo ao serem postos diante de imagens estereotipadas e melosas e rechaçam ilustrações experimentais ou em branco e preto. É necessário que os docentes saibam analisar e avaliar os livros que oferecem outras formas de fruição para que possam levar as crianças a descobrir prazeres que exigem maior elaboração.

O perigo aqui, como no ponto anterior, é criar um divórcio entre as leituras e os modos de ler "normais" e os "escolares". O problema é como evitar a percepção de que ler a partir dos interesses "pessoais" é algo ilegítimo e que a escola valoriza exclusivamente um *corpus* canônico e um modo "sábio" de leitura que passa pela distância e pela análise. Porque, infelizmente, essa é a impressão mais comum dos leitores, tal como assinalávamos no início do capítulo.

Conseguir que se ampliem as formas de fruição não é fácil. A maior parte da literatura infantil e juvenil e da literatura mais popular entre os adultos se acha fortemente instalada no vigor exclusivo do método projetivo e argumental. Frequentemente isto se faz através de formas bastante estreitas de correspondência literal entre as obras e seus supostos destinatários: a idade dos personagens, os temas próprios a seus interesses ocasionais, a explicitação das condutas morais corretas, etc. É indubitável, no entanto, que também existem livros notáveis para crianças e jovens que ultrapassam estas formas e podem ser usados com sucesso na sala de aula, como parte do itinerário de ampliação aqui aludido.

DA INTERPRETAÇÃO LITERAL À MAIS COMPLEXA

Qualquer obra, inclusive as destinadas a crianças muito pequenas, exige o afastamento, em alguma medida, da literaridade do significado. A compreensão literal de um texto, na realidade, só existe em formas extraordina-

Andar entre livros

riamente limitadas de comunicação. Se pensamos em uma boa telessérie de humor, "literal" seria o que diz o personagem, mas para rir o espectador tem que entender muito mais – a interação dessa frase com a situação, com o jeito de ser do personagem, com a maneira como o personagem com quem o primeiro dialoga vai interpretar suas palavras, etc. A maioria de nossos televiciados alunos sabe fazer isso.

A literatura, precisamente, é um dos instrumentos humanos que melhor ensina "a se perceber" que há mais do que o que se diz explicitamente. Qualquer texto tem vazios e zonas de sombra, mas no texto literário a elipse e a confusão foram organizadas deliberadamente. Como quem aprende a andar pela selva notando as pistas e sinais que lhe permitirão sobreviver, aprender a ler literatura dá oportunidade de se sensibilizar os indícios da linguagem, de converter-se em alguém que não permanece à mercê do discurso alheio, alguém capaz de analisar e julgar, por exemplo, o que se diz na televisão ou perceber as estratégias de persuasão ocultas em um anúncio. Frequentemente, como acabamos de fazer, se alude a isso como a aquisição de uma capacidade crítica de "desmascaramento" da mentira, um meio para não cair nas armadilhas discursivas da sociedade. Mas não é necessário dar a essa percepção esse sentido negativo. Também lemos criticamente para apreciar os matizes e contradições, para que se iluminem as relações mais complexas entre os fenômenos e acontecimentos, para ver o mundo de forma mais "inteligível", ou seja, para sermos, em definitivo, mais "inteligentes".

O progresso do leitor ocorre então a partir de uma leitura baseada nos elementos internos do enunciado, em direção a uma leitura mais interpretativa que utiliza sua capacidade de raciocinar para suscitar significados implícitos, segundos sentidos ou símbolos que o leitor deve fazer emergir; porque, como disse Henry James há mais de um século, "o autor constrói o seu leitor muito mais do que os seus personagens. Quando o faz bem, ou seja, quando consegue interessá-lo, então o leitor faz a metade do trabalho".[26]

É conveniente, portanto, propor atividades que mobilizem a capacidade de raciocinar, que permitam aprender enquanto se realizam os exercícios, de maneira que as crianças entendam mais a obra quando terminam a tarefa (digamos que com alguns "oh, claro!, ah, era por isso!" contabilizados a mais em seu favor), e de maneira que os exercícios não tenham servido apenas para avaliar

---

[26] Henry James, *The Atlantic Monthly*, out. 1866, p. 485, citado por Michael Benton e Geoff Fox, in *Teaching Literature: Nine to Fourteen*, Oxford, Oxford University Press, 1992, p. 2.

2. O progresso do leitor

se os alunos foram capazes de fazê-los. Sabemos, por exemplo, que trabalhar em grupo ajuda a interpretar de forma mais complexa, já que obriga a argumentar, a retornar ao texto, a comparar, a contestar, etc. A ideia de que um texto tem diferentes níveis de significado que podem emergir, se reforça com este tipo de atividades. E quem não gosta de "entender" melhor?

DA RECEPÇÃO DESCONTEXTUALIZADA AO USO DA CONTEXTUALIZAÇÃO

> Una nit de lluna plena
> tramuntàrem la carena
> lentament, sense dir re.
> Si la lluna feia el ple
> també el féu la nostra pena.
> ....
> Pere Quart, "Corrandes d'exili"[27]

Como pode entender-se este poema sem saber da partida para o exílio dos derrotados da Guerra Civil espanhola que cruzaram os montes Pirineus rumo à França? Muitas vezes, como neste caso, para poder construir simplesmente "um sentido" necessitamos informação a partir da qual criamos ressonâncias pessoais. Por sorte, aqui é o próprio título do poema que se encarrega de oferecer-nos um certo contexto. Em outros, a informação não é indispensável, mas ajuda a aprofundar a compreensão do texto. Por exemplo, um leitor adulto pode entender romances de Jane Austen, mas não há dúvida de que ele compreenderá melhor se tiver informações sobre os problemas econômicos da pequena nobreza inglesa da época em que foram escritos.

A necessidade de saber "mais" para poder entender "melhor" é algo próprio a qualquer processo de compreensão, inclusive, é claro, a leitura. No entanto, para as crianças menores, o livro se cria em suas mãos. Não perguntam, nem sabem nada sobre o autor, sua época, a intenção do texto ou suas vicissitudes históricas. Em algum momento do seu desenvolvimento algumas

---

[27] Pere Quart, *Poemes escollits*, Barcelona, Edicions 62, 1983. Tradução literal de "Danças do exílio": "Uma noite de lua cheia / atravessamos as montanhas / lentamente, sem dizer nada / se a lua estava em seu auge / também estava nossa pena".

dessas informações começarão a ser relevantes para compreender melhor o que se conta. Este é o sentido mais autêntico da necessidade de informação sobre o contexto das obras. Os alunos podem aceitá-lo se lhes demonstramos que é útil, se sentirem a necessidade de perguntar e saber; uma necessidade que faz parte da curiosidade inata dos seres humanos e que a escola deve incentivar.

Até aqui assinalamos sete linhas de progresso no avanço da aprendizagem literária. É um número convencional e, já que falamos de literatura, é apropriado que nos detenhamos em suas ressonâncias mágicas. Para responder à pergunta inicial: "o que desejamos que nossos alunos saibam fazer melhor?", podemos pensar nesta e noutras linhas que se desenvolvem ao longo de todas as etapas educativas e que devem subjazer nas programações e objetivos concretos de cada curso.

A análise da mediação dos adultos em relação às crianças pequenas mostra que as operações que os pais e professores realizam no início do itinerário da aprendizagem não são substancialmente diferentes da mediação dos professores na etapa secundária, quando a escola está prestes a terminar seu trabalho. Pode-se ler um conto antes de dormir ou pode-se ler uma crítica sobre a peça de teatro a que se vai assistir, mas ambas as coisas mostram o uso social da leitura. Perguntar: "Como você sabe?" ajuda a criar os mecanismos próprios da leitura, o mesmo que dizer "justifica". Participar de um jogo de adivinhações em família nos habitua às formas literárias da linguagem do mesmo modo que recitar um poema de vanguarda na aula. Chamar a atenção com um "olhe, veja aqui" não é diferente de buscar palavras do mesmo campo semântico para construir um significado global apoiando-se nos detalhes. Todas essas intervenções, cada qual em seu nível, se dirigem a diferentes aspectos do que seja ler, favorecendo o interesse do leitor, ampliando sua visão do mundo ou ensinando como funcionam os livros como objetos convencionais.

Refletir sobre as questões subjacentes ao aprendizado literário nos faz mais conscientes da linha de continuidade que preside a educação literária desde seu início. A programação concreta de um curso determinado virá depois. Os objetivos e conteúdos são muito mais fáceis de definir quando se sabe por onde se anda e em que direção. E se sabem aonde querem chegar, os professores são muito criativos em achar os meios para fazê-lo.

3.

Os livros como mestres

> (…) um texto não apenas se apoia numa competência mas também contribui para criá-la.
>
> Umberto Eco[1]

Meek expressou a mesma ideia, evocada nesta citação de Eco, ao afirmar que os livros infantis "ensinam a ler". A mesma constatação se acha no conhecido critério de que "ler se aprende lendo". Com efeito, ao se analisar os livros destinados a crianças e jovens, pode-se notar uma gradação na complexidade e variedade dos recursos que utilizam, um itinerário socialmente previsto de dificuldades que, se por um lado se ajustam às idades do suposto leitor, por outro ajudam a aumentar sua capacidade de compreensão do significado e da função do texto.

Grande parte da formação literária dos meninos e das meninas se produz através do seu contato direto com a literatura destinada à infância e à adolescência. Como assinalamos no capítulo anterior, com o manuseio e a leitura desses livros formam-se muitas das expectativas acerca do que se pode esperar da literatura, aprende-se a inter-relacionar a experiência vital com a experiência cultural fixada pela palavra e domina-se progressivamente um grande número das convenções que regem este tipo de texto.

A leitura de contos é a aprendizagem leitora que mais se beneficia dos "métodos de ensino" fora da escola. O conhecimento da narração natural, que qualquer indivíduo adquire rapidamente nas conversas com os que estão a sua volta, o costume social de contar histórias – seja na forma oral ou através de audiovisuais –, assim como a *forma como estão escritos os livros infantis* ajudam os leitores a dominar muitos aspectos necessários à compreensão leitora, em geral, e para a compreensão literária, em particular. Sem excessivas programações escolares, demasiados métodos de treinamento específico, nem

---

[1] Umberto Eco, *Lector in fabula: la cooperación interpretativa en el texto narrativo*, Barcelona, Lumen, 1981, p. 80.

exercícios concretos, os pequenos leitores podem ter ideia de coisas tais como as variações da perspectiva narrativa, dos episódios e das linhas argumentativas ou a distinção entre os personagens principais e secundários.

A análise dos livros infantis e juvenis revela os andaimes pelos quais sobem os meninos e as meninas nesse processo. Ou, pelo menos, explicita o que a sociedade pensa que seja compreensível e adequado aos interesses das crianças e dos jovens nas diferentes fases de seu desenvolvimento pessoal e literário. Permite-nos também conhecer o que se pensa que seja conveniente para sua formação moral, mas, agora, vamos abandonar este tema.

Naturalmente, o que uma sociedade supõe que seja compreensível e adequado moralmente não é estático e está sempre submetido a diferentes tensões. Existe, por exemplo, a tensão da experimentação literária, de maneira que existem livros que desejam questionar os limites do que se considera compreensível nesse momento e avançar além deles. As últimas décadas justamente caracterizaram-se por mudar as fórmulas tradicionais da literatura infantil e pode ter acontecido que algumas propostas atuais tenham ido longe demais e tenham proposto livros dirigidos realmente aos adultos e "impossíveis" para as crianças.

Em sentido inverso também podem produzir-se erros de simplificação. Aludimos antes ao fato de que o estudo sobre a primeira aprendizagem da leitura provocou, em determinado momento, que se editassem livros para leitores iniciantes com fórmulas pensadas especialmente para facilitar a leitura. Estudos posteriores sobre esses livros denunciaram muitas incongruências: desvalorizavam o literário dos textos, mostravam ausências de elementos narrativos essenciais (um conflito relevante, por exemplo) ou o vocabulário utilizado era extremamente pobre, características que impediam o progresso das crianças o que, simplesmente, fazia com que os livros lhes caíssem das mãos.

Não obstante, é necessário andar com cuidado neste campo. Estudos recentes, que analisaram a substituição dos livros feitos para a aprendizagem (ainda que em versões modernas e melhoradas em relação aos da década de 1970) por livros "verdadeiros", acharam que as crianças com dificuldades na leitura continuavam encontrando um grande apoio nos primeiros e defenderam sua permanência parcial nas aulas, argumentando que o princípio educativo não é que as crianças estejam imersas em um "mar muito profundo", mas em um mar "suficientemente profundo" para lhes permitir nadar.

A impossibilidade de estabelecer fronteiras estáveis entre o que é, ou não, compreensível deve-se ao fato de que vivemos em uma sociedade determinada. Ou seja, o que uma criança pode entender não depende unicamente do desenvolvimento intrínseco de suas capacidades interpretativas, como se estivéssemos tratando do crescimento de uma planta, mas que também está condicionado pelo que está presente à sua volta e é familiar à sua cultura. Tal como concluiu Sarland depois de analisar a estrutura de narrativas tão populares como as de Enyd Blyton ou Roald Dahl, "as crianças são competentes para entender todo tipo de técnicas das histórias que lhes oferece sua própria cultura".[2] Assim, é provável que um leitor atual se sinta aborrecido e desorientado pela irrupção de digressões detalhadas do narrador de um livro que, há cem anos, era devorado pelos leitores, enquanto que aqueles antigos leitores dificilmente seriam capazes de inferir e captar alusões tão rapidamente, como agora acontece com qualquer leitor de anúncios publicitários.[3]

Também devemos recordar aqui que a literatura infantil, como a de adultos, tem muitos subsistemas e que os contextos da literatura infantil são muito diferentes; de modo que "livros" e "crianças" são dois termos que necessitam múltiplos detalhamentos em qualquer contexto. Ao falar aqui dos livros nos referimos sempre àqueles que a crítica e a escola consideram susceptíveis de oferecer uma experiência literária de qualidade.

Uma escada com corrimão

Os estudos sobre a legibilidade e compreensão dos livros infantis procuraram estabelecer parâmetros, que permitam graduá-los em uma escala de maior ou menor facilidade de leitura. Alguns situaram-se numa perspectiva exclusivamente psicológica, comparando os livros com os dados sobre o desenvolvimento infantil. Outros o fizeram a partir da negação das características literárias dos contos populares considerando-os "relatos simples", um ponto zero de início da narrativa. Mas tanto o estudo do leitor como o do texto em si mesmo não podem jogar luz sobre os limites da compreensão das histórias literárias e qualquer generalização de fórmulas de laboratório para produzi-las está condenada ao fracasso.

---

[2] Charles Sarland, "Piaget, Blyton, and Story: Children's Play and the Reading Process", in *Children's Literature in Education*, vol. 16, n. 2, 1985, pp. 102-109.

[3] Embora, naturalmente, estas variações se produzam até certo ponto, Mc Leod (1993) informa que, já em 1907, uma pesquisa entre crianças leitoras dos Estados Unidos mostrava suas preferências pelos textos ilustrados, cheios de ação, com predominância do diálogo e das descrições reduzidas. Assim, pois, não há nada de novo sob o sol…

Andar entre livros

Para entender a proposta de leitura da literatura infantil e juvenil é preciso atender à interação entre as obras e os leitores de uma sociedade e de um momento determinado. Examinar, por exemplo, que representação social do leitor infantil ou adolescente figura nas obras de cada contexto; ou a maneira em que os textos configuram um itinerário ascendente de leitura da infância até a adolescência; ou ver como se influem e se contagiam as formas literárias, tanto as de uma época como as de outra, como as destinadas a uma ou outra idade. É necessário também verificar como os textos refletem as suposições e a experiência dos produtores e mediadores de leitura, de forma que se acaba por selecionar umas e outras formas literárias conforme vai-se ampliando a consciência dos adultos de um contexto social concreto de que tais fórmulas resultem mais ou menos compreensíveis para suas crianças.

Em seguida, assinalam-se algumas características do itinerário de competência leitora, que contribuem para criar os livros infantis e juvenis atuais, para o qual se usou a imagem de uma escada. Estas linhas serão exemplificadas com alguns resultados de um estudo[4] sobre os livros para leitores entre cinco e quinze anos, considerados pela crítica como livros especialmente adequados às crianças.[5] Trata-se de um ponto de partida para explicitar a competência literária que os adultos esperam que os meninos e meninas de diferentes idades tenham e para saber como se organizam os livros para ajudar os leitores ao longo dessa viagem.

UM ITINERÁRIO INSCRITO NA CULTURA ATUAL: UMA ESCADA MODERNA

A proposta de leitura dos livros atuais se ajusta às condições culturais das sociedades modernas. De acordo com a comparação com uma escada, pode-se dizer que constroem uma de "estudo arquitetônico moderno". Efetivamente, à medida que a literatura infantil e juvenil se consolidava como um fenômeno comercial e cultural durante as últimas décadas, suas características se renovaram de maneira muito acentuada, para ajustar-se aos leitores dos fins do século XX. É evidente que os leitores de nossa época vivem em um mundo muito diferente ao da primeira metade daquele século e os livros

---

[4] Teresa Colomer, *A formação do leitor literário*, trad. Laura Sandroni, São Paulo, Global, 2003.

[5] Análise realizada por Teresa Colomer para sua tese de doutoramento na Universidade Autônoma de Barcelona em 1995 e publicada no Brasil conforme nota anterior.

3. Os livros como mestres

são escritos para um destinatário da sociedade ocidental moderna em diversos sentidos, dos quais citaremos três:

- *Trata-se de um leitor atual do ponto de vista social.* Isto significa que os textos destinados às crianças descrevem, em grande medida, as sociedades ocidentais mais avançadas, as que se qualificam de pós-industriais e democráticas, e refletem seus novos valores e as formas educativas de transmiti-los.

Isso levou à criação de novas formas literárias de representação do mundo: o tipo de temas que predominam ou os que são agora permitidos na literatura para crianças (o reflexo de fenômenos modernos como os problemas urbanos ou as variações ou graus e tipos de crueldade neles admitida, por exemplo); as ações dos personagens, a fantasia e os cenários usados com maior frequência (núcleos familiares, escolas secundárias, etc.); a diversificação do tipo de final (que já não é apenas fechado e feliz), ou a adoção e modificação de novos gêneros e técnicas literárias (que provêm agora, não apenas da tradição oral, mas também da escrita; não apenas da infantil, mas também da de adultos ou de outros meios audiovisuais). O resultado, como já referimos em outros textos,[6] é que nos livros atuais predominam a fantasia, o humor, o jogo literário, a narrativa psicológica e a ruptura de tabus temáticos. Este universo literário requer atitudes e competências leitoras diferentes das que eram necessárias anos atrás.

Vejamos um exemplo: uma quarta parte das obras analisadas em nosso estudo[7] trata, prioritariamente, de conflitos psicológicos dos protagonistas, que devem resolver-se com critérios de conduta frequentemente variáveis e pouco definidos, ou seja, mais próximos da imagem de quem possui um radar com o qual orientar-se do que de quem tem uma bússola a que deve seguir. É um fenômeno notável, já que a tradição literária infantil estava situada na aventura externa, na ausência de caracterização psicológica dos personagens e os comportamentos eram ditados pela moral.

Esta mudança, sem dúvida, deve-se a que o enfrentamento dos conflitos internos e a reflexão sobre as relações humanas são agora considerados parte essencial da educação. Nas sociedades que produzem estes livros a adversidade já não provém da luta com a natureza e espera-se que os cida-

---

[6] *Idem.* Veja-se também Teresa Colomer, *Introducción a la literatura infantil e juvenil*, Madri, Sintesis, 1999.

[7] Sobre um *corpus* total de 201 narrativas, incluídas em 150 obras publicadas em primeira edição na Espanha entre 1977 e 1990.

Andar entre livros

dáos aprendam melhor a gerir conflitos interpessoais e a atuar através da ponderação dos problemas, de sua verbalização e da ideia de que o êxito consiste apenas em achar a melhor saída possível.

Ao apresentar estes tipos de temas, os livros infantis tiveram que adotar recursos literários empregados já há tempos no romance psicológico adulto, tais como o monólogo interior ou a construção da narrativa em torno de um "panorama sincrônico de vida" do protagonista. Neste último caso, por exemplo, o leitor aprenderá que existem narrativas nas quais não se pode esperar que as ações sigam uma cadeia sucessiva de causas e consequências, mas que se mostrarão como uma justaposição de temas e episódios que acabam por configurar a descrição e a evolução de um estado de ânimo determinado.

• *Trata-se de um leitor integrado em uma sociedade alfabetizada e com uma grande presença de meios audiovisuais.* Isso significa que os livros dirigidos às crianças não têm a estrutura de um relato oral, mas que são textos criados diretamente como literatura escrita, combinada frequentemente com a imagem. São livros pensados para o olhar e a leitura silenciosa, a tal ponto que, se apenas se "ouve" sua leitura, muitas obras atuais não podem ser entendidas.

Esta característica teve numerosas consequências nas linhas deste tipo de ficção. Uma delas é ser muito mais permeável ao uso de recursos próprios da literatura adulta (tal como o monólogo interior aludido anteriormente), posto que esta literatura adotou a forma escrita muitos séculos antes e já enfrentou a necessidade e a possibilidade de criar instrumentos independentes da oralidade. Por isso, a literatura infantil atual pode "roubar" de maneira mais fácil o aparato técnico de seus antepassados. Outra consequência, paralela a que acabamos de assinalar é a utilização de técnicas surgidas do mundo da imagem, incluída a presença de recursos verbais (ilustração, tipografia, recursos originados nos quadrinhos ou nos desenhos animados, etc.).

Um exemplo disso é a tendência a fragmentar o discurso narrativo, provocada talvez pela ideia de que as crianças estão habituadas aos relatos audiovisuais e têm pouca capacidade de concentrar-se em capítulos longos. Em todo caso, é uma desagregação suficientemente clara para que o linguista Raffaele Simone[8] a assinalasse ao observar o desenvolvimento da

---

[8] Raffaele Simone, *Diario lingüístico de una niña*: ¿*Qué quiere decir Maistock?*, Barcelona, Gedisa, 1992.

linguagem de sua filha. Simone denomina "histórias em forma de cone truncado" às formas fragmentadas dos livros que vê lerem para sua filha e as opõe às "histórias em forma de cone" que configuram as narrativas tradicionais, onde todos os elementos estão fortemente ligados entre si e confluem na tensão para um final previsível, em um ou outro sentido. Apesar de que Simone defende que as histórias tradicionais são mais compreensíveis e adequadas para as crianças, a literatura infantil dos últimos anos caminhou, realmente, na direção contrária e minou a coesão do texto de várias maneiras ao:

1 – Outorgar uma grande autonomia às sequências e outras unidades menores do discurso.

2 – Misturar elementos próprios de diferentes gêneros literários.

3 – Utilizar recursos não verbais como elementos integrados à narrativa.

4 – Interromper o fio narrativo para incluir outros tipos de textos no interior da narração.

Analisemos, por exemplo, esta última possibilidade. A voz do narrador "se interrompe" de súbito para dar lugar a um anúncio, uma canção, a leitura de uma receita pelo personagem, etc. Ao incluir tipos de texto, que não são próprios da narrativa (como seriam a descrição, a narração e o diálogo), mudam-se as condições de enunciação do texto que o leitor estava lendo e se fragmenta o discurso. Esta variação repentina das condições só é possível a partir de duas premissas: primeira, a de supor que o texto é lido e não escutado, já que seria muito difícil distinguir os fragmentos tão variados a que dá lugar apenas a partir da entonação e de recursos orais; segunda, a de dar como certo que o leitor vive em uma sociedade que o familiariza desde muito cedo, com uma ampla gama de formas e usos textuais, de maneira que possa reconhecê-los ao encontrá-los no meio da história.

Em relação à primeira premissa, a de supor que se está lendo, cabe assinalar que a inclusão de outros textos quase sempre pode ser vista como uma das soluções adotadas pela literatura infantil e juvenil atual para achar alternativas à monotonia do escrito diante da vivacidade das entonações, ênfases e ecos constantes da voz de um narrador oral e onisciente, que explica uma história às crianças.

Às vezes é a intenção humorística a que faz com que se acumulem e imitem tipos de texto, como ocorre com as cartas (cartões-postais, catálogos de venda, citações judiciais, provas tipográficas, etc.) que distribui o

Andar entre livros

famoso carteiro simpático dos Ahlberg.[9] Outras vezes é a intenção de ressaltar algum elemento narrativo especialmente importante – como a sanção moral, a chave da ação, uma parábola, uma profecia, etc. – a que faz com que o narrador ceda momentaneamente sua voz a favor de, por exemplo, a reprodução de um fragmento do diário do protagonista adolescente, a notícia do jornal que publica uma parte de informação ou o personagem fantástico que propõe uma adivinhação ao leitor, eclipsando por uns instantes, o narrador.

Em relação à segunda premissa, a inclusão de textos revela a ampliação da competência sobre diversidade textual atribuída a crianças que vivem em uma sociedade alfabetizada e que quanto mais crescem mais tempo se supõe que tiveram para conquistá-la. No estudo citado, os livros para primeiros leitores incluem apenas quatro tipos de textos diferentes dos considerados próprios da narrativa e o fazem em menos de 20% das obras, enquanto os romances juvenis incluem mais de 25 tipos distintos e o fazem em mais de 50% das obras.

• *Trata-se de um leitor contemporâneo do ponto de vista artístico.* Isso significa que os textos que se destinam às crianças participam de diversos traços vigentes no conjunto do sistema literário e visual de nossas sociedades.

Variados aspectos da literatura infantil e juvenil mostram a fluidez com que se iniciou o translado da experimentação das formas artísticas atuais para a literatura destinada a crianças. Seriam exemplo disso o jogo intertextual com que se alude a outras obras, o jogo metaficcional que põe as regras literárias a descoberto ou as mudanças no papel dado ao leitor, três linhas que se acham em consonância com as formas qualificadas de "pós-modernismo" na arte atual. Os requisitos de competência literária variaram, de maneira que exigem agora maior domínio de aspectos como o uso de referências intertextuais (*alude-se a outro conto ou personagem*), a opacidade dos elementos construtivos da obra, que se convertem em parte da mensagem (*não posso esquecer que este conto é uma invenção, que nunca aconteceu*), a presença de ambiguidades em vários níveis da ficção (*mas o que realmente acontece?*) ou a diminuição do discurso unívoco e controlado, próprio do narrador tradicional (*devo interpretar eu mesmo ou relacionar as diferentes informações para poder entender*).

---

[9] Janet e Allan Ahlberg, *El cartero simpático*, Barcelona, Destino, 1991.

3. Os livros como mestres

No texto que se segue, por exemplo, há um suposto leitor que pode interromper momentaneamente a narrativa para dizer diretamente ao autor:

> – Isso não é um conto de verdade!
> – E por que, vamos ver?
> – Um conto de verdade começa assim:
> Era uma vez sete ursos brancos, que viviam na ilha de não-se-sabe.
> – Sete? E por que sete?
> – Você não desenhou sete, não?
> – É verdade. Um para cada dia da semana.
> – Então já sabemos seus nomes. O pequeno da esquerda se chama segunda-feira.
>
> Lászlo Varvasovszky

Contar uma história em que se impede que o leitor esqueça que tem entre as mãos um objeto literário construído pelo autor e por ele é algo novo na história da literatura infantil e juvenil como traço generalizado, e é um fenômeno que, além disso, luta de forma muito intensa contra a tendência à leitura "inocente", que se supõe que as crianças dominem em sua etapa inicial de leitura. Então a leitura reclama o reconhecimento explícito de como funcionam as obras literárias em variados aspectos.

UM ITINERÁRIO DE COMPLEXIDADE CRESCENTE: UMA ESCADA PARA SUBIR

A exigência de competência literária que os livros estabelecem não apenas se ajusta às características das sociedades atuais. Além disso, busca corresponder ao progressivo aumento da capacidade leitora dos meninos e das meninas que crescem. Assim, é natural pensar que as obras destinadas a umas e outras idades irão complicando seus requisitos de leitura: ou seja, é "uma escada", algo construído com degraus ascendentes. Efetivamente, a análise dos livros corrobora que se tende a estabelecer um itinerário crescente de ampliação dos modelos literários oferecidos às crianças, e de exigência na capacidade interpretativa que supõem existir. Vejamos também um par de exemplos disso.

O primeiro é o aumento gradual dos modelos de gênero literário ao longo das idades a que se destinam. Logo, se desenvolve um périplo que vai desde o predomínio absoluto dos modelos fantásticos para os primeiros leitores, até os modelos realistas na adolescência.

Andar entre livros

Presença de elementos fantásticos

	5-8 anos	8-10 anos	10-12 anos	12-15 anos	Total
Presença	87,50	86,56	63,64	34,05	68,15
Ausência	12,0	13,44	36,36	65,95	31,85
	100	100	100	100	100

Dentro deste quadro geral, os modelos literários se diversificam gradualmente. No grupo dos primeiros leitores, só três dos nove modelos de gêneros contemplados no citado estudo têm uma representação apreciável. O número de gêneros utilizados vai aumentando até que, no grupo de leitores adolescentes, já se encontram os nove modelos previstos. Além disso, as variações no interior de cada modelo também aumentam, de maneira que, por exemplo, o gênero denominado fantasia moderna passa de uma única variante no grupo dos pequenos para a presença das cinco previstas no grupo de idade seguinte.

O segundo exemplo de progressão refere-se à diversificação do tipo de final. O feliz desaparecimento do conflito proposto foi um dos aspectos mais estáveis nos livros para crianças ao longo de sua história e, inclusive, foi repetidamente assinalado pela psicologia[10] como um traço adequado ao desenvolvimento da personalidade dos pequeninos. Na atualidade, entretanto, essa fórmula ampliou-se drasticamente com a admissão de outras possibilidades: o final em aberto, o final negativo (sem que ele traga o castigo exemplar referente à conduta do protagonista, fórmula que existiu, abundantemente, nos antigos livros "didáticos"), ou ainda um novo tipo de final positivo, entendido, não como o desaparecimento do problema, mas como sua aceitação vital por parte do protagonista, que aprendeu a conviver com ele, por exemplo, o divórcio dos pais, uma deficiência sua, etc.

A possibilidade de utilizar um ou outro destes diferentes finais varia através das idades leitoras. Pode-se constatar nos resultados de dois destes tipos de final: o tradicional, em que o conflito desaparece, e o final por aceitação de um problema que permanece.

---

[10] Karl Bühler, *The Mental Development of the Child*, Londres, Routledge & Kegan Paul, 1949. Bruno Bettelheim, *A psicanálise dos contos de fadas,* São Paulo, Paz e Terra, 1978.

Tipos de final (fragmento do quadro)

	5-8 anos	8-10 anos	10-12 anos	12-15 anos	Total
Desaparecimento	71'88	79'10	60'00	40'43	63'68
Aceitação	6'25	8'95	18'18	25'53	14'92

UM ITINERÁRIO EM JOGO COM A TRADIÇÃO PRÓPRIA DESTA FICÇÃO:
UMA ESCADA AO CONTRÁRIO

Apesar da afirmação do bloco anterior, temos de assinalar que as características narrativas de um ou outro grupo de idades não dependem apenas de que as narrações se situem em um itinerário cada vez mais complexo do ponto de vista narrativo. Na literatura infantil e juvenil, ao contrário, produziram-se algumas modificações nas exigências da leitura que surpreendem pela sua independência em relação à idade concreta de seus destinatários. Por exemplo, a mistura de gêneros literários no interior de uma mesma obra ou a presença de ambiguidades no significado parecem traços mais difíceis de compreender que seus contrários, de modo que os esperaríamos em livros destinados a leitores mais preparados. No entanto, são mais abundantes nas obras para leitores ainda pequenos.

Como isso pode acontecer? Uma das razões que explicam que as obras utilizem determinadas linhas com essa indiferença olímpica em relação a seu nível de dificuldade é a tradição própria dos livros infantis destinados a uma faixa de idade determinada. Ou seja, trata-se de uma escada que se constrói "olhando para trás", levando em conta as escadas anteriores, reutilizando ou desprezando materiais velhos, ou incorporando outros novos.

Podemos exemplificar esta afirmação a partir da introdução massiva de temas pouco habituais, até agora, na literatura para crianças e jovens. Os resultados da análise mostram que a inovação dos temas é muito mais percebida nas obras para leitores iniciantes do que nas narrativas destinadas a crianças um pouco mais velhas. Concretamente, a ficção dos primeiros leitores inclina-se na direção dos conflitos psicológicos, algo novo na literatura infantil, como já se mencionou quando, em princípio, nada leva a pensar que seja um tema simples para iniciar-se o caminho da leitura.

Andar entre livros

Presença de novos temas

	5-8 anos	8-10 anos	10-12 anos	12-15 anos	Total
Presença	75	40,30	81,82	82,98	67,17
Ausência	25	59,70	18,18	17,02	32,83
	100	100	100	100	100

Tipos de novos temas. Proporção interna (fragmento do quadro)

	5-8 anos	8-10 anos	10-12 anos	12-15 anos	Total
Psicológicos	41,66	11,12	19,71	21,67	22,42

O forte efeito dos temas modernos na ficção para leitores iniciantes pode explicar-se pela inexistência de uma tradição sobre aqueles a serem tratados nestas idades. É preciso assinalar que os livros destinados à leitura autônoma dos meninos e meninas que ainda estão aprendendo a ler são uma novidade relativamente recente, como veremos, com mais detalhes, na segunda parte do capítulo. Portanto, com esse vazio histórico, os autores tiveram menos empecilhos e se sentiram mais livres para introduzir alguns elementos narrativos inovadores, tais como os dos temas escolhidos. Dentre os novos, os psicológicos foram especialmente favorecidos porque se situam em um cenário narrativo muito reduzido, tão limitado como o que se costuma produzir na ficção para as crianças menores, com um protagonista a quem sucedem coisas quase unicamente no espaço de sua casa ou pouco mais adiante, se desejarmos que o leitor possa seguir a peripécia da ação.

As obras destinadas aos leitores dos oito aos dez anos, ao contrário, baseiam-se, em sua maioria, na especulação imaginativa sobre o mundo exterior encaixando-se muito mais nas fórmulas habituais da tradição da literatura infantil, repleta de personagens transladados a mundos fantásticos, nos quais podem viver múltiplas e pequenas aventuras. A necessidade de inovar é menor, e a possibilidade de fazê-lo nada na contracorrente dos modelos herdados.

UM ITINERÁRIO DUPLO DE COMPLICAÇÕES E SIMPLIFICAÇÕES: UMA ESCADA COM CORRIMÃO

O itinerário de leitura dos livros infantis tem muito presente que o esforço do leitor para subir a sua escada requer "um corrimão" no qual possa

3. Os livros como mestres

apoiar-se. Assim, as novas possibilidades e recursos narrativos incorporados têm, em muitos casos, uma dupla função: por um lado, a de expandir as possibilidades da criação literária e fazê-la mais complicada. Por outro, a de estabelecer novos tipos de ajuda ao leitor e torná-la mais simples. Ou seja, na melhor ficção infantil e juvenil atual, as exigências de leitura podem ter-se complicado, mas ao mesmo tempo introduziu-se uma grande quantidade de ajudas que tornam compreensíveis aspectos que, sem elas, manteriam os livros fora do alcance das crianças.

Isso ocorre, por exemplo, com a fragmentação narrativa a que aludimos anteriormente. A integração da imagem como um elemento que traz a informação necessária – e não como mera ilustração – é um dos elementos que fragmentam o discurso, pois espera-se que se leia e olhe alternativamente. No primeiro sentido assinalado, é evidente que a imagem pode ser utilizada para complicar a interpretação; é o que sucede se o texto colide, de forma deliberada, com a imagem para criar dúvida, ambiguidade ou distância irônica sobre o que acontece na história. Mas, no segundo sentido, a imagem e os demais elementos não verbais são também um recurso muito poderoso para dar apoio ao leitor. Podem facilitar, por exemplo, a compreensão dos acontecimentos narrativos simultâneos, usando duas cores para distinguir ambas as linhas do enredo ou fazendo com que uns apareçam só na imagem e outros apenas no texto.

UM ITINERÁRIO COM SUAS CONTRADIÇÕES:
UMA ESCADA QUE LEVA AONDE SE DESEJA

A análise dos livros infantis e juvenis mostra também que a vulnerabilidade das velhas fórmulas tem seus limites, que no processo de busca surgiram vacilações ou contradições e que novas fronteiras foram colocadas. "Até onde pode e deve chegar a escada" é um tema onipresente no debate sobre os livros destinados às crianças.

Como veremos mais adiante, os estudos sobre os livros infantis interessavam-se, principalmente, pela discussão dos limites educativos e morais desta literatura. Pois bem, à medida que se reivindicou que esse tipo de ficção tem que ser antes de tudo "literatura" e não "pedagogia", abandonaram-se antigas fórmulas para ensaiar novos caminhos. Ao fazê-lo, autores e editores expuseram-se, ainda mais, ao risco de equivocar-se: algumas vezes produziram artifícios técnicos espetaculares, mas vazios de sentido, e outras

Andar entre livros

escreveram obras tão elaboradas que sua interpretação resultou impossível para seus destinatários. Por isso, ainda que o debate sobre os aspectos educativos se mantenha muito vivo hoje, mantém-se também uma discussão sobre se os aspectos construtivos das novas histórias são ou não adequados às capacidades das crianças.

A voz do narrador reflete, de forma especialmente sensível, a renovação da literatura infantil e juvenil. Não se poderia esperar outra coisa, já que o problema por excelência, de um discurso inventado e controlado por adultos, é saber modelar uma voz envolvente e que dê prazer às crianças. Isso é a tal ponto verdade, que vários autores[11] consideram que a voz do narrador é, precisamente, o que define este tipo de literatura, o que revela, realmente, sua evolução ao longo do tempo, mostra a relação da literatura infantil com o discurso social sobre a infância e sinaliza o caminho de busca de uma voz literária específica. Desta perspectiva, a problemática do narrador pode exemplificar, com clareza, as contradições geradas pela evolução recente das formas literárias para crianças.

A voz do narrador, geralmente, ajuda o receptor a compreender o relato: expressa hipóteses sobre a causa das ações, resume partes da história, explicita a conexão entre fatos difíceis de inferir, anuncia os planos futuros dos personagens de maneira que ajuda a antecipar o desenvolvimento do enredo, etc. Na literatura infantil tradicional, o narrador explicita, inclusive, a lição moral que é preciso extrair da conduta dos personagens, às vezes resumindo-a em forma de moralidade final.

Atualmente, no entanto, a voz narrativa adulta e onisciente – que controla os acontecimentos, que interpreta o mundo e o explica ao leitor infantil – entrou em crise. Em poucas obras consideradas de qualidade podem detectar-se traços próprios de um narrador oral, que se dirige a uma audiência fisicamente presente, com uma voz que se "ouve" interpretar o texto e que, inclusive, reproduz as exclamações e a ênfase da narração oral.

Uma evolução possível dessa poderosa voz teria sido "calar-se", generalizar o silêncio do narrador em favor de uma das linhas de modernidade literária do século XX, o famoso *mostrar e não dizer*. Mas, ainda que esta seja uma opção presente em uma ou outra obra, a evolução da literatura infantil e juvenil não foi por esse caminho. Não o fez, em primeiro lugar, por um sentimento de "proteção" em relação aos leitores. A maioria dos autores resis-

---

[11] Gordon Wells, *Aprender a leer y escribir*, Barcelona, Laia, 1988.

3. Os livros como mestres

te a abandonar-lhes a suas próprias forças limitando-se a contar-lhes os fatos e deixando que eles os interpretem. Em segundo lugar, porque os autores se opõem também a ceder uma instância tão privilegiada de educação direta na qual podem dizer o que se deve pensar. Portanto, ao abandonar a cadeira tradicional do narrador oral, os autores buscaram novas formas que permitam aos adultos continuar intervindo, em ambos os sentidos.

Usar um narrador que interprete moralmente o que sucede, resulta, frequentemente, prejudicial à dimensão literária dos textos e os converte em livros meramente "didáticos". Ao procurar novas formas menos lesivas à dimensão artística, ampliou-se o recurso de refugiar-se na voz de um personagem ou na reprodução de seus pensamentos. Assim, quando o narrador onisciente sente-se impelido a fazer uma avaliação moral, adota, de imediato, uma perspectiva centrada no protagonista e funde sua voz com o que ele diz ou sente, de maneira que é uma espécie de voz conjunta a que emite juízos de valor sobre as condutas descritas. Digamos que o narrador "se disfarça" ou se oculta no interior de seus personagens para insinuar ao leitor o que este deveria pensar, sem que o texto se transforme em um sermão ou o leitor, principalmente o juvenil, se sinta impelido a revoltar-se contra esse eco da opinião adulta.

Outro recurso para solucionar o problema é "colocar-se ao lado", e assim acrescentar comentários diretos do adulto através de prólogos ou apêndices. Ou seja, dá-se prioridade à criação literária sobre a preocupação educativa durante a elaboração da obra, mas, ao mesmo tempo, os autores ou editores não renunciaram ao discurso educativo explícito, simplesmente o prenderam nesses textos circundantes.

Quanto à necessidade de trabalhar explicitamente o desenvolvimento da história sem abandonar o leitor, cabe assinalar que os comentários que ajudam a compreensão tornaram-se mais numerosos e próprios de uma literatura escrita. De fato, a passagem de uma narração oral para uma escrita (com a perda dos recursos orais ou que se leem como orais) e a exploração de novos caminhos experimentais fizeram com que uma parte da literatura infantil e juvenil seja mais difícil de entender, tanto em suas estruturas e formas de enunciação, quanto em sua exigência de participação interpretativa do leitor. Em consequência, aumentou a necessidade de um narrador que faça o papel de "guia técnico" do leitor através das obras. Os títulos-resumos, as instruções para a leitura ("recorde que no capítulo tal dissemos..."), as propostas de ação direta ("passe à página..."), etc., são algumas das muitas formas de ajuda e participação criadas pela consciência dos autores de que talvez os textos atuais tenham se complicado demais.

Andar entre livros

Finalmente, algumas obras não procuram recursos diferentes para poder narrar sem ser "o velho contador de histórias", que fala de maneira desinibida a seus ouvintes (como calar, disfarçar a voz, colocar-se ao lado, intervir apenas para esclarecer e não para avaliar, etc.), apenas adotam um tipo de intervenção direta ainda mais despreocupada. Aqui os extremos se tocam, porque isto ocorre quando o narrador se distancia da obra para levar a cabo os jogos literários e humorísticos mais experimentais, nos quais se espera que o leitor tenha um papel ativo na interpretação do que sucede. Vimos isso no caso de *Los osos de Ni-se-sabe*. O narrador não diz ao leitor o que significam as coisas, mas põe-se ao seu lado, sentando-se na plateia do espectador, para comentar e discutir juntos a história, ou também para propor diferentes tipos de jogos compartilhados.

UM ITINERÁRIO DE INFORMAÇÕES SOBRE A COMPREENSÃO LEITORA NA INFÂNCIA: SOBEM AS CRIANÇAS?

Do exposto, depreende-se que a análise dos livros infantis e juvenis oferece muitas informações a respeito daquilo que se espera que as crianças leitoras aprendam sobre literatura. Outro ponto é que as expectativas sociais refletidas nas características dos livros correspondam, realmente, às suas capacidades e necessidades. Lamentavelmente este é um campo em que ainda não se fizeram estudos experimentais visando o contexto concreto da recepção. Mas sabemos, ao menos, que quando se fala de *compreensão leitora na escola* há que se ter presente que muitas descrições sobre os textos referem-se, até agora, aos contos tradicionais e que, ao contrário, a ficção atual inscreve-se em uma sociedade com propostas e hábitos narrativos muito diferentes.

Em primeiro lugar, pois, pode-se concluir que os livros destinados às crianças oferecem a oportunidade de precisar "como é a escada", ou seja, que características narrativas têm e quando aparecem majoritariamente na leitura dirigida às diferentes idades. Isto nos proporciona informações sobre a competência literária que cada texto requer e, portanto, sobre a competência que sua leitura ajudará a desenvolver. O conto popular, por exemplo, parece muito eficaz para desenvolver o esquema narrativo, mas a literatura atual é mais útil para o aprendizado da elipse e da ambiguidade. Também vimos que, ao contrário, o contato com a tradição literária infantil e com as formas artísticas atuais complica a hipótese de uma evolução ascendente em todas as linhas de complexidade.

3. Os livros como mestres

Em segundo lugar, há que afirmar-se que, se bem que a escada de livros infantis e juvenis cresceu e ampliou-se com a incorporação de novos recursos e possibilidades expressivas, esses mesmos elementos incorporados apressaram-se em construir "um corrimão", que ajuda o leitor a enfrentar os novos textos.

Finalmente, parece recomendável reparar na instabilidade dos limites, tanto do que as crianças podem compreender, como de nossas crenças sobre essa questão. Ou seja, não podemos saber, exatamente, "a partir de que e até onde vai a escada". "As crianças não vão entender" é uma afirmação sempre hipotética, enquanto os livros se debatem na tensão sobre o que é ou não possível utilizar, refletindo assim a própria experiência social sobre a compreensão leitora de crianças e adolescentes.

O exemplo de livros destinados a leitores iniciantes[12]

Já que aqui nos interessa a educação literária, mais do que nos estendermos sobre como são os livros, analisaremos mais detidamente a maneira com que eles contribuem para ensinar a seus leitores. Para fazê-lo nos concentraremos em um dos degraus da escada. O mais adequado para nosso propósito de exemplificação é nos situarmos no patamar dos leitores iniciantes, pois ele é formado por leitores com um melhor número e tipo de conhecimentos já adquiridos. Por isso estudaremos os livros destinados a meninos e meninas que se iniciam na recepção autônoma de uma narrativa literária sem a ajuda dos adultos.

Não obstante, embora nos situemos no início da escada, quando as crianças leem estes contos já possuem bastantes conhecimentos narrativos especificamente literários. Como assinalamos antes, não podemos pensar em um primeiro estágio de aquisição através da oralidade e outro posterior através do escrito. Na atualidade, todas as vias de acesso se inter-relacionam e contribuem para a construção das várias competências que as crianças já possuem, quando começam a ler livros por si mesmas. A experiência social acu-

---

[12] Algumas das ideias desta parte foram expostas no Quarto Congresso da Sociedade Espanhola de Didática da Língua e da Literatura, ocorrido em Barcelona em 1996, e publicadas em suas atas, em Teresa Colomer, "Cómo enseñan a leer los libros infantiles", in Francisco José Cantero *et al.* (ed.), *Didáctica de la lengua y la literatura en una sociedad plurilingüe del siglo XXI*, Barcelona, Publicacions UB, 1997, pp. 203-208. A parte sobre imagem foi publicada em Teresa Colomer, "El álbum y el texto", *Peonza – Revista de Literatura Infantil y Juvenil*, n. 39, 1996, pp. 27-31. Este artigo foi reproduzido na seleção do banco do livro da Venezuela, *El libro-álbum: invención y evolución de un género para niños*, Col. Parapara Clave, vol. 1, 1999, pp. 29-33.

Andar entre livros

mulada sobre os contos, que nessa idade entendem e gostam, faz com que os livros a elas destinados partam, aproximadamente, desse primeiro estágio de competência e pretendam a ele ajustar-se.

Parece lógico pensar que estes livros iniciais refugiam-se nas características mais simples do relato literário. Por isso será conveniente recordar quais são estas características mais simples, próximas dos contos populares que as crianças conhecem e que André Jolles[13] denominou, precisamente, "formas simples" do relato. Uma narrativa pode ser descrita segundo a fórmula "alguém conta uma história a alguém". Há décadas que os chamados "estudos narratológicos" esforçam-se por descrever os elementos de que se necessitam para construir um relato e pode-se convir em que a forma menos complicada de fazê-lo é a seguinte:

> - *Alguém*, que sabe tudo acerca do que narra, se situa fora da história, fala na terceira pessoa, interrompe o relato para intervir diretamente, quando acha necessário, e segue a ordem dos acontecimentos relatados, sem explicitar as regras do artifício,
> - *conta a alguém*, que tem dados suficientes para interpretar o que se diz, com precisão, e de quem não se solicitam conhecimentos referenciais específicos,
> - *uma só história*, situada no passado, presa a um único modelo convencional de gênero e expressa nos tipos textuais próprios da narrativa,
> - *de um personagem*, facilmente representável e suscetível de identificação,
> - *em um cenário*, que também é suscetível de ser identificado,
> - a quem ocorre um *conflito* externo e com uma causa bem determinada,
> - que se *desenvolve* de forma coesa,
> - segundo relações de causa e efeito,
> - e que *se resolve* ao final, com o desaparecimento do problema proposto.

Procurando-se estas características nos contos infantis dos primeiros anos do curso primário – entre os cinco e os oito anos – constata-se que a hipótese de simplicidade se cumpre em quase todos os elementos narrativos. E quando existem pequenos desvios, estes obedecem a razões muito claras e derivadas de nosso contexto literário e cultural.[14]

Como já se mencionou, na realidade, os livros para leitores iniciantes existem há poucas décadas. Até então as escolas ensinavam a ler nas cartilhas,

---

[13] André Jolles, *Formas simples*, trad. Álvaro Cabral, São Paulo, Cultrix, 1976.
[14] Os principais desvios aparecem em Teresa Colomer, *op. cit.*

3. Os livros como mestres

enquanto as crianças "ouviam" a leitura ou os contos narrados pelos adultos. Os livros infantis eram escritos para crianças, que já sabiam ler. Mas, a criação dos jardins de infância e do pré-escolar coincidiu com a mudança nos pressupostos educativos neste âmbito. Necessitavam-se livros para criar um entorno leitor, livros para serem manuseados, olhados e lidos pelos pequeninos, livros para iniciar as "práticas de leitura" de todos os setores sociais. Ter bons livros para essa idade, no entanto, não é simples, posto que eles devem resolver dois tipos de dificuldades:

1 – A primeira dificuldade provém do desajuste entre o que as crianças já são capazes de entender oralmente e o que podem ler elas mesmas. É evidente, por exemplo, no caso da extensão do texto, ou seja, da quantidade de informação que podem relacionar, se a história lhes é explicada ou se, ao contrário, devem reconstituí-la através de sua leitura lenta e difícil; por isso é fácil verificar que os contos populares costumam ser muito mais longos que os contos infantis. Por conseguinte, os livros para leitores iniciantes se vêm obrigados a dar alguns passos atrás, a achar formas mais curtas e simples de expressar alguns elementos narrativos, que não tenham problema algum para integrar os relatos *contados* às crianças.

2 – A segunda dificuldade é que se as histórias são muito simples, as crianças podem achá-las terrivelmente insípidas. Assim, é necessário descobrir histórias que sejam suficientemente interessantes para a mentalidade de crianças de cinco a oito anos, embora sejam constituídas por elementos muito simples. As boas histórias para leitores iniciantes partem das formas narrativas mais elementares, mas utilizam recursos que permitem a possibilidade de se desviar delas, que se destinam a forçar os limites que a capacidade dos leitores impõe e que ajudam as crianças a ir mais longe na sua competência literária.

Continuando, assinalaremos quatro exemplos de ajuda gerados pelos livros para facilitar a leitura individual e autônoma da história, como resposta à primeira destas dificuldades, e para fazer avançar em direção à maior complexidade narrativa, como resposta ao desafio do segundo problema.

O primeiro exemplo é uma cuidadosa divisão da informação em pequenas unidades, que pode chegar a estabelecer uma completa orquestração de ritmos que compõem as sequências narrativas. O segundo é a incorporação

Andar entre livros

da ilustração como elemento construtivo da história e não como uma simples elaboração artística do texto. O terceiro é a ocultação do narrador em favor de perspectivas narrativas externas, que convertem a narração em uma espécie de dramatização dialogada diante dos olhos do leitor. E o quarto é a interposição de personagens infantis entre o leitor e a história, o que permite utilizar uma figura que negocia os significados previstos como excessivos para a compreensão infantil.[15]

CONTAR EM PEQUENAS DOSES

Para adaptar-se à limitada capacidade infantil de receber uma grande quantidade de informações e de estabelecer relações de causa e efeito entre um número elevado de ações narrativas, os livros para leitores iniciantes recorrem à divisão em sequências curtas e lhes outorgam um grau muito elevado de autonomia narrativa.

Assim, em muitos contos, as aventuras dos personagens podem ser lidas de forma mais ou menos independente. Os contos incluídos em *Historias de ratones* inscrevem-se em uma história principal que une contos independentes, e as peripécias dos sapos, na série *Sapo y Sepo*, de Lobel, ou da serpente *Crictor*, de Tomi Ungerer[16], fazem-no numa história mais coesa, mas que, na maioria das cenas, ostenta um alto grau de aleatoriedade, ou seja, que poderiam acontecer ou não, sem que isto afete o significado global do texto.

O passo seguinte de integração narrativa se produz dentro de um padrão que facilita seu desfecho. Por exemplo, no esquema de uma tensão de gradação ascendente, como na aparição sucessiva de animais cada vez maiores, ou ainda no modelo de três desígnios ou três provas sucessivas, tão próprio dos contos populares. Com tudo isso se orquestram os ritmos (três desígnios no interior de três cenas dentro de um conto principal, por exemplo) que fragmentam a informação e que ajudam a antecipar a cena seguinte, o que supõe um mecanismo claramente favorecedor da leitura.

Mais tarde, as aventuras isoladas ou pouco coesas dos primeiros contos lidos se unirão formando capítulos, e estes ganharão coesão narrativa até que

---

[15] Pode-se ver um exemplo de análise global de um conto para primeiros leitores que integra os distintos tipos de ajuda no comentário de *¡Julieta, estate quieta!*, de Rosemary Wells, em Teresa Colomer, *Introducción a la literatura infantil y juvenil*, Madri, Sintesis, 1999, pp. 182-189.

[16] Todas obras publicadas pela editora Alfaguara.

3. Os livros como mestres

as crianças sejam capazes de ler uma narrativa na qual toda a informação conflua em um único enredo global.

Outro recurso que ajuda a dividir a história em unidades mais fáceis é a versificação das histórias, muito abundantes nos livros para essa idade, já que a canção e a rima contribuem para fixar a ordem dos acontecimentos ao fazer com que sejam fáceis de lembrar, de repetir e de antecipar.

Osito, de Else H. Minarik[17], é um exemplo paradigmático do tipo de ajuda que descrevemos. A informação se acha em quatro capítulos independentes divididos em pequenas cenas formadas por ações repetidas e, em certo sentido, graduadas. Assim, quando no primeiro capítulo Osito sente frio, sua mãe o aquece com roupas uma atrás da outra. Quando Osito sente ainda mais frio, inicia-se uma ação inversa de despojamento, que volta a deixá-lo nu, mas que se torna engraçada para o leitor que contempla o cachorro muito satisfeito porque tem seu próprio "casaco de pele".

O leitor, suficientemente hábil para guiar-se por estas pistas em sua antecipação leitora, é impulsionado mais adiante no último capítulo da obra, quando a mãe conta-lhe uma história. Trata-se de um conto sobre "o que fazia quando era pequeno" e nele se revê tudo o que sucedeu nos três capítulos anteriores, de maneira que se junta e supera a fragmentação das aventuras separadas. Assim, o último capítulo torna-se um autêntico resumo explicativo do livro. A recapitulação do passado imediato por parte dos personagens dá coerência narrativa às atividades e ajuda a fixar sua lembrança, um mecanismo que não faz outra coisa que reproduzir uma das formas humanas de aprendizagem.

DESLOCAR PARA A IMAGEM

A presença da imagem nos livros infantis permitiu colocar nela elementos distintos da narrativa, que, desta forma, podem continuar presentes na história sem sobrecarregar o texto a ser lido. Tradicionalmente, a ilustração e o texto caminhavam em planos paralelos. Um contava a história e outro a "ilustrava". Mas, boa parte dos livros infantis atuais – que receberam o nome de "álbuns" exatamente para distingui-los dos contos ilustrados – incorpora a imagem como elemento constitutivo da história, de maneira que os dois – texto e ilustração – complementem a informação.

---

[17] Else H. Minarik, *Osito*, Madri, Alfaguara, 1994.

Andar entre livros

As experiências de deslocamento narrativo para a imagem usam quase todos os elementos que constituem a história. Muito comum é confiar-se à imagem a descrição dos personagens, do cenário e, inclusive, das ações.

Um conto de Astrid Lindgren começa assim: "Pedro é assim o mais velho agora", frase que só se pode entender vendo a ilustração. Em outros contos, os personagens se apresentam, de forma prévia, no início da ação através, por exemplo, de suas fotos desenhadas. Se esta apresentação fosse verbal, é evidente que o leitor teria muita dificuldade para guardar uma informação tão pouco significativa, antes que os personagens começassem a agir. A imagem, ao contrário, não apenas permite apresentá-los, mas também facilita o estabelecimento do quadro de relações da história, uma das grandes dificuldades para a compreensão inicial dos relatos. Em outras ocasiões, o texto poupado se refere à supressão das ações realizadas pelos personagens, ações que permitem afirmar em *La rebelión de las lavanderas*: "Todos aqueles que tentarem detê-las acabarão muito mal".[18] A imagem se encarrega de mostrar o sentido exato de "muito mal" com diferentes ações bem-humoradas.

Outro recurso para facilitar a leitura é a utilização de inter-relações entre texto e imagem geradas pelas histórias em quadrinhos. Por exemplo, o uso de balões para diálogos permite saber-se quem fala sem ter de explicá-lo, aumentando o texto.

Em outros casos, ao contrário, a imagem proporciona o andaime para chegar a histórias mais complexas. Permite, por exemplo, desdobrar o fio do enredo para incluir uma história dentro de outra. Neste caso o texto conta a narração principal, enquanto na imagem podem estar se desenvolvendo silenciosamente outras narrações paralelas. Também possibilita diminuir a linearidade do discurso. As crianças pequenas têm grande dificuldade para entender os saltos cronológicos de uma história, mas em *No nos podemos dormir*, ou em outros contos da série de James Stevenson,[19] o bigode do avô se mantém na imagem dele quando era pequeno (embora já não seja um bigode branco!). Esse detalhe engraçado ajuda o leitor a lembrar-se de que se encontra num tempo anterior ao da história inicial. Do mesmo modo, o uso da imagem permite introduzir complicações que afetam a interpretação da história. Uma, muito frequente na literatura atual, é a de estabelecer jogos de ambiguidade entre a realidade e a ficção do que se narra. Os álbuns distri-

---

[18] John Yeoman e Quentin Blake, *La rebelión de las lavanderas*, Madri, Altea Benjamín, 1994.
[19] James Stevenson, *No nos podemos dormir*, Madri, Anaya, 1983.

3. Os livros como mestres

buem ambos os níveis entre o texto e a imagem, de maneira que a ilustração oferece pistas para pôr em dúvida a realidade do que se afirma no texto. Em *Donde viven los monstruos*, de Maurice Sendak,[20] esfumar o papel de parede até convertê-lo em um bosque ou colar em uma parede o desenho infantil de Max, caracterizado como um monstro, são dois detalhes que nos levam a pensar que a viagem ocorre apenas na imaginação do protagonista, enquanto o texto não contém nenhuma afirmação que nos permita pôr em dúvida a veracidade da aventura.

Também é o recurso da imagem que permite estabelecer divergências significativas entre outros elementos, tais como a interpretação do narrador e a história que ele mesmo nos conta. Em *Minha mãe é um problema*, de Babette Cole,[21] a voz do narrador infantil começa a história informando-nos que "o mal da mamãe são os chapéus que ela usa". Mas a ilustração mostra ao leitor que o mais estranho dessa senhora não são exatamente os chapéus, mas sua figura de bruxa. O leitor começa a saber mais do que o menino-narrador, que não parece dar-se conta nunca de qual é o problema real do que acontece. Essa distância é que estabelece o jogo do humor.

A imagem também colabora com a tendência atual de incluir alusões culturais e literárias, apesar da pouca experiência cultural dos leitores iniciantes tornar muito difícil a presença destas piscadelas intertextuais e, portanto, ser uma característica que apenas pode ocorrer de forma muito limitada. Pode fazer-se, por exemplo, apelando à familiaridade alcançada pelos contos populares durante os primeiros anos de vida e essa é a regra que rege o abundante jogo de desmistificação dos personagens tradicionais. Posto que as crianças dessa idade já conhecem bem as bruxas, os novos contos, como *Minha mãe é um problema*, poderão fazê-las aparecer como divertidas mães carinhosas.

Porém, o uso da imagem nos álbuns permite ampliar o jogo incorporando referências visuais, como no caso de quadros ou filmes, o que, às vezes, acontece de maneira muito sutil. Por exemplo, na imagem do elefante Élmer como um brinquedo colocado na estante do pequeno protagonista de *Ahora no, Fernando*,[22] outro conto de David McKee, ou também dando outra versão ao recurso, em *El sombrero*, de Ungerer,[23] onde é o texto que oferece uma

---

[20]   Maurice Sendak, *Donde viven los monstruos*, Madri, Alfaguara, 1995.
[21]   Babette Cole, *Minha mãe é um problema*, trad. Heloísa Prieto e Lilia Schwarcz, Cia. das Letrinhas, 1992.
[22]   David McKee, *Ahora no, Fernando*, Madri, Altea, 1980.
[23]   Tomi Ungerer, *El sombrero*, Madri, Alfaguara, 1978.

Andar entre livros

pista para reconhecer a imagem ao exclamar "Por mil potemkins!", diante da descida de um carrinho de bebê pelas escadas de uma praça. Outro tema é que esta pista – e esta imagem – esteja claramente dirigida à experiência cultural daqueles adultos que têm gravada em sua memória a imagem do filme *O encouraçado Potemkin*, o qual nos remete à velha discussão sobre a existência de um duplo destinatário nos livros infantis.

TRANSFORMÁ-LO EM TEATRO

Tal como se disse, a voz do narrador das histórias ajuda o receptor a dominar o relato expressando hipóteses sobre a causa das ações, explicitando a conexão entre fatos difíceis de inferir, enunciando os planos futuros dos personagens de forma que ajudem a antecipar o desenvolvimento da história, etc. Os meninos e as meninas estão habituados à presença do narrador das histórias, principalmente porque ouviram muitos contos tradicionais. Mas os livros para leitores iniciantes enfrentam dois problemas para incorporá-la:

1 – O primeiro é que tantos comentários aumentam as dimensões do texto. Além disso, o texto não pode utilizar recursos próprios da oralidade, como o tom indignado ou aprovador, pelo que deve incorporar essa informação através de recursos escritos, algo mais difícil para seguir estritamente a história.

2 – O segundo provém da evolução dessa voz nas formas culturais atuais a que já aludimos: por um lado, a literatura moderna tendeu à maior transparência do narrador; por outro, as crianças estão acostumadas à ficção audiovisual que as situa na presença imediata dos acontecimentos sem uma voz que os conte.

Assim, uma maneira de tornar mais simples a leitura autônoma do texto é adotar uma perspectiva externa, na qual o narrador se limite a explicar o que fazem os personagens e a dar-lhes voz através da reprodução direta dos diálogos. Esta escolha pode, inclusive, combinar-se com uma voz que narra o presente, como se a narração fosse simultânea aos acontecimentos da história, de modo que o leitor se situe ante uma espécie de representação teatral dos fatos. Este recurso está avaliado pela pesquisa sobre capacidade leitora, que atribui maior facilidade de leitura aos textos com alto percentual de estilo direto, tal como sucede nos contos que dão sempre a palavra aos personagens e mantêm o narrador fora das consciências.

Este recurso também pode ser usado, ao contrário, para oferecer histórias mais complicadas. Usar um narrador externo outorga maior grau de participação ao leitor que se vê obrigado a inferir informações não explícitas; ou seja, estabelece uma distância emocional, que permite introduzir temas considerados demasiado duros para a sensibilidade infantil. Assim, por exemplo, este recurso protetor se combina com o tratamento humorístico para permitir um fato, tão insólito na ficção infantil, como o do que o mesmíssimo protagonista desapareça na metade da narrativa devorado por um monstro, tal como acontece em *Ahora no, Fernando*, de McKee, e seja por ele substituído na vida familiar, sem que seus distraídos pais percebam a troca.

PROPORCIONAR UM AMIGO

Os livros infantis escolhem protagonistas e um quadro espaço-temporal muito semelhantes aos de seus supostos destinatários. Talvez seja certo que esta opção favoreça a identificação, como se considera habitualmente, mas o que é evidente é que inclina as histórias para um tipo determinado de fantasia: aquela que pode estabelecer-se em um quadro realista de vida cotidiana, ao qual podem juntar-se, ou não, alguns elementos fantásticos.

A fantasia da aventura – com amplos e longínquos cenários, e protagonistas adultos para dar verossimilhança a suas proezas – possui características diametralmente opostas às histórias com um protagonista infantil, situadas em um âmbito reduzido e familiar. No entanto, estas narrativas buscaram recursos para introduzir outros elementos imaginários e com eles oferecer a seus leitores ao menos um primeiro contato, como se alcançassem a vê-los nas pontas dos pés. A opção mais frequente é a de interpor um personagem entre a aventura e o leitor.

Em muitos contos, como os citados *No nos podemos dormir* e *Minha mãe é um problema*, situam-se em primeiro plano crianças de ambiente realista, que contemplam – e às vezes narram – uma história sobre piratas, lutas ou bruxas, das quais eles são, na realidade, espectadores. Estes personagens infantis são uma forte âncora para que o leitor se identifique e, muito frequentemente, negociam o significado em seu nome, perguntando e esclarecendo aqueles aspectos que podem oferecer dificuldades de compreensão. Deste modo as cenas de aventura podem ser contempladas da segurança do lar, como se o leitor o fizesse de uma janela aberta para as novas complicações narrativas.

Andar entre livros

E, com efeito, a utilização deste recurso para alçar os leitores em direção a novos gêneros comporta, por sua vez, novas complexidades narrativas: em primeiro lugar, implica em adotar uma perspectiva centrada em um personagem secundário em relação à aventura relatada. Em segundo lugar, complica a estrutura ao misturar duas diferentes histórias, a realista e a de aventuras. Pode ser que o leitor, embora sempre de mãos dadas com o personagem infantil, inicie uma história realista, passe a outra de aventuras fantásticas e retorne à história inicial, ou ainda pode ocorrer que vá e venha de uma para outra, como em *No nos podemos dormir*. Em todos estes casos, a fusão de histórias inaugura, por sua vez, outra complicação muito presente na literatura atual: a mistura de gêneros narrativos e de tipos distintos de fantasia.

Uma complicação parece levar sempre à outra, e esse é o caminho que os livros traçam para que o leitor aprenda a segui-los.

Segunda Parte

Leituras escolares

4.

A articulação escolar da leitura literária

> Aqui há um livro maravilhoso, ali há um grupo de crianças, o que acontece em seguida? Em seguida fala-se (…)
> Quando nosso melhor amigo nos diz que leu um livro maravilhoso e pensa que nós também devemos lê-lo, o que faz para ajudar-nos a começar é dizer-nos o que nele encontrou. Assim nos familiariza com esse livro novo e, por isso, ameaçador. Diz-nos algo sobre seu enredo. Indica quais são as partes emocionantes. Diz-nos com que outros livros se parece, livros que ele sabe que já lemos. E compara-os ou fala sobre suas diferenças. São similares nestes aspectos, diz, e diferentes nestes outros. Também prepara-nos para as dificuldades. "Siga adiante até o terceiro capítulo", pode dizer-nos o amigo, "é difícil até esse ponto, mas depois você não poderá parar". Em outras palavras, convence-nos a ler o livro por nós mesmos. Isso é, exatamente, o que os melhores promotores de leitura fazem sempre: convencer-nos a ler.
>
> Aidan Chambers[1]

Até aqui falamos de três temas que compõem a situação da leitura de livros na escola: no primeiro capítulo se sustentou que o ensino escolar evoluiu em direção à consciência de que uma aula onde se lê e se fala sobre livros é o centro de sua tarefa literária; no segundo nos situamos na perspectiva de meninos e meninas que progridem na sua capacidade de interpretação dos textos; no terceiro evocou-se uma literatura que se coloca na altura da criança para acompanhar os leitores no itinerário de aprendizagem cultural que fizeram. Nesta segunda parte entraremos na escola para contemplar a leitura em funcionamento. Para pô-la em marcha, há que estimular sua presença e planejar os diferentes tipos de lugar em que parece conveniente ativar o encontro entre crianças e livros. Este capítulo trata destas questões.

---

[1] Aidan Chambers, "Cómo formar lectores", in *Hojas de lectura*, Bogotá, n. 45, 1997, pp. 6-7.

Andar entre livros

O ESTÍMULO À LEITURA[2]

"Estímulo", "intervenção", "mediação", "familiarização" ou "animação" são termos associados constantemente com a leitura no âmbito escolar, bibliotecário ou de outras instituições públicas e que se repetem sem cessar nos discursos educativos. Todos esses termos se referem à intervenção dos adultos encarregados de "apresentar" os livros às crianças. Se o tema preocupa tanto na atualidade é porque existe essa consciência generalizada, a que antes aludimos, de que o objetivo de formar o leitor não tem obtido o êxito esperado, de modo que vão aparecendo diferentes hipóteses sobre as causas desse desajuste.

Já assinalamos algumas delas: talvez ocorra porque conseguir uma população altamente alfabetizada seja um desafio de uma exigência sem precedentes na história da humanidade, um desafio que requer um esforço social tão elevado em custos e agentes que, até agora, não se tinha tomado consciência dele. Ou talvez porque, contrariamente ao que se afirma, a sociedade não vê de maneira tão clara que seja necessário certo tipo de alfabetização; não há consenso, por exemplo, sobre para que é útil, já que agora existem outros meios, como os audiovisuais, que cumprem funções que antes pertenciam à literatura, como o consumo de ficção ou a posse de referências compartilhadas. Ou então, porque se trata, na realidade, de um objetivo "utópico", no sentido de que as crianças não se incorporam a uma sociedade que funcione já como letrada, com elevados hábitos de leitura, por exemplo, senão que se supõe que são elas que deveriam alcançar no futuro essa sociedade alfabetizada em sua totalidade. Ou porque ao nos encontrarmos numa situação nova não sabemos através de que meios poderemos lograr esse objetivo, enquanto que, ao contrário, existe, tomemos ao acaso, um conhecimento social sobre o que se deve fazer para ensinar bebês a falarem. Ou porque o funcionamento social desenvolveu valores e formas de vida que vão contra as condições favoráveis à leitura, como a concentração ou a solidão.

Seja como for, um dos aspectos mais espetaculares do fracasso do estímulo à leitura é a rapidez com que as crianças passam para o outro lado da barreira. Em seus primeiros anos de vida todos respondem afetiva e estetica-

---

[2] Uma versão desta parte foi apresentada numa conferência no Seminário Internacional ocorrido durante a Feira Internacional do Livro Infantil e Juvenil no México e no Sétimo Simpósio Internacional da Fundação Germán Sánchez Ruipérez em Madri, em 2001. Foi publicada em Teresa Colomer, "El papel de la mediación en la formación de lectores", in Teresa Colomer, Emilia Ferreiro, Felipe Garrido (eds.), *Lecturas sobre lecturas*, vol. 3, México, Conaculta, 2002, pp. 9-29.

4. A articulação escolar da leitura literária

mente à palavra e à narração de histórias, mas quando se aproximam dos oito ou nove anos já são muitos os meninos e as meninas que dizem "é que eu não gosto de ler". Não deixa de ser verdadeiramente surpreendente mudança tão radical em tão pouco tempo. A aprendizagem escolar talvez tenha muito a ver com isso. Em geral, as crianças quando chegam à escola não estão acostumadas a fracassar. Aprender a ler e a escrever é, para muitas delas, a primeira experiência de que podem não alcançar as expectativas do que delas se espera. E, rapidamente, criam defesas para proteger sua autoestima.

A análise dos comentários de jovens leitores lança, sem dúvida, pistas sobre as dificuldades com os livros e a leitura, que ajudam a explicar esse afastamento. Facilmente encontram-se vários comentários do tipo: "Não se entende nada", "Custa muito a acontecer alguma coisa", "Não sei por que o personagem faz isso", "Não há capítulos e não sei onde parar", "Não quero que acabe mal", "A letra é muito pequena", etc.[3] Examinar as respostas também serve para suscitar perguntas sobre o tipo de mediação que se utiliza. Um adolescente nos disse: "Eu deixei de ler na quarta série. Me obrigaram e os livros eram chatos". É realmente contraproducente obrigar a ler? Como selecionar um *corpus* atraente? E o que se responde à queixa antes mencionada: "A mim não agrada um poema até que eu o compreenda, até que o professor o tenha explicado"? E a aluna que se nega a comentar dizendo: "É que não sei por que gosto"? Explicar, deixar falar, ensinar a falar, quais são as melhores formas de intervenção?

Houve um tempo em que tudo parecia simples. As crianças, das minorias ilustradas, cresciam com os livros. Mães, preceptoras, famílias, visitas, o círculo social inteiro em que viviam, não se compreenderia sem referências aos livros. Na escola aprendiam o código, ganhavam velocidade, liam os autores canônicos e ouviam a explicação dos professores sobre o sentido dos textos. Quando surgiu a preocupação pela leitura das outras crianças, a escola pretendeu copiar esse padrão enquanto crescia a ideia de que, se a instituição escolar já se encarregava de ensinar o mecanismo da leitura, bastava levar os livros até os leitores. O que se precisava era montar uma biblioteca e enchê-la com livros selecionados com critérios morais e/ou de qualidade literária. Durante décadas ninguém pensou muito em procurar novas fórmulas para fazer as apresentações entre todas essas "novas" crianças e os livros.

---

[3] Pode ver-se, por exemplo, o apanhado de comentários e discussões de crianças de dez e onze anos in *La biblioteca ideal europea: els nens i les nenes opinen sobre cent llibres*, Barcelona, P.A.U. Education, 2000.

Andar entre livros

No entanto, na atualidade este é um problema onipresente e cada vez mais complexo dado que, inclusive, já não se limita às "novas crianças". Naturalmente, para o tema que nos ocupa, é preciso deixar agora de lado a consciência de habitar um mundo onde, infelizmente, se superpõem as situações mais díspares. Cabe admitir aqui que os livros já estão nas classes e que, portanto, trata-se de convencer as crianças a lê-los. É com essa intenção que, nos últimos anos, multiplicaram-se campanhas, concursos, jogos ou visitas de autores.

Se devemos intervir, não será mau recapitular um pouco sobre o que se sabe do difícil tema "animação de leitura". A linha que adotamos para este trecho parte da análise do que se afirmou durante os últimos anos sobre a intervenção através da pesquisa, da discussão na sociedade e dos programas de estímulo à leitura.

A NECESSIDADE DE SUA EXISTÊNCIA

A primeira resposta que nos ocorre é uma afirmação pouco original. Uma grande quantidade de discursos baseia-se em repetir que a mediação deve existir porque a literatura é importante para os humanos, e os adultos são responsáveis por incorporá-la às novas gerações.

Portanto, se assistimos à afirmação renovada desta ideia é porque se está respondendo a um problema imediato: o da mudança das funções sociais da literatura durante a segunda metade do século XX e o da redução de seu espaço escolar em função da leitura "funcional", do ensino da língua e das demais matérias do currículo. Assim como assinalamos no primeiro capítulo, a situação atual é que, graças à extensão da escolaridade, lê-se mais que nunca, mas o que se lê e para que se lê está longe de corresponder à literatura e a seus possíveis benefícios.

A reação em favor da literatura tem do seu lado uma notável quantidade de estudos, demonstrando que a leitura de histórias para as crianças incide em aspectos tais como o desenvolvimento do vocabulário, a compreensão de conceitos, o conhecimento de como funciona a linguagem escrita e a motivação para querer ler.[4] Existe um acordo generalizado sobre o fato de que os contos possuem a enorme vantagem de ensinar às crianças a "pensar só com palavras",

---

[4] Em Ana Teberosky, *Propuesta constructivista para aprender a leer y escribir*, Barcelona, Vicens Vives, 2003, pode-se encontrar uma boa seleção deles.

4. A articulação escolar da leitura literária

ou seja, sem apoiar-se na percepção imediata, nem em um contexto presente que lhes permite elaborar um modelo mental do mundo muito mais rico e um vocabulário para falar sobre ele. Observou-se, também, que a forma pela qual os adultos ajudam a criança a explorar seu mundo à luz do que ocorre nos livros e a recorrer à sua experiência para interpretar os acontecimentos narrados, incentiva a tendência a imaginar histórias e a buscar significados que é própria do modo humano de raciocinar. E sabemos que uma criança tem o dobro de possibilidades de ser leitor se viveu essa experiência.

A importância da literatura, pois, é uma ideia aceita, hoje em dia, por todos os agentes sociais. Há indícios de que é possível que se recupere nos currículos escolares. O que já ocorreu é que as campanhas de difusão da leitura multiplicaram as instâncias implicadas nesse esforço e, inclusive, muitos governos desenvolvem programas oficiais que incluem a presença dos livros próximos aos leitores infantis. Diferentes ações atualmente se situam nestas coordenadas. Respondem, por exemplo, à ideia de que não se lê poesia porque não existem antologias adequadas ou espetáculos que a incluam, ou ainda, que não se leem contos porque não há bibliotecas e que, em consequência, o que se deve fazer é subvencionar determinadas linhas editoriais, incentivar ações culturais com esses conteúdos e criar bibliotecas escolares.

Todos estão de acordo, é claro, em que sem livros não há leitura. Porém aí se perpetua a ideia de que basta dar livros às novas camadas sociais que não os possuem, como se estas estivessem conscientemente ansiosas por tê-los, tal como se dizia nos discursos sociais do século XIX. Bem ao contrário, não basta incrementar a oferta na sociedade atual. Sabemos da importância dessa espécie de *capital cultural* que se deve possuir para que se produzam situações de leitura. Esta constatação é uma das principais novidades dos últimos anos, de maneira que as campanhas das administrações públicas não se detêm na doação de livros, mas incluem agora muitos programas diversificados de dinamização da leitura. Especialmente, ampliou-se a preocupação com a formação dos professores através da atenção à sua própria experiência de leitura adulta, uma mudança particularmente interessante.

As linhas de atuação que parecem mais promissoras neste campo podem sintetizar-se nos seguintes pontos:

- Destinar recursos para aumentar a presença quantitativa e qualitativa dos livros no entorno infantil;
- Atender à formação leitora dos professores e outros mediadores;
- Incrementar a presença da leitura literária na escola.

Andar entre livros

UMA APRENDIZAGEM SOCIAL E AFETIVA

A segunda afirmação está em processo de crescimento. Propõe que se trata de uma aprendizagem social e afetiva. Aqui está, realmente, o ponto nevrálgico em torno do qual se situa a intervenção. Pode-se afirmar, cada vez com maior segurança e de maneira cada vez mais pormenorizada, que a leitura compartilhada é a base da formação de leitores.

Os problemas que esta nova ênfase pretende solucionar são, por um lado, a falta de participação sociofamiliar, posto que, frequentemente, não há adultos formando esse entrelaçamento socioafetivo em casa nem no entorno social. Por outro, o de um ensino escolar baseado na leitura de um *corpus* reduzido de obras legitimadas, cuja interpretação é monopolizada pelo professor. Com efeito, a pesquisa demonstrou que muitas práticas escolares descritas estão de costas para a ideia de "compartilhar". Gordon Wells[5] denominou "Adivinhe o que eu tenho na cabeça" ao comentário sobre contos, em que as crianças se esforçavam para saber o que o professor esperava que elas respondessem, em vez de pensar realmente no conto sobre o qual eram interrogadas. Catherine Tauveron[6] chama a isto "Eu te levarei a dizer o que espero que digas sobre o texto" e, definitivamente, um "Tu lês e eu te explicarei em seguida", por parte do docente, é a prática mais comum do comentário literário nas aulas do secundário.

A pesquisa acerca da primeira fase da aprendizagem leitora foi a mais desenvolvida neste aspecto e produziu uma grande quantidade de resultados sobre a melhor forma de compartilhar práticas de leitura no lar e nos primeiros anos da escola. Assim demonstrou-se a conveniência de um início muito cedo e de uma frequência diária destas práticas; assinalou-se o benefício obtido das histórias contadas (quando as crianças aprendem que o escrito é estável, um conhecimento muito relevante para a representação mental deste tipo de comunicação); e também descreveu-se com bastante detalhe os traços qualitativos, que caracterizam uma boa interação entre o adulto e as crianças, ou seja, como se deve ler e falar com elas sobre os livros.

Nesta fase inicial ressaltou-se o chamado "efeito Mateus", denominado assim em honra ao evangelista Mateus, que foi o primeiro, pelo que sabemos,

---

5 Gordon Wells, *Aprender a leer y escribir*, Barcelona, Laia, 1988.
6 Catherine Tauveron, "La littérature au-delà de l'alphabet", in Henriette Zoughebi, *La littérature dès l'alphabet*, Paris, Gallimard Jeunesse, 2002, pp. 167-179.

4. A articulação escolar da leitura literária

a assinalar a existência de fenômenos de repercussão ao mesmo tempo dupla e contraposta que conduzem, por exemplo, a que os ricos sejam cada vez mais ricos e os pobres cada vez mais pobres. Neste caso, trata-se da comprovação de que os meninos e as meninas de contextos culturalmente ricos se beneficiam das práticas de leitura compartilhada antes de "saber ler", o que lhes permite extrair maior rendimento escolar dessas mesmas práticas na escola; enquanto que as crianças que delas carecem têm mais dificuldades para levá-las a cabo e, além disso, não se beneficiam tanto da escolarização. O "efeito Mateus" rege, por exemplo, a aquisição de vocabulário: ler leva a aprender novas palavras, o que facilita a leitura posterior de outros textos, de modo que a distância entre leitores e não leitores não para de crescer à medida que as crianças crescem.[7]

Recentemente iniciou-se a pesquisa de práticas de leitura compartilhada com crianças de níveis médios ou com adolescentes para registrar como progride sua interpretação dos livros. Aidan Chambers[8] é um dos autores que abriu caminhos mais interessantes neste último campo com seu modelo de três tipos de participação:

a) Compartilhar o entusiasmo.
b) Compartilhar a construção do significado.
c) Compartilhar conexões que os livros estabelecem entre eles.

Este é um caminho de enorme interesse, embora estejamos ainda em seu começo. As pesquisas se dirigem a observar como se colocam as crianças em posição de buscar o significado conjuntamente, em lugar de perguntar-lhes simplesmente sobre sua compreensão ou reação individual; como se desenvolvem repetidamente os conceitos literários (a diferença entre autor e narrador, o conceito de título, etc.); como se adquire uma metalinguagem que permita refletir sobre o que foi lido; como há crianças que respondem melhor a umas e outras práticas (por exemplo, de construção exploratória, a partir de dados empíricos, ou projetiva, a partir da aquisição de conceitos prévios); ou

---

[7] William E. Nagy *et al.* mostraram que o número de palavras aprendidas pelas crianças entre nove e doze anos pode variar entre 300 a 5 000 por ano. Schwartz (1988) situou entre 750 e 8 250 o número de palavras aprendidas entre os dez e os catorze anos.

[8] Aidan Chambers, *Tell me: Children, Reading, and Talk*, South Woodchester, Thimble Press, 1993.

Andar entre livros

como os professores podem atuar para escolher as variações culturais das respostas de seus alunos sem inibir o processo pessoal de elaboração.[9]

Os resultados já obtidos nesta linha de estudos deveriam estimular a escola a dedicar mais atenção à leitura de obras integrais (reduzindo o tempo dedicado a trabalhar as habilidades leitoras desintegradas), a aumentar a conexão entre leitura e escrita (invertendo os termos, inclusive) e a deixar de considerar o material de leitura como uma substância neutra denominada "textos" para aceitar que o tipo de livros lidos determinam o leitor que se forma.

Por outro lado, há algum tempo que a pesquisa a partir da lembrança de leitores adultos confirma uma experiência comum: a da importância do contágio, da presença de professores ou adultos-chaves no descobrimento e apego à leitura. Nas novas propostas educativas, essa dimensão não deixa de destacar-se, tal como faz Reis ao dizer:

> Minha experiência de professor de literatura (e creio que a experiência de todos os professores de literatura) me ensinou, convincentemente, que as respostas dos estudantes de literatura estão fortemente condicionadas pela imagem do professor, pelo entusiasmo e pelas decepções que projeta; as respostas afirmativas aos desafios do professor e da literatura se revestem de muitos aspectos, de tantos como os rostos dos que são capazes de enunciá-las; as respostas negativas (…) estão todas, e cruelmente, incluídas na não leitura.[10]

Os dados quantitativos também oferecem evidência nesse sentido, como demonstra o crescimento da leitura obtido junto às crianças que se sentem incorporadas a projetos sociais de leitura levados a cabo em suas cidades. Assim mesmo os dados editoriais revelam esta dimensão participativa ante a evidência da popularidade de livros "de uma geração" ou da moda em momentos determinados. Com elas as crianças sentem-se leitoras entre seus iguais à margem da intervenção adulta. O êxito de um gênero como a "alta

---

[9]   A área anglo-saxônica foi pioneira neste campo e seu desenvolvimento intensificou-se ao longo da década de 1990 com autores como Bárbara Kiefer, Pierre Nodelman, Geoffrey Williams ou Evelyn Arizpe e Morag Styles. De nossa parte, na Universidade Autônoma de Barcelona, realizam-se trabalhos sobre a construção compartilhada de significados de álbuns, especialmente de álbuns metaficcionais ou relacionados com a escrita e a aquisição de conceitos literários. Neste último aspecto de elaboração conceitual, são também especialmente interessantes os estudos de Ana Maria Siro ou Claudia Molinari, na Argentina.

[10]   Carlos Reis, "Lectura literária y didáctica de la literatura: confrontaciones y articulaciones", in Francisco José Cantero *et al.* (ed.), *Didáctica de la lengua y la literatura para una sociedad plurilingüe del siglo XXI*, Barcelona, SEDLL-Universidad de Barcelona, 1997, p. 117.

fantasia" (em obras de Tolkien, Le Guin, etc.) entre determinados setores adolescentes ou de fenômenos de leitura, como a de Harry Potter ou as banais coleções de "Escolha sua aventura" ou "Pesadelos", revelam que a criação de referências compartilhadas vividas como um círculo integrado têm uma importância decisiva na motivação da leitura.

As linhas de atuação neste campo podem sintetizar-se, pois, nos seguintes pontos:

- Estimular os hábitos de leitura compartilhada na família.
- Assegurar a formação profissional dos docentes nesse tipo de práticas.
- Ampliar as rotinas de construção compartilhada e de relação entre leitura e escrita nas atividades escolares e de estímulo à leitura.

O ESFORÇO DE LER

A terceira afirmação navega na contracorrente. Recorda-nos que ler exige um esforço. A escola tradicional se baseava em uma trabalhosa leitura guiada dos textos canônicos. Que ler requer esforço era uma evidência quando se afirmava cruelmente que "a letra com sangue entra". Esforço para dominar o código primeiro e esforço para analisar (ou constatar) o significado, mais tarde. Mas, durante as últimas décadas reagiu-se a esta situação apostando em acentuar o efeito prazeroso da leitura como motivação, o que deslocou a aprendizagem e o exercício de ler para uma posição secundária. Menos esforço, menos leitura canônica e menos orientação em favor do imediatismo, da diversificação e da criatividade espontânea. Da "leitura como dever" passou-se a "o dever do prazer" e o problema chega ao ponto de ser proposto em termos invertidos.

Já aludimos à pesquisa educativa francesa para assinalar a desorientação dos docentes ante a solicitação de que seu trabalho literário nas aulas incida ao mesmo tempo na dinamização cultural, na transmissão do patrimônio literário, na coesão social e no acesso perdurável ao ócio de qualidade. Por outro lado, a pesquisa educativa anglo-saxônica juntou-se recentemente ao clamor do descontentamento ao denunciar o beco sem saída a que leva um ensino baseado na recepção leitora, vista como simples troca de opiniões, o fracasso de seus longos programas estandartizados de *ensino direto* de estratégias e habilidades leitoras, assim como a deterioração dos resultados de uma tradição educativa pouco dada a ministrar e sistematizar conhecimentos de forma explícita.

Andar entre livros

Ao mesmo tempo, a partir das bibliotecas e outras instâncias – mas também a partir da escola, posto que se havia adotado este tipo de práticas exteriores – se generaliza a sensação de ter atingido o máximo uma década atrás, a de 1990, caracterizada por uma grande atividade de animação da leitura, animação que agora se revela cheia de iniciativas, que desviavam da própria leitura dos livros ou que "animavam" sem acompanhar depois o leitor ao longo de seu difícil itinerário.

A consequência deste estado de ânimo é o propósito de deixar de andar tão preocupados em animar, para passar a prever como ajudar o leitor ante as dificuldades indubitáveis da leitura, uma atividade que necessita condições tais como tempo, solidão, concentração, aquisição de habilidades específicas ou exercício.

"Compartilhar", como vimos, é uma ideia essencial, mas os meninos e as meninas também necessitam de outras coisas: tempo na aula para praticar a leitura individual e rotinas cotidianas para que se "lembrem" que podem pegar um livro e não o controle remoto da tevê; alguém atento em equilibrar seu interesse impaciente pela história, com sua leitura lenta (alternando a leitura adulta e a da criança, por exemplo) e que lhes facilite dando o significado das palavras novas, sem remeter-lhes à demora do dicionário nesse momento; atividades organizadas em longos projetos de trabalho que deem sentido às leituras escolares, enquanto criam expectativas sobre o modo de ler ou o grau de profundidade requerido; assim como apresentações dos livros que afastem o medo e a dúvida que o texto desconhecido sempre provoca em qualquer leitor, de tal modo que os comentários do docente ou a leitura de fragmentos pretendam, na realidade, o mesmo que as primeiras linhas de qualquer narrativa: seduzir o leitor para que enfrente o esforço.

Não é fácil desenhar um itinerário de leitura que reúna os esforços escolares e familiares e que equilibre a motivação e a aprendizagem das crianças, mas sem dúvida possuímos muitas peças do quebra-cabeças com as quais melhorar o ensino atual e fazer o encaixe das peças nas linhas seguintes.

- Dedicar tempo escolar para a leitura autônoma.
- Criar espaços e rotinas nos procedimentos para a leitura escolar e familiar.
- Introduzir melhoras nos programas de aprendizagem escolar da leitura.

4. A articulação escolar da leitura literária

A CONFUSÃO SOCIAL

A quarta afirmação é mais uma constatação: assistimos a uma grande cerimônia social da confusão. Quando parecia que a leitura e a escrita se achavam ameaçadas como sistema de comunicação social, desencadeou-se uma preocupação obsessiva e tópica pelas causas e efeitos de sua desafeição.

Ninguém parece escapar desta angústia e os governos competem em cifras de orçamentos supostamente dedicados a campanhas e promoções. Mas toda esta preocupação, como já foi assinalado em múltiplas ocasiões, é produto de uma espessa mistura de critérios e concepções na qual *tutto fa brodo*,* de modo que vale a pena distinguir algumas linhas do discurso:

- A pesquisa sobre a história da leitura, que levou a cabo uma clarificadora distinção dos significados e funções da leitura que coexistem nas práticas leitoras de cada época histórica.
- A distinção entre os níveis de uso social da escrita e a situação específica da leitura literária. Algo que ordenaria a confusão entre o desejo social de êxito escolar e de alfabetismo funcional e a formação de leitores literários críticos, que utilizem a leitura como forma de interpretar o mundo e de obter maior independência pessoal em relação aos discursos sociais.
- A crítica à autoafirmação elitista de setores ilustrados, que contrapõem a leitura culta e suas próprias lembranças da infância à leitura infantil e juvenil atual. A comparação com uma época diferente, na qual existiam poucos leitores e poucas atividades de lazer leva, por exemplo, a uma supervalorização dos livros de gerações anteriores. Os romances consumidos pelos adolescentes desde o século XIX (como os de Scott, Verne ou Stevenson) podem continuar exercendo um papel importante na formação leitora dos adolescentes atuais, mas talvez seja preciso recordar que essas obras foram criadas para um público de espectro amplo, um público que também foi menosprezado pelas elites que, diante do drama e da poesia, consideraram o romance como uma degradação literária, um gênero próprio de gente sem cultura, gente como as mulheres e os jovens.

---

* Expressão italiana significando "tudo pode se revelar útil". (N. do T.)

- A incoerência que existe entre a "preocupação" como lugar-comum do discurso social e os hábitos reais de leitura de sociedades nas quais as novas gerações percebem a pressão ambiental em favor da leitura, sem que a vejam incorporada à prática dos seus antepassados.
- A falsa contraposição estabelecida entre as formas audiovisuais da ficção estandardizada – adequadas à passividade e ao consumo de massa – é uma literatura culta, que requer uma elevada aprendizagem para sua fruição. A pesquisa, ainda escassa neste campo, mostra que, ante produtos de qualidade semelhante, os jovens não interpretam com maior profundidade a ficção audiovisual, mas apenas são mais capazes de consumi-la. Isso acontece porque a dificuldade da escrita atua como um filho interposto, que impede a ilusão da compreensão produzida pela recepção superficial da ficção.[11]

O progresso neste campo passaria, portanto por:
- deslindar e esclarecer os discursos sociais,
- relacionar as capacidades interpretativas entre o escrito e as mídias.

A IMPORTÂNCIA DO CORPUS

A quinta afirmação exige um pressuposto: que o *corpus* importa. Esta afirmação se choca com o problema de um desenvolvimento acelerado da literatura infantil, que não levou em consideração paralelamente a criação de instâncias de formação para os docentes, nem a da crítica e ajuda à seleção dos livros para a população em geral.

Continua-se a falar de "literatura infantil" ou de "livros para crianças" como um conjunto global, quando, pelo contrário, a produção se diversificou até estabelecer um sistema artístico completo no qual se distinguem obras com vocação literária, obras de consumo, livros didáticos, livros de narrações "documentais" sobre temas da atualidade, etc. O estudo deste produto cultural é, no entanto, recente, dada a rapidez do seu crescimento e a imagem de sua diversificação não transcendeu socialmente.

---

[11] Em uma pesquisa a respeito, nos deparamos com o fato de que alunos que tinham lido o texto teatral *A casa de Bernarda Alba* faziam interpretações muito mais ricas e complexas do que os alunos que haviam visto uma versão cinematográfica que respeitava o texto integral (M. Isern, trabalho inédito).

A pesquisa sobre o que os professores pensam a respeito dos livros infantis como instrumento escolar mostra que sua formação no assunto é muito deficiente. E também pode constatar-se, sem muito esforço, que a desorientação social dos compradores adultos leva a uma aquisição acrítica de livros, que não contribuem para dar às crianças um *corpus* de leitura que lhes assegure que ler vale a pena.

Sabemos também, mais pela prática do que pela pesquisa, que a importância do *corpus* passa por sua flexibilidade e sua adequação a distintas funções, momentos e leitores. Assim, pode-se afirmar que um bom *corpus* não é sinônimo "das melhores obras", mas inclui também livros de séries, onde os pequenos possam descansar e assimilar o aprendizado através da repetição, ou livros que fortaleçam sua autoimagem positiva como leitores, ao sentirem-se capazes de ler livros mais grossos, embora de qualidade inferior, etc. No extremo oposto, um bom *corpus* não é tampouco algo destinado ao consumo, um conjunto de livros para entreter e esquecer. A tendência editorial de produzir livros mais curtos, simples, fáceis de ler e sempre novos, sem que possam compartilhar as referências coletivas, não se ajusta ao que sabemos sobre a formação dos hábitos de leitura.

Assim, os avanços neste aspecto parecem situar-se nas seguintes linhas:

- Estimular os estudos sobre livros e recepção.
- Orientar socialmente a seleção através de instâncias críticas.
- Formar os docentes sobre critérios de seleção.
- Produzir bons livros.

AS DEFESAS CRIADAS

A última afirmação consiste em deixar o lamento para começar o estudo do inimigo: as defesas que são criadas. Nas últimas décadas, com efeito, também progredimos em determinar o tipo de defesas que os meninos e meninas criam em relação à intervenção leitora, uma armadura que tem seu ponto culminante no repúdio generalizado durante a adolescência.

As pesquisas qualitativas e setoriais precisaram as percepções negativas da leitura: assinalou-se sua visão como uma atividade alheia, por ser elitista ou própria da geração adulta, por sua associação com a fase infantil ao chegar-se à adolescência, ou por considerá-la como uma atividade feminina, por

Andar entre livros

parte dos garotos. Também a percepção da literatura como uma mera disciplina escolar, ou, ao contrário, como uma atividade optativa, incompatível com a imposição de textos ou obrigações leitoras. Ou o temor da independência que a leitura dá ao indivíduo, por parte de determinados grupos sociais a que os leitores pertencem, tais como os grupos juvenis ou as famílias imigrantes, que pressionam contra ela para manter a coesão e o domínio do grupo. Ou a introdução de temas juvenis em seus gêneros prediletos, o que leva ao repúdio inicial de determinados tipos de livros frente a outros. Em nossa experiência com uma classe de adolescentes pouco interessados na leitura, por exemplo, ficamos absolutamente convencidos de sua preferência pelos livros fantásticos e os temas atuais, mas a atuação escolar empreendida em favor da leitura conduziu à surpresa (de todos) com o êxito que obtiveram obras como a clássica e realista *Marianela*, de Pérez Galdós.

Paralelamente, também há evidência positiva sobre intervenções que vencem essas reticências. Existem experiências sobre a eficácia motivadora de obras canônicas (de Kafka a Henry James) em projetos de alfabetização de adultos; ou sobre a importância de fazer com que as crianças sintam-se "donas dos livros" – o que propicia a atual campanha de doação massiva de cinco livros a todos os meninos e meninas de determinado ano escolar no Brasil ou de um livro a todos os de cinco anos na Argentina – ou de estimular a consciência de sua própria história leitora através de atividades de lembrança e recopilação das leituras realizadas. Começamos também a ter uma bibliografia crescente sobre recuperação de leitores adolescentes, tal como no exemplo dos fervorosos devoradores de *Marianela*.

Foi neste campo que surgiu, com maior força, a percepção de uma necessidade crescente de ouvir. Mais do que descobrir porque não leem, trata-se de ouvir os jovens que leem apesar do contexto, para saber o que os motiva a fazê-lo. Ou ouvir os meninos e as meninas quando falam sobre livros para conhecer quais as dificuldades e estímulos que parecem ser relevantes.

Ouvir é importante porque o tema da intervenção teve um itinerário centrado inicialmente nos livros (*que livro selecionar*) para depois centrar-se nos resultados quantitativos dos livros e no que devem fazer os professores (*já que se constata que as crianças não leem, como animá-las para que o façam*) e agora torna-se necessário concentrar-se nos leitores (*como leem*) para extrair conclusões sobre a maneira pela qual se inter-relacionam os três polos do processo: livros, crianças e mediação, no funcionamento social da leitura. Deste modo, é preciso progredir através das seguintes linhas:

4. A articulação escolar da leitura literária

- Aceitar os livros de uma geração e ser sensível aos distintos itinerários de cada leitor.
- Precisar as possibilidades de progresso a partir da análise das manifestações dos leitores infantis.
- Dotar as crianças de meios para que se sintam donas de sua leitura e capazes de falar sobre ela.

A situação esboçada sobre o estímulo à leitura se complica se pensarmos que vivemos uma época de mudanças, que não sabemos medir nem abordar. Com o avanço tecnológico surgiram formas de comunicação social que levam a novos tipos de relações entre os leitores e os textos, e ainda desconhecemos como modificarão as habilidades requeridas para a leitura e que efeito terão no desenvolvimento da capacidade interpretativa da realidade. Tampouco, como apontam alguns autores, se sua incidência será cognitiva, mas não afetiva e emocional, de modo que as funções e formas de relação entre os diferentes instrumentos culturais se reestruturarão.

Talvez chegando a este ponto, possamos pensar que ignoramos mais do que sabemos sobre como intervir, e isto ocorre justo em um momento no qual mudam as condições da realidade sobre a qual se deve atuar. Mas não parece que o avanço educativo se tenha movido nunca em parâmetros muito diferentes; cada nova aposta em um caminho – selecionar, animar, estar atento à resposta, compartilhar – foi questionada posteriormente, o que abriu novos horizontes. Talvez a única diferença seja que nos achamos em uma época mais humilde, precisamente porque sabemos mais. De pronto, podemos citar tudo o que não funciona:

- Não basta o esforço combativo que impulsionou a distribuição dos livros a todos os rincões e escolas.
- Não podemos confiar no desdobramento entusiasta de atividades de mediação, que prometeram diversão e prazer para todos.
- Não é certo que diminuir a qualidade dos livros ou escrevê-los com critérios de legibilidade ou de projeção vital calcada no leitor estimule a leitura.
- Não se progride colocando a leitura literária como uma a mais entre as mil formas de leitura.
- Não podemos medir a experiência leitora com critérios quantitativos em um mundo mais complexo e cheio de solicitações de lazer e de necessidades de aprendizagens.

Andar entre livros

Achamo-nos, sem dúvida, em uma etapa potente, embora reflexiva em teorias e rica, embora difusa, na multiplicação de experiências de mediação. Um bom princípio, portanto, parece ser:

- aplicar realmente tudo o que sabemos que funciona (e não se faz ainda na escola),
- intercambiar e difundir as múltiplas e ricas experiências educativas que se realizam na prática,
- pesquisar sobre aquilo que parece oferecer conhecimento e caminhos exitosos na formação de leitores.

Este resumo parece levar à conclusão de que, em relação ao intervencionismo espetacular e ao adelgaçamento literário do período imediatamente anterior, *ouvir, compartilhar e ajudar no esforço de ler textos que valham a pena* são as novas coordenadas que presidem este século. Acumulamos muitos instrumentos para fazer isto bem e consola pensar que a situação atual coincide com algo bem conhecido: que ler não admite barulho.

O PLANEJAMENTO ESCOLAR

A leitura de livros pode apresentar múltiplas formas de organização em cada contexto escolar. No entanto, existe uma série de critérios básicos que aparece de forma geral em qualquer experiência concreta de leitura. Barbara Kiefer,[12] por exemplo, sistematizou suas múltiplas observações nas aulas do primário para concluir que a competência literária dos alunos melhorava se os professores organizavam um contexto de trabalho em que ocorriam as seguintes situações: projetos ou unidades prolongados de trabalho, leitura em várias ocasiões a cada dia, releitura das obras, atividades de resposta criativa, um tempo de leitura individual, estímulo às recomendações mútuas, um bom acervo de livros e intervenções do professor, com perguntas e comentários que estimulavam tanto a prestar atenção aos detalhes e sentimentos suscitados, como a observar e apreciar as obras, de modo que as interpretações fluíssem entre as crianças.

---

[12] Barbara Kiefer, "Los libros-álbum como contextos para compreensiones literarias, estéticas y del mundo verdadero", in *El libro-álbum: invención y evolución de un género para niños*, Col. Parapara Clave, vol. 1, Caracas, Banco del Libro, 1999, pp. 65-75.

4. A articulação escolar da leitura literária

Em consonância com estas linhas de observações, podemos iniciar a reflexão sobre o planejamento escolar a partir de três pontos específicos: a necessidade de proporcionar aos alunos um espaço habitado por livros, a constatação de que existem certas formas de organizar as aprendizagens escolares que favorecem especialmente a presença da leitura e a conveniência de planificar articuladamente funções, tipos e atividades de leitura de livros na escola.

A PRESENÇA DOS LIVROS

Já aludimos, repetidamente, ao contato entre os livros e as crianças. Não é demais, no entanto, recordar a necessidade de "criar uma aula onde se leia e se escreva"[13] como critério prévio a qualquer forma de ativar a leitura escolar. Ou seja, é imprescindível dar aos meninos e meninas a possibilidade de viver, por algum tempo, em um ambiente povoado de livros, no qual a relação entre suas atividades e o uso da linguagem escrita seja constante e variada. Trata-se de um princípio tão aceito, em teoria, que parece óbvio, mas continua não o sendo na prática. Por isso a professora Delia Lerner utiliza o condicional para responder à pergunta sobre se é possível ler na escola:

> (...) Se se consegue produzir mudança qualitativa na gestão do tempo didático, se se concilia a necessidade de avaliar com as prioridades do ensino e da aprendizagem, se se redistribuem as responsabilidades de professores e alunos em relação à leitura para tornar possível a formação de leitores autônomos, se se desenvolvem na aula e na instituição projetos que deem sentido à leitura, que promovam o funcionamento da escola como uma microsociedade de leitores e escritores, da qual participem crianças, pais e mestres, então sim, é possível ler na escola.[14]

Ainda que a presença e o uso dos livros nas aulas possam ser muito diferentes, segundo os países e contextos concretos, a situação geral é que se está conseguindo uma certa vivacidade na oferta do mundo escrito na escola infantil e primária (bibliotecas, narração de contos, exposição de trabalhos sobre os livros lidos, instalação de grupos de teatro amador, etc.), enquanto sua presença nas aulas do secundário continua sendo uma disciplina pendente.

---

[13] Trevor H. Cairney, *Enseñanza de la comprensión lectora*, Madri, Morata, 1992.

[14] Publicado originalmente em espanhol, em: Delia Lerner, *Leer y escribir en la escuela: lo real, lo posible y lo necesario*, México, Fondo de Cultura Económica, 2001, p. 164.

Andar entre livros

Lamentavelmente, nessas aulas para adolescentes o ambiente continua deso-ladoramente despovoado. Os livros – enciclopédias, obras de ficção, etc. – encontram-se confinados nas bibliotecas centrais, que apenas são usadas para pesquisas. Os únicos livros presentes são os didáticos, que entram e saem rapidamente das mochilas dos alunos, em cada mudança de aula, e se dedica muito pouco tempo escolar à leitura e à escrita. Um estudo realizado por Daniel Cassany[15] entre mais de 900 alunos do secundário, em 67 escolas, encontrou um triste resultado: em seis horas semanais de língua, durante um trimestre, 22 grupos não tinham escrito nada e 18 apenas tinham escrito entre um e três textos. Além disso, o tamanho dos textos de 69% dos alunos chegava a apenas uma página e somente 14,8% dos textos foram escritos na sala de aula.

Muitos docentes alegam dificuldades para corrigir os escritos se pedem mais de uma ou duas redações por trimestre, assim como a impossibilidade de seguir os programas, se dedicam mais tempo à leitura em classe. Mas se a escola foi criada para ensinar a linguagem escrita, pensar que esse objetivo pode ser alcançado sem nela ler e escrever é tão absurdo como pensar que se pode ensinar a nadar sem uma piscina onde os alunos possam mergulhar. Sem dúvida, as dificuldades aludidas são literalmente corretas, mas não devem conduzir à inação, mas a imaginar atividades e prioridades diferentes que permitam o trabalho da leitura e da escrita.

Se ter livros nas mãos e tempo para lê-los parece, sob todos os aspectos, uma condição imprescindível para formar leitores, há que começar a pensar em formas de organização que facilitem essa vivência alfabetizada. Isso inclui preocupar-se com questões muito minuciosas: de como obter bons livros a como controlar a conservação do material escrito na aula. E, naturalmente, requer programar o ensino das distintas matérias, como algo que se desenvol-va ao redor das práticas de leitura e escrita dos alunos. Em um ambiente ativo de alfabetização, a literatura não tarda a encaixar-se de diferentes formas.

AS FORMAS DE ORGANIZAÇÃO QUE FAVORECEM AS APRENDIZAGENS LINGUÍSTICAS

Quanto mais flexível e ativo é o ensino que se oferece, mais os alunos podem beneficiar-se da relação entre a leitura literária e o aprendizado esco-

---

[15] Daniel Cassany, *Construir la escritura*, Barcelona, Paidós, 1999.

4. A articulação escolar da leitura literária

lar. As formas de organização são muito diversas e os professores devem encontrar aquelas nas quais se sintam mais cômodos e seguros. No entanto, algumas formas demonstraram vantagens, pelo que conviria que fossem se generalizando em algumas de suas modalidades. Em nossa experiência com docentes nas aulas, o trabalho em projetos prolongados mostrou ser uma das mais eficazes. Também é uma das que melhor permitem que os alunos se beneficiem da relação entre a literatura e as aprendizagens das distintas áreas curriculares e que mais possibilita a inter-relação das aprendizagens linguísticas, sobretudo quando os objetivos dos projetos se situam especificamente neste campo. Nessa perspectiva coloca-se Lerner ao assinalar:

> (...) É possível articular os propósitos didáticos – cujo cumprimento é, em geral, imediato – com propósitos comunicativos que tenham um sentido "atual" para o aluno e correspondam aos que, habitualmente, orientam a leitura e a escrita fora da escola. Esta articulação, que permite resolver um dos paradoxos antes propostos, pode concretizar-se através de uma modalidade organizativa bem conhecida: os projetos de produção-interpretação. O trabalho de planejar permite, com efeito, que todos os integrantes da classe – e não apenas o professor – orientem suas ações em direção ao cumprimento de um objetivo compartilhado.[16]

Os projetos de língua definem-se como uma proposta de produção (oral ou escrita) com uma intenção comunicativa concreta; por isso, respondem a parâmetros explícitos da situação discursiva e contêm objetivos específicos de aprendizagem. A condensação verbalizada de *o que* e *para quem* se vai ler e escrever, assim como *o que se vai aprender* com isso, constitui uma série de critérios compartilhados, que se pode usar para produzir e avaliar os textos dos alunos.

Assim, editar uma coleção de contos de um gênero determinado, elaborar um guia turístico do local, realizar uma campanha publicitária, fazer uma exposição de poesia, escrever um romance de cavalaria, inventar um jogo coletivo de formas poéticas ou preparar um fichário informativo de personagens mitológicos podem ser projetos de trabalho que liguem a consciência dos alunos do produto final que se espera obter, com a prioridade concreta de aprendizagens sobre aspectos descritivos, argumentativos, informativos ou narrativos.

O trabalho por projetos torna possível que as atividades de leitura na escola superem uma boa parte das divisões artificiais, que se dão tradicional-

---

[16] Delia Lerner, *op. cit.*, p. 33.

Andar entre livros

mente nela e facilita que a leitura obtenha sentido de atividade habitual e necessária em uma sociedade alfabetizada. Deste modo, inscrever o trabalho de leitura em projetos amplos apresenta as seguintes vantagens:

Integra os momentos de uso com os de exercitação

A realização habitual de exercícios de leitura separa e isola as operações leitoras e simula o uso de cada uma delas. O professor espera que, posteriormente, cada uma das aprendizagens (antecipar, inferir, detectar as ideias principais, ganhar velocidade, etc.) se transfira para a prática e se integre com as demais em um ato leitor completo. É muito provável, no entanto, que os alunos tenham dificuldades para estabelecer uma relação tão tênue e que percebam ambas as atividades – fazer exercícios e ler – como duas tarefas distintas realizadas em momentos igualmente diferentes.

Os projetos de trabalho, ao contrário, supõem uma situação de leitura e escrita global, que requer fixar-se em aspectos concretos. Se for realizada uma leitura poética, por exemplo, há que praticar-se a recitação (com exercícios de articulação e de projeção da voz, etc.) ou dividir o tom e a ênfase adequados ao significado do poema concreto. O exercício de cada um dos componentes e sua integração no uso se produzirão, então, em um mesmo âmbito de trabalho e a serviço de um mesmo propósito. Assim, ambas as atividades serão percebidas no interior de uma única linha de progresso e os exercícios farão sentido.[17]

Inter-relaciona as atividades de leitura e de escrita

Os projetos de trabalho podem pôr mais ênfase em aspectos da leitura (quando se quer elaborar uma antologia de textos, por exemplo) ou em aspectos da escrita (se o objetivo é escrever uma coleção de contos de terror). Mas em qualquer projeto, os alunos acabam se convertendo em emissores e receptores de uma grande variedade de textos escritos, que se inter-relacionam de múltiplas maneiras, em uma ordem temporal variável.

---

[17] Pode-se ver a descrição de um projeto deste tipo em Teresa Colomer, "Enseñanza de la literatura y proyectos de trabajo", in *Lulú Coquette: Revista de didáctica de la lengua y la literatura*, Buenos Aires, ano 1, n. 1, 2001, pp. 99-111.

A tradição escolar tratou a leitura e a escrita como duas atividades desconectadas, inclusive no tempo. Primeiro aprende-se a ler e depois a escrever. Primeiro lê-se um texto e depois escreve-se sobre ele. Realiza-se uma leitura e, continuando, resume-se o texto, esquematiza-se e analisa-se, utiliza-se para responder a perguntas, imita-se, parafraseia-se, etc. A separação entre leitura e escrita em dois tempos distintos leva a uma outra divisão: a leitura se dirige a textos externos e autônomos, textos que foram criados e funcionam socialmente. A escrita, ao contrário, produz textos escolares, textos para "aprender" o texto social, textos que raramente são lidos com algum propósito que não remeta ao próprio texto. A leitura converte-se na leitura do externo, enquanto os escritos são apenas textos fragmentados e de aprendizagem, que giram como abelhas à sua volta.

A organização de projetos de trabalho extensos ajuda a superar estas divisões e a regulação oral de suas atividades completa a inter-relação de todas as habilidades linguísticas. Além do que os projetos também podem incluir produções orais como finalidade principal ou secundária.

Engloba os exercícios sobre as operações de leitura e as ajuda na compreensão do texto

Ao esforçar-se por entender e produzir textos segundo a função social para que foram criados, os alunos podem aprender mais sobre suas formas de organização – convencionais, mas não casuais – do que mediante a análise de estruturas textuais realizadas em horas marcadas. Por exemplo, o propósito autêntico de sua leitura lhes permitirá entender a necessidade de ler de formas distintas (atenta, rápida, seletiva, etc.) e lhes oferecerá tanto o critério adequado para preferir uma, em vez de outra, como o motivo para desejar dominá-las.

Isto não significa que os alunos aprendam melhor unicamente com base na prática. O que desejamos ressaltar é que os projetos, ao oferecer um motivo para ler, mais do que superar os exercícios de habilidades leitoras ou de compreensão do texto, estabelecem as melhores condições para sua aprendizagem.

Favorece a assimilação das aprendizagens realizadas

Os alunos lembram-se melhor da leitura de textos determinados se esta fica integrada à recordação global de uma atividade longa e com sentido próprio. Tendem, por exemplo, a lembrar-se de um poema por sua conexão com um itinerário de leitura ou com uma exposição de poesia do que da leitura desse poema, analisado um dia na aula sem maior contexto do que o de um programa geral da matéria. Ou então é provável que os alunos consolidem melhor seu conhecimento sobre as enciclopédias se tiverem que lutar com elas e explicitar seu funcionamento para criar a "sua" ilha fantástica, do que se analisaram as convenções para uso dos verbetes enciclopédicos no dia em que tomavam conhecimento das técnicas de estudo.

Pode-se dizer que os projetos de trabalho conduzem a uma imersão no mundo da escrita de forma controlada, porque uma de suas vantagens é que neles não se jogam os alunos na água ordenando apenas que cheguem à outra margem "mais sábia", nem tampouco se lhes leva de atoleiro em atoleiro por um itinerário estranho e sem perspectiva; ao contrário, eles podem precisar e prever os objetivos motivadores nos quais incluir exercícios com um sentido agradável. Pensemos que com frequência os alunos são capazes de explicar o que estudam, concretamente, na maioria das áreas do currículo, enquanto que, a respeito da classe de língua, quase sempre respondem simplesmente que estão estudando a "língua".

Se pensamos especificamente na leitura de obras integrais, tal como se fez aqui, vale dizer que em uma situação escolar e social rica no uso de textos escritos, sua presença se produz de mil formas dificilmente delimitáveis *a priori*. É evidente que os projetos específicos de literatura lhes dão lugar com grande facilidade. Às vantagens agora descritas sobre a literatura em geral, podemos acrescentar que os projetos de trabalho literário tendem, por um lado, a impedir as práticas puntilistas e aleatórias que se produzem majoritariamente tanto nos exercícios escolares habituais como nas ordens das oficinas de criação. Por outro lado, reproduzem a forma natural de evolução do aprendizado sobre literatura, porque se desenvolvem através de uma confrontação permanente com e entre textos e livros. Comprovar que as obras se parecem, se agrupam, se evocam ou se contrapõem em seu cotidiano pulular pelas aulas permite aos alunos incorporar a consciência de sua comunidade cultural e ao conhecimento, implícito ou explícito, das regras criativas da linguagem que todos compartilham e que põem à prova em suas produções próprias.

O PLANEJAMENTO DOS ESPAÇOS DE LEITURA

Como assinalamos no primeiro capítulo, o ensino de literatura cumpre distintas funções educativas que confluem para a formação de um leitor cada

4. A articulação escolar da leitura literária

vez mais competente. Quando a escola define seus objetivos e planeja a melhor forma de alcançá-los, nem sempre deve pensar na leitura de livros. É óbvio que determinados objetivos implicam em leituras fragmentárias e também muitos tipos de atividades distintas das que podem girar ao redor da presença e do comentário de obras integrais. Em um projeto sobre a elaboração de um romance de cavalaria[18] é normal que o trabalho se estabeleça através da leitura de numerosos fragmentos de diferentes obras que mostrem razões, recursos ou técnicas propostas aos alunos, que lhes sirvam de modelo para escrever determinados aspectos de seus próprios romances, para a conceitualização de como funciona esse gênero histórico e para o conhecimento de referentes clássicos da literatura medieval.

Mas não devemos esquecer, tampouco, que é na leitura dos livros que todas ou muitas dessas funções se superpõem com naturalidade. Se continuamos com o exemplo do romance de cavalaria, a experiência desse projeto mostrou a conveniência de introduzir a leitura de alguma obra integral (uma adaptação, neste caso) no começo do trabalho (algo que não havia inicialmente sido previsto) para que os alunos possuíssem um modelo mental "completo" do que se espera produzissem e pudessem nele comparar as aprendizagens fragmentadas que realizavam. Também viu-se que era muito efetivo oferecer-lhes uma biblioteca de classe formada por um conjunto de romances juvenis e adaptações clássicas durante o tempo que durasse o trabalho, para que funcionasse como uma incitação indireta à leitura e como fonte complementar de recursos.

De modo que a escola deve combinar *objetivos, eixos de programação, corpus de leituras e tipos de atividades* no conjunto de um planejamento organizado que resulte cada vez mais efetivo. Ante a confusão e os problemas já esboçados, parece conveniente buscar soluções específicas para cada função que a leitura deve cumprir. Não é o mesmo pensar em como abordar uma certa violação dos referentes patrimoniais e pensar como se levará a descobrir o funcionamento interno dos distintos gêneros literários. Tampouco é o mesmo decidir como estimular a atitude de cumplicidade dos alunos e resolver com que atividades aprenderão a lidar com as práticas sociais da literatura. Mas ao mesmo tempo devemos pretender que essas diferentes linhas se

---

[18] Pode-se ver a descrição deste projeto em Teresa Colomer *et al.*, "El héroe medieval: un proyecto de literatura europea", in Anna Camps (coord.), *Secuencias didácticas para aprender a escribir*, Barcelona, Graó, 2003, pp. 71-82.

Andar entre livros

reforcem mutuamente dentro do trabalho escolar, para que renda o tempo que a ela se dedique. É no interior desse planejamento geral do ensino da literatura que se deve precisar que lugar ocupa a leitura de livros.

Nos capítulos seguintes esboçaremos uma proposta de articulação da leitura de livros na escola, dividida em quatro partes. Isso não pressupõe nenhuma organização concreta do ensino, mas sim à necessidade de atender de uma forma ou de outra a esses diferentes "espaços" de leitura de livros: *a leitura individual e extensa de obras, as atividades de compartilhar e construir coletivamente os significados, a colaboração da leitura literária nos distintos objetivos do ensino escolar e a aprendizagem interpretativa através de uma progressão dirigida e especificamente literária.*

Trata-se de espaços muito inter-relacionados, mas pretender deslindá-los ajuda à sua exposição e cremos que também outorga uma entidade própria a cada um deles, que favorece sejam "pensados" como tais e, em consequência, organizados na escola. O passo seguinte seria desenvolvê-los através de programações e atividades concretas adaptadas a cada contexto escolar, embora não entremos aqui neste tema, e nos detenhamos apenas na ideia de que, a partir de todo o exposto, *esses espaços de leitura parecem necessários para a educação literária.* Seja qual for a forma que se dê a cada projeto educativo em cada escola, nossa intenção é dar elementos para sustentar que "ler livros" deveria converter-se em uma atividade mais precisa e menos sujeita aos avatares do tempo escolar ou da decisão individual dos professores, como está sendo agora na prática escolar.

5.

Ler sozinho

> Nossa tese é que a aprendizagem – especialmente a da leitura – deve dar
> à criança a impressão de que através dela se abrirão novos mundos diante
> de sua mente e sua imaginação. E isto não seria difícil se a ensinássemos
> a ler de outra maneira. Ver como uma criança perde a noção do mundo
> ou esquece todas as suas preocupações quando lê uma história que a fas-
> cina, ver como vive no mundo de fantasia descrito por essa mesma histó-
> ria, inclusive muito depois de ter acabado de lê-la, é algo que demonstra
> a facilidade com que os livros cativam as crianças pequenas, sempre e
> quando se trata de livros apropriados.
>
> Bruno Bettelheim e Karen Zelan[1]

A criação de um espaço de leitura individual na escola pretende dar a oportunidade de ler a todos os alunos; aos que têm livros em casa e aos que não os têm; aos que dedicam tempo de lazer à leitura e aos que só leriam os minutos dedicados a realizar as tarefas escolares na aula. A leitura autônoma, continuada, silenciosa, de gratificação imediata e livre escolha, é imprescindível para o desenvolvimento das competências leitoras. É imprescindível para que o próprio texto "ensine" a ler, tal como expusemos anteriormente. É imprescindível para que os alunos formem sua autoimagem como leitores aprendendo a avaliar antecipadamente os livros, criando expectativas, arriscando-se a selecionar, acostumando-se a abandonar um livro que decepciona e a levar emprestado aquele que lhe parece atraente. Se a escola não assegura um tempo mínimo de prática para todas essas funções, quem o fará?

Muitas dúvidas que os professores expressam sobre as leituras que devem programar se resolveriam mais facilmente se existisse um tempo escolar reservado exclusivamente para a leitura livre. Porque, diferentemente do que foi dito no primeiro capítulo, aqui é preciso situar-se na esfera individual, no simples estímulo. Temos que aliar-nos aos livros, em particular com

---

[1] Bruno Bettelheim e Karen Zelan, *Aprender a leer,* Barcelona, Crítica, 1983, pp. 56-57.

a literatura infantil e juvenil, para que ofereçam a todos os meninos e as meninas a oportunidade de praticar as habilidades de leitura e de experimentar a comunicação literária.

Desde a década de 1970, os programas de leitura insistem, de modo unânime, na necessidade de se dedicar um tempo à ela na escola. Nos últimos anos, países como a Grã-Bretanha ou a França adotaram esta medida em todas as etapas educativas. Curiosamente, na Espanha retrocedeu-se nesse campo no que diz respeito ao secundário, e isso ocorre também nos países latino-americanos, que realizaram reformas educativas similares, por causa da nova divisão de etapas educativas que passaram os últimos anos do primário ao novo secundário. Devido ao fato de que a biblioteca escolar é uma atividade bastante extensa no primário, mas escassa no secundário, esta nova organização teve consequência imediata e totalmente imprevista de privar os alunos de doze e treze anos desta atividade.

Estudos recentes sobre hábitos leitores na Espanha mostram que as crianças leem cada vez mais ao longo do primário, enquanto seu ritmo de leitura decresce durante o secundário. Assim, por exemplo, se aos oito anos 60,4% das crianças leem uma vez por dia ou muitas vezes por semana, aos dezesseis só 20% o fazem. Ou se aos nove anos, 49,7% afirmam que leem mais de quinze livros ao longo do curso escolar, aos dezesseis apenas o fazem escassos 2,1%, enquanto que 64,2% leem menos de cinco livros por ano nessa idade.[2] No mesmo sentido, os estudos qualitativos revelam que a lembrança positiva da leitura durante a etapa primária é muito frequente entre os jovens entrevistados. Trata-se de uma recordação associada às atividades da biblioteca escolar e da leitura compartilhada, de tal forma que tudo leva a pensar que esses espaços conseguiram harmonizar satisfatoriamente a liberdade de escolha com os rituais sociais. A pesquisa na aula, sobre esta atividade, mostra também que existem algumas constantes que se associam a seu êxito entre os alunos: a percepção desse tipo de leitura como um espaço mais flexível e livre de obrigações, a personalização das recomendações efetuadas pelo mestre a cada criança ou a possibilidade de emitir livremente opiniões sobre as obras, entre outras.

A leitura livre é favorecida com determinados instrumentos de apoio: uma biblioteca de classe ou central, um mural coletivo de avaliações e reco-

---

[2] Segundo a *Pesquisa 2004 sobre hábito de leitura em jovens entre 8 e 16 anos*, elaborada pela Fundação Bertelsmann.

mendações, um caderno pessoal onde se anotem as leituras realizadas (e talvez também as que decidiu-se abandonar), etc., se os professores consultam estes registros e observam diretamente as crianças enquanto leem, obtêm muita informação sobre a competência leitora de cada aluno, seus gostos e o que rejeitam, sua capacidade de concentração, suas dificuldades concretas ante a leitura e outros aspectos de interesse.

Em todo o caso, devemos lembrar que a leitura na escola nunca é "livre" por completo. Há um tempo limitado, um lugar determinado, condições de leitura e um sistema de regras acertadas (tempo máximo para escolher um livro antes de sentar-se para ler, possibilidades de empréstimo, formas de solicitação de apoio ao docente para prosseguir a leitura, etc.), que fazem com que se trate apenas de uma leitura "parecida" com a que se realiza socialmente por prazer.

A SELEÇÃO DOS LIVROS[3]

Para levar a cabo estas atividades, deve-se começar por ter livros apropriados para esse tipo de leitura. Pode ser que se aceite, em grau variável, aqueles que os alunos espontaneamente trazem. No entanto, a atitude majoritária da escola é procurar assegurar-se o controle de um certo nível de qualidade das leituras por ela facilitadas. Para isso devemos pensar que "alguém" lerá antes todas estas histórias e poemas, levará os livros até as estantes, sugerirá pessoalmente os títulos e experimentará a melhor maneira de levar as crianças a lê-los. Em alguns países, a administração educativa intervém ativamente nesta seleção e, inclusive, envia diretamente os livros para as classes. Ainda assim, são os professores que terminam por adotar uns ou outros desses livros segundo seu contexto educativo. Os docentes juntam-se aqui a todos os demais mediadores e bibliotecários que enfrentam tarefas de seleção e, como eles, se veem obrigados a interrogar-se, antes de tudo, sobre a ideia "o que deveriam ler as crianças".

A formulação consciente desta pergunta nasceu praticamente com o primeiro livro infantil e com a primeira biblioteca, enquanto a escola se movia

---

3   Uma primeira versão desse trecho foi apresentada em conferência realizada no 27º Congresso do IBBY em Cartagena de Índias, Colômbia (no ano 2000). Posteriormente foi publicada em Teresa Colomer, "Una nueva crítica para el nuevo siglo", in *CLIJ: Cuadernos de literatura infantil y juvenil*, ano 15, n. 145, 2002, pp. 7-17.

127

Andar entre livros

ainda entre livros didáticos e antologias literárias. Em 1844, por exemplo, o escritor Heinrich Hoffmann decidiu criar seu próprio conto, o *Der Struwwelpeter* (*João felpudo*), depois de buscar em vão um "bom livro" para seu filho no mercado alemão. No fim do século XIX começaram-se a fundar bibliotecas públicas infantis e alguém teve que decidir que livros para crianças deviam figurar nas estantes e que atividades favoreciam sua leitura. Por isso o crítico Marc Soriano[4] assinalou as bibliotecárias como "a primeira onda" de profissionais interessadas na literatura infantil de uma perspectiva moderna.

Na atualidade, as livrarias se encontram repletas de livros-brinquedo, livros de bolso, livros para dar de presente, livros baratos, audiolivros, lindos álbuns, fac-símiles, coleções escolares com exercícios incorporados, livros sem palavras ou cuidadas edições de clássicos. As edições multiplicaram-se e oferecem produtos para funções e bolsos cada vez mais diversificados. Talvez seja uma abundância da qual felicitar-se em uma sociedade de lazer e consumo, mas é evidente que implica em um grande problema de orientação. Se pensamos na leitura autônoma de um livro semanal entre os cinco e os quinze primeiros anos de vida, por exemplo, temos que a leitura própria de uma criança andaria no máximo ao redor de uns 500 títulos. Por isso, selecionar quais mereçam ocupar o tempo das crianças e um espaço na lista selecionada constitui uma das principais preocupações dos adultos responsáveis por colocar os livros nas mãos infantis.

Desde que a escola se abriu à leitura dos livros "exteriores", escolhê-los converteu-se também em um de seus problemas. Na atualidade, as propostas sobre critérios de seleção e as listas de títulos provêm de todos os campos sociais implicados na promoção da leitura. Uma das mais recentes polêmicas foi a do crítico Harold Bloom,[5] mas circulam muitos outros cânones de livros para crianças, como a lista do ministério francês de 180 títulos para o primário, a lista das cem melhores obras originais surgidas na Espanha ao longo do último século, elaborada em um simpósio convocado para isso pela Fundação Germán Sánchez Ruipérez, ou as múltiplas e boas iniciativas levadas a cabo em diferentes países latino-americanos para selecionar grupos de livros ou bibliotecas de classe.

---

[4] Marc Soriano, *La literatura para niños y jóvenes: guía de exploración de sus grandes temas*, Buenos Aires, Ediciones Colihue, 1995.

[5] Harold Bloom, *Contos e poemas para crianças extremamente inteligentes de todas as idades*, Rio de Janeiro, Objetiva, 2003, 4 vols.

5. Ler sozinho

Na maioria destes trabalhos, os especialistas pretendem comparar o amálgama de critérios que emergem, inevitavelmente, em qualquer discussão sobre o *corpus* de leituras mais recomendáveis: avaliar se obras que pareciam inquestionáveis tiveram seu interesse reduzido ao de títulos que temos de relegar à história literária; se os valores educativos de determinados textos se afastaram tanto dos atuais, que repugnam a sensibilidade moderna; se são livros muito lidos pelas crianças, mas são banais e estereotipados aos olhos da crítica e da escola; se, diferentemente, alguns muito apreciados pelos adultos, parecem escapar totalmente à capacidade de compreensão ou ao gosto infantil; se vale a pena incluir livros experimentais que podem conectar-se a novas formas culturais familiares para as crianças ou então aqueles que serão sempre leitura minoritária, mas que supõem um potencial importante de descobrimentos literários; e tudo isso presidido, é evidente, pela busca de títulos que parecem facilitar de modo o mais sábio possível a aprendizagem literária das novas gerações.

De início esses critérios são fáceis de admitir por parte de todos os implicados; mas a experiência demonstra que sua aplicação está, na prática, cheia de problemas e que termina-se adotando um equilíbrio precário entre o valor de contribuir para a memória coletiva e intergeracional, e o de aproximar-se dos leitores infantis proporcionando-lhes modelos literários interessantes. Em continuação agrupamos as dúvidas suscitadas por estas questões em quatro tipos de respostas, que foram sendo debatidas e se superpõem entre elas até a atualidade.

A QUALIDADE LITERÁRIA

Uma das grandes batalhas da literatura infantil tem ocorrido em favor da qualidade literária. As vozes que defendem os "bons livros", independentemente de propósitos educativos, começaram a alçar-se muito rapidamente, frente aos primeiros livros didáticos e escolares, com suas formas de doutrinação infantil. Em 1885, por exemplo, Mark Twain publicou, nas *Aventuras de Huckleberry Finn*, seu célebre aviso:

> As pessoas que pretendem encontrar um motivo nesta narração serão processadas; as que pretendem encontrar nela uma moral serão desterradas; as que pretendem descobrir nela uma trama serão fuziladas.

Andar entre livros

Em meio a essa escassez inicial, os mediadores mais sensíveis tiveram que recorrer ao folclore e aos bons livros "para todos os públicos", como os romances de aventuras, que se publicavam por partes nos jornais e nas revistas, com o fim de achar o alimento literário para as crianças. Enquanto isso, pouco a pouco, surgiram obras excelentes, que foram pensadas deliberadamente para a infância: obras que haviam aprendido a lição profunda do folclore, que haviam sabido adequar-se ao nível da competência infantil e traduzir sua perspectiva da realidade, sem perder o potencial humanizador da literatura. Essa crescente aparição de bons títulos demonstrou, obviamente, que a literatura para crianças era possível. Mas isso não anulou o problema teórico de determinar a qualidade literária dessa produção.

Ainda em nossos dias, o debate sobre a qualidade move-se em torno a uma fatigante discussão recorrente sobre a possibilidade de denominar-se "literatura" à ficção, poesia e dramaturgia oferecidas a receptores tão pouco capazes de interpretar a experiência estética. Com efeito, se a análise literária parte dos parâmetros de idealismo alemão, da estética simbolista do início do século, o formalismo russo, a estilística francesa e alemã ou o *new criticism* anglo-americano, que densidade literária se pode esperar de um texto destinado a esses leitores? A postura que defendeu a inexistência de uma literatura "com sobrenome" pode sintetizar-se na comparação da jornalista espanhola Lolo Rico[6] ao denominar "castelos de areia" aos livros infantis em contraste com "arquitetura real" aos textos literários.

No entanto, a mesma teoria literária configurou diferentes caminhos de saída para a consideração dos livros infantis, do ponto de vista artístico. Um deles foi postular que a literatura infantil e juvenil era um gênero literário específico. Esta posição teve início na década de 1970 inspirada pelo estruturalismo e promoveu a busca e captura desesperadas de marcas de "literariedade" nas obras infantis, com o fim de demonstrar que eram da mesma família literária que as dos adultos, ou seja, iguais embora "específicas". Felizmente, a progressiva ampliação da teoria literária em direção ao estudo do leitor e do sistema literário no seio de uma sociedade abriu perspectivas mais amplas para poder considerar "literatura" a uns textos que se definem por seu destinatário. Assim, nas últimas décadas começaram a aplicar muitos novos conceitos literários aos livros para crianças, com excelentes resultados. A teoria dos "polissistemas literários", o pacto narrativo estabelecido entre autor e

---

[6] Lolo Rico, *Castillos de arena: ensayo sobre literatura infantil*, Madri, Editorial Alhambra, 1986.

5. Ler sozinho

leitor, os conceitos de "leitor implícito no texto" ou de "leitor cooperativo", próprios da teoria da recepção, etc., se revelaram como instrumentos de análise muito produtivos. O antigo eixo hierarquizado de valorização literária, cujo ponto culminante era a tensão máxima que obtém a onda expansiva de um poema, converteu-se em um terreno mais variável e articulado, no qual cabem agora os diferentes tipos e propósitos das obras.

Se o critério de qualidade não se refere apenas à obra em si mesma, mas também na experiência que é capaz de provocar no leitor, as novas reformulações sobre a importância de valores educativos da literatura – a que aludimos no primeiro capítulo – também incidem nesta polêmica. Assim, a partir dos estudos da literatura infantil e juvenil também surgiram muitas vozes que insistiram em que o acesso aos livros literários é necessário para proporcionar às crianças as distintas formas de representação da realidade, para projetar e construir a intimidade do leitor, distanciar-se criticamente do discurso, descobrir a alteridade, evadir-se, imaginar, observar as potencialidades da linguagem, compatibilizar as distintas culturas a que pertencem ou situar-se nessa "fronteira indômita" de que fala Montes.[7] A qualidade dos livros, pois, pode medir-se em relação a cada uma dessas múltiplas funções, o que obriga a usar parâmetros variáveis para avaliar os títulos, de maneira que não podem hierarquizar-se como quem reparte qualificações de 0 a 10. Tal como insistiremos mais adiante, elaborar uma seleção – ou a proposta de um cânone – requer sempre explicitar a função que deve cumprir em um determinado contexto.

Os critérios de qualidade das obras dependem também dos aspectos que se considere que dela fazem parte, já que a produção infantil e juvenil tende a integrar elementos distintos do texto. A imagem, por exemplo, é parte dos livros infantis quase desde o seu início. Estas circunstâncias tornam mais complexo emitir um julgamento conjunto sobre a qualidade deles, o que se pôde constatar especialmente nas últimas décadas, nas quais produziu-se um ativo desdobramento de novas formas, uma experimentação acelerada sobre gêneros e modelos. A relação com a imagem criou um gênero absolutamente inovador no panorama literário através dos álbuns; a possibilidade de usar novos materiais explorando as relações entre jogo e ficção – apoiadas, sem dúvida, pelo apelo do consumo – desenvolveram uma grande tipologia de livros-brinquedo

---

[7] Graciela Montes, *La frontera indómita: en torno a la construcción y defensa del espacio poético*, México, Fondo de Cultura Económica, 1999.

Andar entre livros

e de livros-objeto; os hábitos de recepção audiovisual das crianças de hoje influíram nos livros a elas destinados de um modo mais evidente do que o efeito audiovisual também existente na literatura para adultos; as novas tecnologias geraram nova formas de ficção e de participação na recepção literária, e todos estes suportes ofereceram instrumentos para a penetração de tendências artísticas atuais que, como a metaficção, forçaram as coordenadas do que se havia considerado compreensível para os pequenos.

Avaliar a qualidade literária dessas obras para crianças trouxe novos problemas. Peter Hunt[8] assinalou, há algum tempo, que a crítica de literatura infantil foi a primeira a ter que recorrer a um leque de instrumentos de análise mais amplo do que o habitual. Com efeito, para fazê-la não bastam os estudos literários, são necessários conhecimentos sobre a imagem, precisa-se estabelecer critérios sobre a contribuição criativa dos livros-brinquedo, observar como se apela às habilidades metaficcionais dos leitores ou avaliar se as novas tecnologias são simplesmente um invólucro novo para um conteúdo anacrônico. Todos esses temas presidem os debates atuais relacionados com a qualidade das obras infantis.

OS VALORES MORAIS

Outro grande debate sobre a seleção de "bons livros" é o que se refere a seus valores educativos. A literatura funciona como uma agência de socialização cultural e é essencial saber que mensagens estão sendo dirigidas às novas gerações.

Uma das maiores lutas neste campo foi a do julgamento do folclore e, por extensão, a da presença da fantasia nos livros infantis. O desejo de uma verdadeira literatura, a que acabamos de referir, incluiu, desde o princípio, a reivindicação da fantasia, posto que o didatismo original dos livros para crianças a havia considerado pouco formadora e a havia expulsado para as trevas exteriores. Inscrevem-se aqui marcos óbvios como a publicação de *Alice no país das maravilhas* em relação aos contos didáticos, no século XIX. Mas também produziu-se batalha parecida entre a fantasia e o realismo pedagógico, racionalista e civilizador, próprio dos anos trinta até os setenta do século XX, uma atitude que provocou exemplos tão claros como o da versão amplia-

---

[8] Peter Hunt (ed.), *Children's Literature: The Development of Criticism*, Londres/Nova York, Routledge & Kegan Paul, 1990.

5. Ler sozinho

da da avó de Chapeuzinho escondida no armário como expressão do nível máximo de violência que se estava disposto a tolerar.

Um argumento em favor dos contos populares é o de vê-los como uma forma narrativa básica, que introduz as crianças no relato e na tradição literária. Começou a considerar-se assim a partir das análises formalistas sobre o trabalho folclórico de Vladimir Propp e os autores estruturalistas da década de 1970. Tratava-se de um argumento que vinha avalizado pelo prestígio da "ciência", e a escola achou assim justificativa para usá-lo sem desdouro em sua missão educativa. No entanto, foram autores psicanalistas, como Bruno Bettelheim,[9] que influenciaram de modo decisivo na avaliação do folclore. Estes estudos ressaltaram as vantagens obtidas pelas crianças com o simbolismo e as mensagens profundas do folclore, muito além da selvageria e da violência superficiais presentes nesses contos. A tranquilidade transmitida pelo papel civilizador dos ogros e das fadas fez com que as seleções escolares se povoassem, definitivamente, de contos populares e fantásticos.

Neste ponto, vale ressaltar que o triunfo definitivo da fantasia não se realizou pelo reconhecimento de seu valor literário, mas ocorreu apenas quando os mediadores se convenceram do potencial educativo da imaginação, quando os novos ares culturais divulgaram ordens e palavras como lúdico, desbloquear, criatividade, ou títulos como "o poder dos contos". Tratava-se de levar "a imaginação ao poder"; em suma, era o triunfo de uma nova onda cultural, que situou a fantasia em seu atual lugar, ou seja, ocupando em torno de dois terços da produção de livros infantis e juvenis a partir da década de 1980.

Um segundo debate sobre a formação moral exercida pelos livros surge da tomada de consciência de que nenhum livro é ideologicamente inocente e de que os valores compartilhados vão mudando ao longo da evolução histórica das sociedades. É simples perceber isso nas mensagens dirigidas às crianças, já que são material especialmente transparente para apreciar a ideologia dominante de uma sociedade, e para ver qual é a imagem de si mesma que deseja projetar.

Os estudos ideológicos da década de 1980 mostram que a literatura infantil do século XX evidencia a forma em que emergiu a consciência dos direitos universais da humanidade: o direito à liberdade e à democracia; o direito das mulheres, das etnias, das culturas ou dos povos colonizados a

---

[9] Bruno Bettelheim, *A psicanálise dos contos de fadas*, Rio de Janeiro, Paz e Terra, 1978.

Andar entre livros

serem tratados sem descriminação e a partir de sua própria perspectiva; o direito de qualquer pessoa a ser respeitada em sua diferença em relação aos modelos estandardizados e dominantes. Com esses parâmetros valorativos denunciaram-se os livros infantis clássicos, repletos dos valores caducos das sociedades que os produziram, e os lobos e as princesas da antiga literatura oral foram postos novamente sob suspeita, agora por seu sexismo e formas sociais não democráticas. Combativamente, decidiu-se forçar a inversão dos estereótipos e os modelos de conduta progressistas encheram as narrativas modernas para crianças.

Muito rapidamente, no entanto, começou-se a denunciar que este modo de proceder tendia a converter os livros em panfletos feministas e anti-autoritários, ou ainda em diluídas obras politicamente corretas. Pode-se dizer que através de todos estes debates tomou-se consciência de que a mensagem moral é mais sutil que as marcas superficiais dos textos e das imagens, de modo que saber quantas meninas aparecem ou quem veste o avental pode resultar em algo irrelevante. Também se constatou que a recepção literária por parte das crianças modifica de maneiras muito variáveis, imprevisíveis e, inclusive, desconcertantes, as mensagens ideológicas de seus livros. Neste momento existem instrumentos mais refinados do que nunca para analisar os valores morais transmitidos pelos livros e cresce uma atitude muito mais prudente e flexível para encarar a censura a que se inclinam seguidamente os mediadores adultos. A crítica de livros tende a abordar as obras de maneira mais complexa e as objeções às mensagens caminham em direção a propostas de mediações mais indiretas ou posteriores à leitura das obras.

É interessante ressaltar, contudo, que a função educativa da literatura infantil foi a grande estrela dos debates sobre seleção de livros, porque a sociedade costuma estar mais preocupada com a educação moral do que com a educação literária das crianças e essa é a função que "realmente" a maioria ainda hoje atribui à literatura infantil.

É por isso que, apesar dos progressos realizados como fruto destas polêmicas, boa parte da produção atual de livros continua se situando no terreno dos livros didáticos. Uma grande quantidade de obras são escritas para formar opiniões sobre temas determinados, embora seja verdade que estes sejam temas novos, já que se trata de preocupações próprias de nosso tempo, tais como as geradas pela vida nas grandes cidades, as migrações sociais ou a sociedade de consumo. Mas se para selecionar devemos compatibilizar diferentes critérios de avaliação, cabe perguntar-se desde quando o tema do qual trata determinada obra determina sua qualidade artística e se é possível sintetizar uma narrativa literária dizendo simplesmente, por exemplo, que "fala sobre anorexia".

No mesmo sentido, pode-se ver que, como sucedia nas origens da literatura infantil, continuam a ser escritos livros concebidos para o uso escolar. Muitos deles têm conteúdos informativos que adotam formas narrativas; descreve-se, por exemplo, a degradação ecológica de um rio através da vida dos castores. Cabe então perguntar se podemos incluir essas obras na categoria de literatura ou se elas deveriam explicitar sua função específica de aprendizagem. Também aparecem, sem cessar, livros simplistas que descrevem modelos de conduta como se fossem uma lição de autoajuda que o leitor deveria aplicar diretamente em sua vida: *como superar os ciúmes infantis? Como relacionar-se com os outros? Como respeitar as características culturais dos imigrantes?* Achamo-nos aqui na melhor tradição daqueles antigos livros didáticos que contavam às crianças como ser asseadas ou caridosas mediante a interposição de um personagem de ficção.

Se toda essa produção existe é porque tem aceitação social. Muitos mediadores continuam selecionando os livros dando prioridade a esses aspectos. Uma grande quantidade de professores só dizem de um livro que "funciona muito bem para trabalhar tal tema", frequentemente afloram opiniões contrárias aos contos populares por seu grau de violência, censuram-se livros clássicos por alguns traços sexistas, racistas ou de mau trato aos animais, ou se pedem livros que "mostrem a realidade". Talvez, pois, mais que progredir na análise ideológica dos livros, a tarefa atual neste ponto deva ser a de que a escola distinga entre materiais didáticos e livros literários, convença-se de que a literatura atua em um nível educativo mais profundo e selecione suas obras em consequência disso.

A OPINIÃO DO LEITOR

Para que a qualidade e os valores das obras sirvam para alguma coisa, é evidente que os livros têm que ser lidos. Todos os professores estão sempre de acordo com este terceiro critério: os livros devem agradar às crianças. De fato, estão tão de acordo que, enquanto a avaliação moral mantém-se como um critério fora de toda a dúvida em relação à tarefa de seleção, com frequência se aceita que a qualidade literária pode bater em retirada diante da possibilidade de não agradar aos leitores. "Bons livros para quem" é, pois, o terceiro critério em debate na seleção escolar.

Andar entre livros

Tal como assinalamos anteriormente, o "quem", precisamente, variou muito ao longo do século. Em primeiro lugar, a obrigatoriedade universal da escolaridade fez com que a destinação dos livros se ampliasse às crianças de todos os setores sociais. Mais tarde, a transformação nas sociedades alfabetizadas e as mudanças pedagógicas fizeram surgir muitos livros para leitores iniciantes. Em pouco tempo, o prolongamento da escolaridade contribuiu decisivamente para criar a representação de uma etapa adolescente da vida, que trouxe consigo o desenvolvimento do romance juvenil. E, mais recentemente, a produção ampliou sua oferta aos primeiros anos de vida. Neste momento é toda a infância e adolescência de *toda* a população que se constitui como destinatária potencial dos bons livros.

Neste processo de ampliação, a tarefa de seleção, obviamente, foi se complicando: "que livros agradam às crianças?" revelou-se uma pergunta de simplicidade inoperante, que foi substituída por interrogações sobre que ideia de infância se constrói socialmente; como se traduz, nas obras, a coexistência de uma audiência infantil com aquela outra, adulta, que aprova e seleciona essas mesmas obras, que crianças leem livros realmente e de quais livros se trata.

Sabe-se muito pouco, entretanto, sobre as causas que fazem com que um livro estabeleça contato com seus leitores. Ou ainda devemos pensar que esse conhecimento não se aplica regularmente ao trabalho de seleção, posto que várias editoras não aceitaram os originais de *Harry Potter* e poucos mediadores se atreveram a pôr os volumes de *O senhor dos anéis* nas mãos dos adolescentes pouco chegados aos livros. Talvez tampouco se está disposto a saber que, quando as crianças escolhem livremente, os contos nos quais os filmes de Walt Disney se baseiam continuam sendo os preferidos, tal como revelam agora os dados provenientes do empréstimo informatizado das bibliotecas públicas.

Não há dúvida de que se necessita progredir em saber o que agrada às crianças e sobre o modo de fazer evoluir suas preferências. Mas, para isso, devemos escutá-las falando sobre livros, vê-las formar e explicitar suas opiniões; e devemos também saber o que opinam seus pais e seus professores, se eles leem como adultos e que livros infantis valorizam, realmente, para seus filhos e alunos. Não se pode avançar se não se tem claro o que permite progredir.

Nem é preciso dizer, que extrapolar e caricaturar os distintos critérios a que aludimos divide os docentes e prejudica a tarefa de seleção. Frequentemente a crítica acadêmica e os professores do secundário exigem poder julgar as obras em si mesmas ou avançar por terrenos aparentemente abstratos e os ouvimos queixando-se de que "a dar-lhes isso para ler, melhor não lhes dar nada". Os professores e os mediadores próximos aos leitores, por seu lado, sentem-se menosprezados e reagem agressivamente erigindo-se em representantes empíricos da opinião dos leitores infantis e se defendem dizendo que a crítica "nunca viu uma criança na vida". Provavelmente, esclarecer "para quem" e "para que" ajudaria a superar enfrentamentos estéreis e progredir na reflexão sobre como alcançar a qualidade máxima de leitura para o maior número de leitores.

O ITINERÁRIO DE APRENDIZAGEM

Nos últimos tempos surgiu na área um quarto critério de seleção, muito pouco levado em conta explicitamente até agora: o de analisar os livros segundo o itinerário de aprendizagem que oferecem, tal como expusemos no terceiro capítulo: o critério que deriva do ponto de vista que adotamos aqui, segundo o qual o prazer da leitura se constrói e a competência se desenvolve através da leitura dos livros. Trata-se, pois, de avaliar os livros da perspectiva do itinerário de aprendizagem cultural que oferecem às crianças.

É um critério que tem a vantagem de fazer confluir todos os aspectos anteriores. Selecionar os livros com critérios de qualidade intrínsecos tende a levar em conta apenas as obras e coloca como referente comparativo a literatura adulta. Os outros dois critérios citados atendem ao efeito dos livros no *leitor*: o efeito sobre sua *moral* em um caso, e o efeito sobre seu prazer, no outro. Neste quarto critério, pela primeira vez achamo-nos em um terreno que une a consideração ao texto, o leitor e a mediação educativa. Trata-se também de uma perspectiva que considera ao mesmo tempo as duas coordenadas que circunscrevem sempre o campo da literatura para crianças: sua compreensibilidade e sua adequação educativa.

"Como as crianças entendem os livros e como progride sua compreensão?", é uma pergunta que surgiu em meados do século XX, ligada à investigação sobre a leitura e a psicologia cognitiva, e foi adotada com entusiasmo. Pensou-se que, finalmente, a seleção de livros podia abandonar o elitismo humanista dos estudos literários, os critérios meramente morais e o simples gosto infantil, e aplicar instrumentos psicopedagógicos científicos. Como assinalamos antes, produziram-se livros aplicando fórmulas de legibilidade, depois classificaram-nos por idades segundo uma evolução medida pelas

Andar entre livros

capacidades infantis e, mais tarde, traçaram-se programas escolares para adestrar as crianças em uma quantidade de estratégias e habilidades de leitura.

Mas os estágios de desenvolvimento psicológico estabelecidos por Piaget, a análise textual ou o conhecimento do processo leitor não se tinham fixado no que as crianças liam e com frequência baseavam-se em análises individuais e experimentais. Os estudos psicolinguísticos sobre a aquisição da linguagem e das formas narrativas como construção simbólica do mundo, desenvolvidos nesses anos, tampouco estavam especialmente interessados nas formas literárias. E, no entanto, esses estudos, tal como foi assinalado, acharam rapidamente que a literatura sempre estava ali, presente na formação da linguagem, insubstituível na formação leitora, inseparável da construção cultural da personalidade. Esta presença levou finalmente a reconhecer que não se trata de um triângulo no qual o importante são os vértices: "crianças", "aprendem" e "ler", mas que os "textos", que as crianças ouvem cantar e contar ou os contos que leem, têm uma importância fundamental, porque é a literatura que faz as crianças atuarem como receptores literários e as converte efetivamente a esse papel.

No campo da literatura infantil, um dos primeiros debates teóricos que se preocupou em analisar a possibilidade de compreensão das obras e não o seu eventual efeito moral foi produzido em torno à metaficção e às novas formas literárias da literatura para crianças. Podem os pequenos entender essas estranhas obras experimentais? Onde ficam os novos limites da compreensibilidade derivados das formas culturais de hoje? Em relação a estes temas surgiu também a preocupação pelas funções que a crítica de livros infantis deve cumprir. É útil para orientar a sociedade uma crítica ensimesmada na desconstrução semiótica de livros infantis? Que esperam os mediadores de uma crítica que oriente sua seleção?

Por outro lado, no campo da prática, sem dúvida foi a introdução da literatura infantil e juvenil na escola que propiciou a reflexão sobre o seu uso. Durante muito tempo, os temas de debate a respeito versavam acerca da reivindicação da biblioteca escolar, os livros na sala de aula ou o aprendizado da leitura com livros verdadeiros. Na atualidade pode-se dizer que estes tópicos foram aceitos "teoricamente" por todos. Mas agora necessita-se saber que competências devem adquirir os alunos e que práticas ajudam no seu desenvolvimento. Essas novas perguntas vincularam os estudos específicos sobre os livros infantis com a didática da literatura. O que se deseja agora é entender como as crianças aprendem a ler literatura e quem as ensina a fazê-lo.

Sabemos que a resposta passa, de um lado pela análise dos livros, por compreender como as obras se abrem como um mapa cheio de pistas para construir seu leitor, levar-lhe pela mão em direção a terrenos cada vez mais complexos e exigir-lhe que ponha em jogo maior experiência de vida e de leitura. Tal como se mencionou, não há, por exemplo, histórias secundárias nos livros para leitores iniciantes, mas pode havê-las na imagem, de maneira que quando a criança se encontrar com narrativas intercaladas no texto, já estará acostumada a desviar-se e voltar ao fio principal. Daí a comparação de que a literatura funciona como uma escada com corrimão, que tira do leitor ao mesmo tempo em que o apoia, que se coloca em seu nível ao mesmo tempo que lhe abre novos horizontes.

Também sabemos que, por outro lado, essa tarefa é social: a criança que lê um livro o faz no seio de sua família, na aula ou na biblioteca, comentando-o com os adultos e com outras crianças leitoras, imersa em múltiplos sistemas ficcionais e artísticos que formam competências e conhecimentos que podem passar para a sua leitura. A aprendizagem da literatura realiza-se, assim, em meio a um grande desenvolvimento social de construção compartilhada do significado.

Colocar a literatura para crianças como literatura de aprendizagem e formação dos novos leitores parece especialmente interessante, porque é um marco adequado para fundir e fazer render os avanços produzidos em outras linhas de investigação neste campo. Esse é o critério de seleção que preside o trabalho escolar. Para escolher os livros a partir dessa perspectiva, os professores deveriam ter o apoio de uma crítica de livros que lhes facilitasse a tarefa. Então, como deve ser a crítica de livros infantis?

UMA CRÍTICA MULTIDISCIPLINAR E DIFERENTE

A literatura infantil e juvenil é um fenômeno cultural muito amplo. Ao longo do século XX, e principalmente em suas últimas décadas, comprovou-se que pode ser estudado com lentes de disciplinas muito diversas: sociológicas, psicológicas, literárias, etc. Cada uma dessas perspectivas deve continuar se aprofundando, mas também deve-se aprender a relacionar as respostas.

Nesse desafio surge um primeiro problema: nos últimos anos apareceram múltiplos estudos teóricos sobre literatura infantil, realizados através da convocação de diferentes disciplinas. Temos que felicitar-nos com isso, pois a realidade é complexa e qualquer aproximação feita a partir de um único

Andar entre livros

ângulo mostra apenas um aspecto, de modo que a relação interdisciplinar é algo próprio do momento atual no avanço do conhecimento. No entanto, esse espaço de compreensão do fenômeno deve ser regulado. Às vezes parece que é a própria admiração de sua complexidade o que leva a mobilizar grande quantidade de instrumentos de análise para chegar a resultados ínfimos, ou meramente descritivos, o que apenas apresenta novos problemas, sem chegar a esclarecer os anteriores. Poderíamos dizer que se corre o perigo de caçar moscas com canhões. Temos que amadurecer um pouco mais para obter resultados realmente inovadores e/ou aplicáveis na prática.

Como segundo problema, deve-se também perder o medo ao sentir-se diferente. Como toda área nova, a crítica e os estudos sobre literatura infantil não apenas selecionam e importam resultados e instrumentos de análise de outras disciplinas, como podem desafiá-las com perguntas estimulantes que surgem precisamente do campo da crítica. É a capacidade de formular suas próprias interrogações o que define uma perspectiva nova do conhecimento.

Uma atração dos encontros entre especialistas de literatura infantil e juvenil é a mescla entre a variedade profissional e interesses comuns, que os fazem muito diferentes de outros encontros acadêmicos. Eles reúnem editores, bibliotecários, autores, ilustradores, críticos, psicólogos, tradutores ou educadores, porque o desenvolvimento da produção de livros para crianças os foi misturando. A teoria e a prática nunca estiveram separadas nesse exercício profissional. A avaliação dos livros infantis obrigou a contrastar análise literária e legibilidade, herança folclórica e pós-modernidade, desenvolvimento psicológico e construção literária do mundo, ilustração e meios de comunicação de massa, animação da leitura e programação escolar ou organização de bibliotecas, formação do imaginário coletivo e recepção leitora individual, ideologia e pensamento narrativo, alfabetização e multicultura, história da edição e ensino escolar.

Poucas áreas sentem-se implicadas em temas tão variados. Essa é uma riqueza e um desafio, posto que há que reformular as perguntas e achar novas respostas, mantendo a consciência de que o motor do interesse inicial continua inalterado. A razão última é que os debates sobre os critérios de avaliação dos livros se fundamentam em uma aposta de todas essas áreas na defesa da palavra como construção da humanidade. Atualmente qualquer um pode experimentar a vertigem de achar-se imerso numa produção incessante de novos tipos de livros e de novas formas de leitura, mas, apesar de tudo, temos de recordar que esse processo de ser um mesmo no seio de uma cultura é sempre o mesmo em cada nova geração.

5. Ler sozinho

Nosso mundo se encontra cada vez mais globalizado e mais desigual ao mesmo tempo. No entanto, muitas crianças que vivem à margem do sistema social necessitam da palavra e das histórias para poder sobreviver. E as crianças que vivem instaladas na maior passividade consumista necessitam da palavra e das histórias para resgatar-se. "Alguém" deve continuar dizendo quais palavras e que histórias podem exercer melhor essa missão e como se podem oferecer à infância. Essa seleção, essa mediação, é o que dá unidade e sentido ao trabalho profissional dessas distintas áreas, entre as quais a escola ocupa o lugar privilegiado.

6.

Ler com os outros

"Eu acho que está louco. Está lendo os pensamentos de outros animais e nem sequer sabe o que são. Está sonhando". Trícia argumentou: "Não está sonhando. É como quando estás sozinho, é um lugar especial e deixas de lado o outro mundo". Um terceiro menino sugeriu que o branco e o negro lhe recordavam um mundo interior. Um amigo concordou: "Sim, é diferente do que seria colorido". "Pareceria que estivesses bem triste ou algo assim, como se estivesses muito longe, na lua", explicou um menino de dez anos.

Bárbara Kiefer[1]

Nos distintos aspectos que tratamos até agora, "compartilhar os livros" foi uma ideia que surgiu de forma reiterada. Temos aludido, por exemplo, ao fato de que ter compartilhado contos nos primeiros anos de vida duplica a possibilidade de tornar-se um leitor, que falar sobre livros com as pessoas que nos rodeiam é o fator que mais se relaciona com a permanência de hábitos de leitura, o que parece ser uma das dimensões mais efetivas nas atividades de estímulo à leitura.

Compartilhar as obras com outras pessoas é importante porque torna possível beneficiar-se da competência dos outros para construir o sentido e obter o prazer de entender mais e melhor os livros. Também porque permite experimentar a literatura em sua dimensão socializadora, fazendo com que a pessoa se sinta parte de uma comunidade de leitores com referências e cumplicidades mútuas.

Possivelmente uma das causas da resistência à leitura provenha da perda das formas de leitura coletiva nas sociedades contemporâneas. Antes, participar do folclore oral da coletividade, ouvir a leitura em voz alta do professor ou saber que todo mundo conhecia de cor os mesmos poemas e canções e

---

[1] Bárbara Kiefer, "Los libros-álbum como contextos para comprensiones literarias, estéticas y del mundo verdadero", in *El libro-álbum: invención y evolución de un género para niños*, Col. Parapara Clave, vol. 1, Caracas, Banco del Libro, 1999, p. 187.

Andar entre livros

podia lembrar-se deles a qualquer momento, dava uma intensa sensação de possuir um instrumento que se harmonizava com o entorno. O progresso da leitura autônoma e silenciosa e da seleção individual dos livros, ao contrário, proporcionou uma dimensão de isolamento em relação ao grupo social imediato. Durante a infância, os contos e as canções ainda oferecem um certo espaço para sentir a literatura como algo que une aos demais, aos pais, à audiência para quem se conta uma história, etc. Mas, rapidamente, fatores como a abundância do mercado, por exemplo, dificultam a que as crianças possam manter essa sensação em relação a seus livros favoritos. Então a televisão ou a indústria Disney cumprem muito melhor essa função aglutinante. A percepção da leitura como uma atividade de "marginalização" das formas habituais de socialização (a música, o esporte, etc.) se acentua mais na adolescência e contribui para seu repúdio.

UMA PONTE DO INDIVIDUAL AO COLETIVO

Para a escola, as atividades de compartilhar são as que melhor respondem a esse antigo objetivo de "formar o gosto" a que aludimos; porque comparar a leitura individual com a realizada por outros é o instrumento por excelência para construir o itinerário entre a recepção individual das obras e sua valorização social.

A atenção da tradição educativa anglo-saxônica à resposta do leitor favoreceu a extensão das práticas de leitura compartilhada de livros infantis nesses contextos. No entanto, como alguns autores desses países assinalaram, a maioria das atividades que se realizam com a leitura dos contos se detém na ampliação da resposta pessoal (desenhar, escrever cartas ao autor, etc.), de maneira que se dá por entendido o significado e se atende unicamente à expansão imaginativa do leitor. O mesmo ocorre com a maioria das atividades incluídas nas "fichas de leitura" que as editoras oferecem como material didático nas escolas.[2] Nesta situação, tal como assinala Geoffrey Williams,[3] se oferece às crianças a oportunidade de apreciar o mundo proposto pela obra e de desfrutar com as atividades, mas os alunos não podem entender muito bem a finalidade desses trabalhos e o que ganham em fazê-los.

---

[2]   Segundo a análise dos programas de leitura das editoras espanholas, realizada por Marta Ormo na Universidade Autônoma de Barcelona, 2002.

[3]   Geoffrey Williams, "Children Becoming Readers: Reading and Literacy", in Peter Hunt (ed.), *Understanding Children's Literature*, Londres, Routledge, 1999, pp. 151-162.

6. Ler com os outros

As vozes críticas propõem agora que a escola incida menos na reação e mais no esforço de colocar os meninos e as meninas como colaboradores na busca do significado e na observação de como se construíram esses efeitos. Objeta-se frequentemente, então, que uma atitude analítica destrói a magia do texto, mas já assinalamos em mais de uma ocasião a natureza construtiva do prazer literário e a multiplicidade de formas nas quais se pode desfrutar uma leitura. A importância da aprendizagem escolar está em propiciar maneiras mais abstratas de pensar, centradas, neste caso, na literatura e na linguagem. Através de exemplos sobre discussão nas aulas, Williams mostra que as crianças que exploram juntas os livros se acostumam depressa a perceber os jogos intertextuais, as estruturas paralelas, as repetições, as linhas de sentido, etc., que "se acham na base do modo de significar da literatura".

Para dizer a verdade, em nossa tradição educativa, os gostos e as reações dos alunos e seus julgamentos de valor nunca foram levados muito em conta. Foram considerados ilegítimos, um fruto derivado da escassa formação das crianças e, por isso, merecedores de ser sistematicamente proscritos das aulas. Como o humorista Schultz faz dizer um de seus personagens:

> Sally: Estive lendo poemas na escola, mas não os compreendo. Como posso saber se gosto deles?
> Charlie Brown: Já vão te dizer.[4]

Segundo nossa experiência com os alunos que se formam professores, eles estão tão habituados a prescindir de sua própria interpretação das obras, que um dos aspectos mais difíceis de conseguir é que eles notem e explicitem essa relação pessoal. Suas avaliações sobre os livros infantis mantêm uma distância acadêmica e profissional que os leva a aplicar "objetivamente" os critérios educativos e literários aprendidos e a julgar, do alto, a hipotética recepção infantil. Inclusive, apesar de lhes dar ordens nesse sentido, mostram-se renitentes em relacionar a leitura com seu próprio processo de compreensão, atração ou repúdio, a comparar os livros analisados com sua experiência infantil de leitura ou a reproduzir as divergências e construções de sentido vividas no grupo de discussão.

Essa dimensão pessoal, no entanto, não ficará à margem de seu futuro trabalho com os livros. Ao contrário, ao ignorá-la aumentam as possibilidades

---

4 Citado por Vicenç Pagès, *op. cit.*

Andar entre livros

de que as avaliações consideradas legítimas se desprendam, como uma pele seca de cobra, tão logo abandonem as restrições universitárias. Ou, ao contrário, também pode acontecer que as obras relidas nas aulas lhes ofereçam um reduto de segurança legitimada, de maneira que em sua vida profissional continuem recorrendo a esse conto (é inevitável *Donde viven los monstruos*, nas aulas de primeiro ciclo das escolas de língua inglesa) ou a esse poema (esse eterno soneto de Quevedo, no secundário espanhol), analisados durante a etapa de formação, porque não chegaram realmente a formar seu próprio critério de avaliação, ou seja, "seu gosto".

A avaliação, o gosto, não se pode transmitir, não se pode dizer a Sally de Schultz o que ela deve sentir. Quando a escola assim procede, o que se estimula é uma espécie de "atitude de turista" ante as obras literárias. Sabe-se que as obras são consideradas valiosas, mas na realidade não se é capaz de apreciá-las. Então se age como na visita guiada a um museu, na qual aos quadros famosos junta-se um grande grupo de turistas em atitude admirativa, embora esses espectadores reverentes não sejam capazes de assinalar, por seus próprios meios, o que diferencia esses quadros das pinturas vizinhas. Lembremos que foi contra essa concepção escolar que se reagiu na década de 1960 ao exigir-se o acesso à leitura e à formação de instrumentos de interpretação.

Então, se o acesso à leitura implica em fazer entrar em jogo a avaliação pessoal, a necessidade de formação interpretativa lembra que a ressonância de uma obra no leitor se produz sempre no interior de uma coletividade. Não se trata, pois, de abandonar os alunos ao desfrute subjetivo do texto, a uma interpretação empobrecedoramente incomunicável, a uma constatação empírica de se o efeito da leitura foi prazeroso ou não, através do acréscimo de perguntas do tipo: "Você gostou? Por quê? O que você mudaria?". Como aponta Guido Armellini a partir da reflexão italiana:

> Cada leitor se acha inscrito em uma comunidade cultural que se baseia no fato de compartilhar alguns pontos de vista, interesses ou critérios de valor fundamentais. Neste âmbito, cada interpretação é fruto de um processo de negociação e de persuasão recíproca, no que diz respeito às normas e convenções socialmente reconhecidas, nem mais nem menos que o são, por exemplo, a seleção de valores no campo moral: seleção que nenhuma sociedade racional abandonaria incondicionalmente ao arbítrio de cada um dos indivíduos".[5]

---

[5] Guido Armellini, *Come e perché insegnare letteratura: strategie e tattiche per la scuola secondaria*, Bolonha, Zanichelli, 1987, p. 81.

6. Ler com os outros

Assim, compartilhar a leitura significa socializá-la, ou seja, estabelecer um caminho a partir da recepção individual até a recepção no sentido de uma comunidade cultural que a interpreta e avalia. A escola é o contexto de relação onde se constrói essa ponte e se dá às crianças a oportunidade de atravessá-la.

ESTABELECER REDES HORIZONTAIS

O gosto e o juízo de valor são inseparáveis da experiência de leitura tão logo esta se inicia na infância e ocorrem sempre em relação a algum parâmetro comparativo. São aspectos que se formam através da prática. Em primeiro lugar, mediante a leitura de muitas obras que oferecem e ampliam os parâmetros de comparação, que levam a estabelecer a opinião sobre sua qualidade. Vemos isso na formação de professores à medida que muitos alunos descobrem uma produção literária que não tinham conhecido em sua infância. Uma vez que nos perguntávamos qual era a melhor forma de ensinar-lhes a avaliar os livros, uma de minhas colaboradoras respondeu sem vacilar: "a proximidade, a proximidade com os livros". Esta é também a experiência de Chambers quando assinala a necessidade de ler umas quinhentas obras infantis durante os anos de formação profissional para que os docentes possam estabelecer suas expectativas sobre o que é um bom livro para crianças:

> E naturalmente os 500 são selecionados porque representam os melhores do gênero que foram produzidos no passado e que se estão produzindo na atualidade. Requer-se cerca de três anos para que um estudante leia essa biblioteca básica, se for adquirida, desfrutando-a e com tempo para pensar sobre o que leu e para falar acerca disso com os outros, e se as melhores formas de apresentar livros às crianças serão exploradas e praticadas na companhia de professores experimentados, que possam guiar e informar ao estudante durante esse tempo. Quero ressaltar que este é um requisito mínimo. Mas sei que muito poucos estudantes do curso para professores recebem algo perto disto. Em outras palavras, a maioria dos professores está mal preparada como professores de leitura.[6]

Naturalmente também se aprecia isso na prática escolar. Por isso é tão necessária a leitura extensiva, porque o número de obras lidas importa muito se as crianças devem construir seu próprio horizonte de expectativas contra o qual projetar cada nova leitura. Não se aprende apenas lendo "muito bem" uns poucos textos, também é necessário ajudar às crianças a estabelecer rela-

---

[6] Aidan Chambers, "Cómo formar lectores", in *Hojas de lectura*, Bogotá, n. 45, 1997, p. 9.

Andar entre livros

ções entre muitas leituras. Se se pergunta às crianças se leram antes outros livros parecidos com o que acabaram de ler, são muito poucos os que estabelecem redes comparativas que possam ajudá-los a criar sistemas conceituais com os quais situar suas leituras. É o que faz esta menina leitora de *O livro da selva*, de Rudyard Kipling, ao responder:

> Li outros como este. Por exemplo, *Caninos brancos* ou *O chamado da selva* (Jack London) e gostei mais ou menos da mesma maneira.
>
> Anais B., 11 anos, *La biblioteca ideal europea*, 2000.

Embora às vezes as conexões evocadas nos julgamentos infantis sejam vagamente aproximativas ou um tanto misteriosas, como para esta leitora de *Jim Botón y Lucas el alquimista,* de Michael Ende que responde:

> Recordo-me que neste verão li um livro que se chamava *Los cinco y el misterio de los gitanos* (Enyd Blyton). Gostei muito dos dois.
>
> Raquel C., 11 anos, *La biblioteca ideal europea*, 2000.

Em segundo lugar, o gosto e o julgamento se formam através da diferença de opiniões. A leitura se relaciona sempre de alguma maneira com as atividades compartilhadas. Por isso é impossível manter sua dimensão socializadora dentro dos limites de algo separado, quando se fala dos livros na escola, porque na leitura individual se infiltram as atividades de apresentação e recomendação, ou nas de leitura e escrita imaginamos sempre um entorno repleto de atividades de comunicação e difusão do escrito, ou ainda porque a leitura guiada não é, definitivamente, senão outra maneira de compartilhar.

A reflexão educativa já assinalou que o sentimento de pertencer a uma "comunidade interpretativa" é o mecanismo básico para aprender a desfrutar de formas literárias mais elaboradas. Tal como se lê na epígrafe, que reproduz uma discussão infantil no início deste capítulo, trata-se de criar espaços de leitura compartilhada nas classes, como lugar privilegiado para apreciar com os demais e construir um sentido entre todos os leitores. Realizar estas atividades ajuda, de imediato, a compreensão das obras e proporciona uma aprendizagem inestimável de estratégias leitoras, já que cada criança tem a oportunidade de ver a forma em que operam as outras para entendê-las.

O certo, no entanto, é que ainda existem poucas rotinas escolares agrupáveis no âmbito do que Jean Hébrard denomina "tertúlia" sobre as leituras.

148

6. Ler com os outros

Podem adotar múltiplas formas: leitura em duplas, discussões em grupo, clubes de leitura assistidos por alunos de um curso superior, mecanismos de formulação de perguntas pessoais (e autênticas) sobre as obras, anotações públicas sobre a leitura dos livros na classe, uso do correio eletrônico para ampliar o intercâmbio, etc.

Vale tudo na busca do sentido, já que sabemos de sobra que a discussão em grupo favorece a compreensão. Serve para enriquecer a resposta própria com os matizes e os aportes da interpretação do outro, já que a literatura exige e permite distintas ressonâncias individuais. Serve para usar a metalinguagem aprendida ("personagem", "metáfora", "trama", etc.) quando tem sentido fazê-lo, ou seja, quando se fala sobre as obras lidas e alguém se esforça para dar sua opinião com clareza. Ou também é útil para dar-se conta de que as referências de toda comunidade são compartilhadas; e aqui não há dúvida de que as crianças pequenas ficam encantadas em notar que seus pais conhecem seus novos personagens ou de que os adolescentes desejam saber coisas sobre autores e obras que ouvem citar a sua volta, embora seja apenas porque um de seus títulos foi adaptado para o cinema.

Porém, nem todas as obras servem igualmente. Os livros a serem compartilhados devem ser aqueles que ofereçam alguma dificuldade ao leitor para que valha a pena investir neles o escasso tempo escolar. Se não há um significado que requeira um esforço de construção, não se pode negociar o sentido; se a estrutura é sempre convencional, não se aprende a estar atento para antecipar ou notar as elipses; ou se não há ambiguidades interessantes, não há porque buscar indícios, reler passagens e discutir as possíveis interpretações.

Na escola, o comentário compartilhado sobre os livros se dirige prioritariamente a entender os textos. Trata-se, portanto, de assegurar a compreensão dos elementos concretos – as palavras, as referências, etc. –, oferecer a informação contextual que parece conveniente e experimentar o prazer da exploração conjunta e o intercâmbio de significados até chegar a interpretações plausíveis. Os alunos progridem a partir de uma leitura compreensiva – entendida como a leitura que se limita a explorar os elementos internos do enunciado, os sentidos denotados – ao enriquecimento da leitura interpretativa – entendida como a leitura que utiliza conhecimentos externos para suscitar significados implícitos, segundos sentidos ou símbolos que os leitores devem fazer emergir dos textos.

Em compensação, há que proceder com muito cuidado em relação à exigência de juízos de valor (qual a sua opinião? o que achou? por que gostou?

149

Andar entre livros

etc.). Não se lê do mesmo modo se sabemos que teremos que emitir opiniões sobre um texto. E pode muito bem acontecer que as crianças não saibam traduzir automaticamente, em palavras, nem suas impressões, nem sua opinião. Recorrem então a frases tópicas e pouco elaboradas, ficam bloqueadas e experimentam aversão a esse tipo de solicitação pública. C. S. Lewis mostra reserva ante este tipo de atividade ao afirmar:

> Por isso duvido muito que a crítica seja um exercício adequado para os jovens leitores. A reação do aluno inteligente, ante determinada obra, se expressará de maneira muito mais natural, através da paródia ou da imitação. Se a condição necessária de toda a boa leitura consiste em "saber afastar-nos do caminho", é muito pouco provável que consigamos facilitar essa disposição nos jovens obrigando-os a expressar continuamente suas opiniões.[7]

De nossa parte, cremos que a formulação de avaliações só pode chegar através das atividades que favorecem um tempo de reflexão e expansão da recepção própria, por um lado, e um tempo de exploração conjunta de significado, por outro. Além disso ela deve ser vista como o desenvolvimento de uma aprendizagem específica de formulação, como a construção de um tipo de discurso que requer atividades e ajudas concretas (por exemplo, facilitar uma lista de argumentos a escolher em um momento determinado). Apenas se abordado como aprendizado, as crianças do primário poderão chegar a emitir opiniões tão pensadas como as citadas no segundo capítulo, ou os alunos do secundário poderão realizar resenhas curtas de suas leituras como se lhes pede frequentemente.

Além de criar comunidades de leitores nas aulas, os livros para compartilhar podem estabelecer laços entre a escola e as famílias. Os livros que vão e vêm da escola para a casa, através do empréstimo, permitem agregar os familiares à leitura compartilhada. É um caminho explorado em muitos programas de leitura. Em alguns países foi dado lugar a uma produção específica de contos com o texto traduzido e repetido em diferentes idiomas (na Grã-Bretanha, contos bilíngues em inglês e as diferentes línguas dos imigrantes; na Catalunha, contos trilíngues em catalão, castelhano e árabe; etc.). Isso corresponde à ideia de que se melhora a autoimagem das crianças sobre sua cultura de origem e permite aos pais, que frequentemente não dominam o idioma oficial escrito, participarem no processo de aprendizagem de seus filhos.

---

[7] C. S. Lewis, *Crítica literaria: un experimento*, Barcelona, Antoni Bosch, 1982, p. 73.

6. Ler com os outros

Por outro lado, e sem nenhum programa determinado, o que os livros para crianças fazem sempre é criar vínculos geracionais entre seus leitores infantis. É fácil ver que as leituras de alguns livros criam nexos de coesão em cada geração social, do mesmo modo que as canções de uma época ou os acontecimentos sociais ou técnicos vividos durante outra. As crianças que leram os *Cuentos*, da editora Calleja, ou a revista *Patufet*, na Espanha anterior à guerra civil, se recordam a si mesmos como leitores diferentes dos que leram as traduções de *Guillermo Brown* ou as coleções das editoras Molino e Bruguera, durante os anos do aparecimento da televisão, enquanto que estes, por sua vez, se definem diferentemente dos que cresceram com Roald Dahl e o uso do telefone móvel. Este é um dos fenômenos que fazem com que alguns estudos anglo-saxões se centrem no que denominaram "cultura da infância", por oposição à cultura oficial adulta.

Em grande parte, pois, a função socializadora da literatura infantil e juvenil se exerce na horizontal sobre os leitores de uma mesma geração. Não pode ser de outro modo, posto que as crianças não leem de forma contextualizada. Se na literatura de adultos a contextualização de uma obra do passado pode levar o leitor a criar a distância e o conhecimento necessários para seu desfrute, a fratura entre os livros históricos e contemporâneos é consideravelmente mais problemática na leitura infantil, já que falamos de leitores que abordam os livros em um encontro despojado de qualquer consideração alheia, ou seja, sem que tenha relevância o quem, o quando e o onde de seu texto, e a partir de sua progressiva aquisição de competência leitora. De forma inevitável, qualquer itinerário de leituras infantis será coetâneo em sua maior parte. Inclusive determinadas obras podem alcançar um papel de referenciais coletivos, com independência de sua excelência literária intrínseca. Um bom exemplo disso são as séries da autora inglesa Enid Blyton, um referencial compartilhado por várias gerações em múltiplos países, que nunca recebeu a qualificação de literatura de qualidade por parte da crítica ou da escola.

Chegados a este ponto, a questão é se estas considerações induzem ao abandono da leitura dos clássicos como livros escolares.

ESTABELECER REDES VERTICAIS

Compartilhar as leituras não apenas estabelece vínculos entre os leitores de alguns livros em um momento determinado, como os conecta com sua tradição cultural. A escola deve velar para que assim seja, já que as novas gera-

Andar entre livros

ções têm direito a não ser despojadas da herança literária da humanidade. Sem ela, as crianças se acham condenadas, como Peter Pan, a viver em um lugar de eterno presente, em que tudo se esquece de imediato. É precisamente para sobreviver à angústia dessa maldição, que o menino que-não-pode--crescer volta uma vez ou outra ao mundo real para ouvir as histórias de Wendy. Em sua habitual defesa da leitura dos clássicos, a escritora brasileira Ana Maria Machado se estende sobre esta ideia:

> Cada um de nós tem o direito de conhecer – ou ao menos de saber que existem – as grandes obras literárias do patrimônio universal (...) Vários desses contatos se estabelecem pela primeira vez na infância e na juventude, abrindo caminhos que podem ser percorridos depois ou não, mas já funcionam como uma sinalização ou um aviso: "esta história existe... está a meu alcance. Se quiser, sei aonde ir buscá-la".
> Ler literatura é uma forma de acesso a esse patrimônio, confirma que se está reconhecendo e respeitando o direito de cada cidadão a essa herança, revela que não estamos nos deixando roubar. E nos insere numa família de leitores, com quem podemos trocar ideias e experiências e projetar-nos em direção ao futuro.[8]*

Nos últimos tempos temos assistido a muitos debates da teoria literária sobre o tema dos "clássicos" ou do "cânone literário" de uma sociedade. Nas universidades americanas, em particular, produziu-se um deslocamento da atenção crítica do estudo do sentido das obras (ali onde ficaram os avanços teóricos no primeiro capítulo ao assinalar sua repercussão escolar) ao estudo do próprio trabalho de interpretação realizado pela crítica especializada. Por isso, o tema do controle institucional da interpretação passou para o centro da reflexão através das discussões sobre o cânone ou as políticas culturais. Trata-se de um novo questionamento sobre o que chamamos literatura e por quê.

Embora seja provável que esta orientação tenha também algum tipo de repercussão escolar, sem dúvida parece muito menos útil e promissora para o ensino do que as reformulações teóricas das décadas anteriores. O questionamento sobre o que é literatura estava centrado no circuito da construção do sentido entre a obra e o leitor, algo que veio muito bem para recuperar a leitura literária na escola. As novas teorias, diferentemente, fincam-se em um terreno de luta ideológica que questiona a partir da raiz a possibilidade

---

[8] Ana Maria Machado, *Lectura, escuela y creación literaria*, Madri, Anaya, 2002, p. 38.

* Este título contém ensaios selecionados de *Balaio* e *Contracorrente*, ambos editados no Brasil pela Nova Fronteira. (N. do T.)

6. Ler com os outros

de referências compartilhadas nas sociedades pós-industriais e multiétnicas atuais. Já que a tarefa escolar se propõe objetivos tão essenciais, como ensinar a construir um significado, mostrar um mapa interpretativo da cultura e formar uma identidade cidadã comum, não parece que as propostas baseadas na desconstrução do estabelecido, na abolição de hierarquias entre o que se passou a chamar "alta literatura" e os demais fenômenos ficcionais ou na multifocalização dos sujeitos com direito a interpretação, sejam realmente adequadas.

Pozuelo Yvancos[9] fala diretamente da "hipertrofia da teoria" nos estudos literários para assinalar as tendências que se afastam da análise da experiência de leitura literária como algo acontecido entre a obra e o leitor. E denuncia essa nova proeminência da teoria, esse renovado desvio em direção ao contexto e à ideologia que, vista da perspectiva educativa, chega quando a escola ainda está defendendo o "sentido da leitura" frente a um ensino baseado no contexto histórico ou frente a uma aplicação fora de lugar dos aparatos teóricos de análises do texto e sua recepção.

No momento, a polêmica apresentou-se na linha da discussão sobre o cânone legítimo de leituras, a partir de que Harold Bloom (1996) suscitara uma boa agitação com sua resposta, supostamente ortodoxa, às pretensões de apagar as fronteiras da qualidade entre as obras ou de criar novas listas a partir dos textos próprios dos setores sociais minoritários ou tradicionalmente excluídos da cultura oficial. A dificuldade em estabelecer as seleções escolares de leitura chamou a atenção em direção a novos argumentos, a ponto que começam a traduzir-se em textos educativos, de uma ou outra posição, sobre o papel dos clássicos na escola ou a definição de um cânone escolar.

Cabe destacar que, pela primeira vez, o debate teórico sobre os clássicos e as referências compartilhadas inclui as obras de literatura infantil e juvenil. É uma consequência da força histórica que este tipo de literatura já tem em suas costas da importância literária que obteve, assim como de sua incorporação definitiva à leitura escolar. Com efeito, ao alcançar um desenvolvimento suficientemente consistente, a literatura para crianças começou a propiciar os propósitos de estabelecer listas de consenso das melhores obras produzidas. Neste novo contexto, o peso escolar na leitura, como acesso livre a um *corpus* em mudança e adaptado às circunstâncias, começou a julgar-se como uma desis-

---

[9] José Maria Pozuelo Yvancos, "Canon y lectura", in *La seducción de la lectura en edades tempranas*, Madri, Ministerio de Educación, Cultura y Deporte, 2002, pp. 283-307.

Andar entre livros

tência da função escolar de criar referências e sentido de comunidade. E a proliferação de obras de consumo levou a deixar de lado a sanção de alguns títulos infantis que asseguram uma leitura de qualidade durante essa etapa vital.

No entanto, quando se reclama da alienação escolar em favor da recuperação dos clássicos, não se deve esquecer que a escola seleciona suas obras "legitimadas" em função de diferentes propósitos e que o cânone de onde procedem, seja o infantil ou o adulto, deve se ver sempre como um conjunto vivo e cambiante.

Vivo e cambiante em primeiro lugar em relação às obras que o compõem. A evolução histórica leva incessantemente ao acréscimo de novas obras na lista (ou a retirá-las) e cada obra introduzida não apenas se coloca ao final da lista, mas reordena o conjunto anterior. Na realidade, o cânone das leituras escolares variou ao longo da história devido às inclusões e exclusões realizadas pela crítica sobre obras e autores. O "cânone literário" não foi nunca, então, algo imutável, mas, pelo contrário, encontra-se em crise permanente. Avaliar de maneira negativa este estado de coisas deriva da vontade de ter uma ordem estável, um desejo que se opõe à percepção positiva da ideia da "crise" entendida como crescimento perpétuo e à ideia da construção de "nossos clássicos" como um fenômeno aberto. Um exemplo histórico, limite do desejo de ordem, seria o do cânone bíblico, um cânone fechado nas coordenadas de um único texto, a Bíblia, com um poder institucional, a Igreja, que ostenta a exclusividade da interpretação "canônica", ou seja, um modelo absolutamente fixo, característica da qual derivam tanto a sua força quanto a sua debilidade.

Em segundo lugar, o cânone é cambiante também em relação às hierarquias que se estabelecem entre os tipos de obras admitidas. O sistema literário é complexo, um *polissistema*, como o chamou Itamar Even-Zohar,[10] baseado na confrontação permanente de modelos que convivem e estabelecem tensões entre o centro e a periferia (nos termos de Lotman[11]), entre o centro e os distintos graus de periferia culta, entre a arte culta e a arte popular. Durante o século XX, estas tensões se manifestaram através da grande penetração das formas populares nas fronteiras da cultura central (fato evidente se pensarmos, por exemplo, na *pop art* presente agora nos museus) ou entre culturas poderosas e minoritárias, como se observa na falta de representação das etnias e culturas marginais nos cânones oficiais, o que leva à opção entre

---

[10] Itamar Even-Zohar, *Papers in Historical Poetics*, Tel Aviv, Tel Aviv University, 1978.

[11] Iúri M. Lotman e Escuela de Tartu, *Semiótica de la cultura*, Madri, Cátedra, 1979.

6. Ler com os outros

introduzir elementos de suas culturas no cânone oficial ou passar a definir cânones alternativos, como propõem muitos estudos realizados nas universidades americanas.

Em terceiro lugar, o cânone é fluido também em relação à autoridade da crítica para destacar algumas obras determinadas. Certamente, se não há um aparato crítico que as sancione, as obras simplesmente deixam de existir em pouco tempo e se fundem no esquecimento; mas as obras que se mantêm trazem um novo problema: o da impossibilidade de separar sua percepção atual das interpretações realizadas pela crítica sobre o texto ou o autor ao longo do tempo. Este fenômeno, que foi considerado central por parte dos novos focos da teoria literária, implica diversas questões que afetam também à seleção escolar das obras.

A existência de alguns clássicos sancionados socialmente é algo tranquilizador para a escola quando enfrenta a tarefa de decidir que referentes deveriam possuir os alunos, mas isso não significa que se devam ignorar as armadilhas e os problemas que se escondem atrás da existência reconhecida de alguns "clássicos". Por exemplo, a crítica literária moderna reforçou a ideia da relação entre a obra e seu autor, de maneira que, quando a escola escolhe suas leituras, o faz superando os critérios de excelência das obras e de seus autores. Ou seja, uma obra pode ser escolhida como leitura porque se pensa que é importante conhecer seu autor, embora a obra em questão seja considerada de menor interesse que outra que foi eliminada por tratar-se de um autor avaliado como pouco relevante para o processo de aprendizagem cultural dos alunos, o que supõe uma "composição" de equilíbrio instável. Outra condicionante é que participam da leitura escolar obras que a crítica acadêmica tende a perpetuar no cânone porque se estudam e contestam as leituras críticas anteriores de obras "famosas", aquelas que justamente já figuram na lista, sem ampliar sua análise ao conjunto de onde surgem. E também ocorre que, como faz frequentemente a literatura comparada, se impõem critérios de ordenação como se se tratasse de uma descoberta feita ao fim de um processo analítico quando, na realidade, primeiro se selecionam as obras a partir de considerações predeterminadas e depois se explicitam as inter-relações entre elas.

Apesar destes problemas, a consideração de um conjunto de obras como "clássico" torna-se necessária para a sociedade e para a tarefa escolar de formar novos cidadãos dessa coletividade. Qualquer cultura precisa criar uma representação de coerência interna e nessa construção as obras literárias têm sempre sido um material de primeira ordem. Não obstante, temos que ser conscientes de que o processo de coerência se produz ao adotar critérios prévios que introduzimos em um caos arbitrário com uma finalidade determinada. No fundo, o principal paradoxo reside no fato de que se busca estabilidade e coerência em elementos – as obras literárias de qualidade – que se caracterizam precisamente por sua criação incessante de novas regras artísticas. Ser conscientes do substrato problemático inerente à ideia dos "clássicos" significa, primeiro, mudar a imagem de foto fixa, única e hierarquizada das obras, pela ideia de uma sociedade articulada em torno de diferentes tipos de modelos de discurso, sistemas literários e cânones que convivem, fluem, se relacionam e se interpretam. E, segundo, requer também explicitar a ideia de que as seleções "canônicas" se realizam em função do objetivo proposto. No caso da escola, o da referência comum de obras que resultam operativas para o aprendizado literário das novas gerações.

O debate sobre a conveniência da leitura de obras clássicas se acentua no secundário, porque eles já não são clássicos infantis ou pertencentes à literatura de tradição oral, mas referem-se a obras históricas de literatura própria ou universal, um tipo de leitura mais exigente que apenas se realizará, em sua maioria, no contexto da instituição escolar.

São estas obras históricas lidas tradicionalmente na escola secundária as que parecem receber um repúdio generalizado entre os adolescentes interrogados a respeito. Sem dúvida isso se deve ao fato de que são obras que se encontram muito afastadas de suas capacidades linguísticas e culturais. Como "não entendem nada", tal como expressam taxativamente, a leitura se converte numa ferida dilacerante de sua autoestima e gera defesas violentas. Nas entrevistas realizadas nos estudos qualitativos sobre hábitos de leitura, os adolescentes se queixam de sua obrigatoriedade e as atacam frontalmente (embora caiba advertir, que só se manifestam contra essa coação quando sustentam também que não gostaram da obra). Do mesmo modo podemos observar que muito frequentemente se retratam em seguida da forma categórica de suas desqualificações, porque interiorizaram de alguma forma os critérios de hierarquia e autoridade social que a escola introduziu em sua percepção cultural do mundo.

Podemos ainda acrescentar que uma das linhas de defesa da leitura de obras contemporâneas na escola argumenta que os leitores sentem-se mais capazes de discutir o valor desses textos mais próximos, que os dos títulos

6. Ler com os outros

mais afastados no tempo e já "fossilizados" em sua definição de obras valiosas. Deste modo, os alunos se mostrariam mais ativos na tarefa interpretativa, e as atividades de raciocinar e compartilhar seriam mais favorecidas por um tipo de seleção coetânea.

Todas estas reticências e dificuldades mantêm, majoritariamente, os clássicos da história literária no espaço escolar da leitura orientada e obrigatória. Italo Calvino mostra-se categórico a respeito:

> Não se leem os clássicos por dever ou por respeito, mas apenas por amor. Exceto na escola: a escola deve fazer com que você conheça, bem ou mal, certo número de clássicos entre os quais (ou com referência aos quais) você poderá reconhecer depois os seus clássicos. A escola está obrigada a dar a você instrumentos para fazer uma escolha; mas as escolhas que contam são as que ocorrem fora ou depois de qualquer escola.[12]

Mas é também evidente que o acesso às obras de referência cultural compartilhada pode ampliar-se na escola em formas diferentes da leitura direta. A leitura de boas adaptações, que as façam mais acessíveis, é uma alternativa. Pode tratar-se de adaptações que visem unicamente a modernizar a linguagem utilizada ou a abreviar o texto, ou ainda uma mudança maior que leve em conta as capacidades infantis e juvenis. É um tema que tem motivado muitas polêmicas e existe um escasso consenso sobre a conveniência de utilizá-las, embora isso dependa com frequência da existência de adaptações feitas por autores de reconhecida qualidade literária. Embora possa pensar-se em outras possibilidades: algumas obras podem ser narradas ou lidas pelos professores, outras podem ser introduzidas fragmentariamente como uma simples prova, algumas podem andar por aí em projetos de trabalho e, inclusive, em muitos casos, pode-se confiar em uma primeira apresentação através de versões audiovisuais.

Definitivamente, parece que atrás da irrupção da produção de livros infantis e de obras atuais na escola, nos últimos anos assiste-se a um progressivo retorno à defesa da função escolar de criar referentes de coesão cultural estáveis entre as gerações. Trata-se de uma função decisiva porque, realmente, a perpetuação de um título ou outro no imaginário coletivo se acha em grande medida nas mãos dessa instituição. A respeito da seleção oficial francesa

---

[12] Italo Calvino, *Por que ler os clássicos*, trad. Nilson Moulin, São Paulo, Cia. das Letras, 1993.

Andar entre livros

para a leitura de livros infantis no primário, Anne-Marie Chartier lembra a responsabilidade e o poder que os professores têm nesta questão, ao dizer:

> Nada está decidido, porque o poder prático reside, em última instância, nas mãos dos professores. São eles que, através da experiência com as crianças, escolhem e continuarão escolhendo os "livros para as aulas", que seria conveniente chamar pelo seu nome: "os clássicos".[13]

---

[13] Anne-Marie Chartier, "La littérature de jeunesse à l'école primaire: histoire d'une rencontre inachevée", in Henriette Zoughebi, *La littérature dès l'alphabet*, Paris, Gallimard Jeunesse, 2002, p. 157.

7.

Ler, expandir e conectar

> Aqueles que trabalham com "promoção de leitura" ocupam-se, precisamente, da leitura e jamais se ocupam da escrita. Mas eu não estou sugerindo que se juntem oficinas de redação às oficinas de leitura (ou que nome tenham). O que eu proponho é outra coisa.
> Parece-me que a única maneira de superar este pensamento dicotômico é pensar em termos de cultura escrita.
> (...) em todas essas atividades há interfaces entre o ler e o escrever; entre o ler, o falar sobre o que foi lido, o falar sobre o que foi escrito, refletir sobre o dito e refletir sobre o lido. Ler e comentar, ler e resumir, recomendar, contar para o outro que não teve acesso a esse texto, explicar, revisar e corrigir o escrito, comparar e avaliar, ditar para que outro ou outros escrevam, dar formato gráfico ao escrito.
>
> Emilia Ferreiro[1]

A leitura literária pode expandir o seu lugar na escola através de múltiplas atividades, que permitam sua integração e conferência com outros tipos de aprendizados. Os mais imediatos, é claro, são os aprendizados linguísticos. Por um lado, o trabalho linguístico e literário conjunto permite apreciar as possibilidades da linguagem naqueles textos sociais que o propõem deliberadamente, como é o caso da literatura. Por outro, a inter-relação se produz através de formas mais indiretas, já que o contato com a literatura leva as crianças a interiorizar os modelos do discurso, as palavras ou as formas sintáticas presentes nos textos que leem. Isto ocorre sem outra intervenção, quando as crianças mergulham no repertório completo de recursos poéticos contido no folclore oral, uma base insubstituível para sua sensibilização na poesia. A literatura também servirá para aprender a comunicar oralmente um texto: as obras são recitadas, são dramatizadas ou são lidas em voz alta para

---

[1] Emilia Ferreiro, "Acerca de las no previstas pero lamentables consecuencias de pensar solo en la lectura y olvidar la escritura cuando se pretende formar al lector", in T. Colomer, E. Ferreiro e F. Garrido, *Lecturas sobre lecturas*, México, Conaculta, 2002, vol. 3, p. 32.

Andar entre livros

compartilhá-las com os demais. E também para memorizá-las e convertê-las em parte de nossas lembranças, ou seja, de nós mesmos.

Além disso, os livros se oferecem como uma ocasião perfeita para falar ou escrever sobre eles, a partir deles ou segundo eles, em uma constante efervescência de atividades que inter-relacionam a leitura, a escrita e a fala, e que contam com um grande número de experiências escolares, que demonstraram sobejamente seus benefícios no domínio progressivo da língua, tal como temos indicado ao falar dos projetos de trabalho.

Mas as conexões podem produzir-se também em muitas outras direções por causa da riqueza de elementos culturais, que formam parte inseparável da dimensão literária: os conhecimentos sociais, filosóficos, éticos, históricos ou artísticos que se encontram neste tipo de obras e que permitem, inclusive, que alguns autores postulem a inclusão do ensino da literatura no interior de uma hipotética área "cultural" do currículo escolar.

O impulso na direção dessas conexões pode produzir-se do interior da obra aos terrenos circundantes, em tantas direções como requeira ou permita a compreensão do texto. O uso atual do hipertexto no computador visualiza com clareza esta operação de saltar das palavras, imagens, temas ou referências de um texto para outros muitos conhecimentos relacionados a ele e que podem usar-se tanto para entendê-lo com maior profundidade, como para navegar caprichosamente através do *continuum* do conhecimento humano. No sentido inverso, as conexões também podem estabelecer-se vindo de algum ponto do exterior em direção à obra literária, em tantas confluências quanto permita o estudo do tema, porque sempre há textos literários que podem girar em torno dessa órbita: da descrição do lugar que se vai visitar, ao poema que expressa a atitude ética que se debate; da paranoia versificada de nossa mascote de classe à novela histórica que recria o período estudado.

Quanto mais ativo e inter-relacionado é o ensino que se oferece, mais fácil será que os alunos se encontrem com a literatura em qualquer espaço ou matéria... sempre que nos lembremos de pôr aí as obras, é claro.

Para este espaço de leitura escolar há que se pensar em livros que deveriam estar presentes na aula em momentos determinados ou períodos concretos. Por exemplo, livros que podem ser lidos ou consultados para servir de modelos do resultado que se espera obter em projetos de escrita sobre gêneros específicos (bestiários, coleções de contos etiológicos, de mistério, de ficção científica, etc.); livros para ser usados como base de dramatizações, leituras poéticas ou antologias de fragmentos sobre questões determinadas; livros aliados com atividades artísticas que sirvam como vias de compreensão ou

7. Ler, expandir e conectar

expressão ao efeito causado pela leitura (a confecção de poemas-objeto, desenhos, busca de pinturas do mesmo estilo artístico, etc.); livros como imersão para a vivência de temas, lugares e épocas tratadas na área do estudo social (novelas históricas, sobre outras culturas, etc.); livros provenientes de outros países como suporte para a acolhida e integração de alunos estrangeiros, etc.

Não é necessário oferecer listas dessas obras; tampouco são leituras obrigatórias. Pode ser um texto pontual lido ou apresentado pelo professor e deixado ali para quem goste de relê-lo ou continuá-lo, como se a literatura surgisse de seus bolsos, sempre inesgotável, pronta para fazer uma evocação divertida ou mágica. Pode ser um conjunto de obras, que formem um telão de fundo enquanto duram as atividades de aprendizado concreto, livros incorporados a esse entorno temporal como instrumentos de cultura ao alcance dos alunos, para que se entretenham folheando-os, sirvam-lhes como sugestão de formato ou modelo em seus escritos ou lhes ajudem a entender e relacionar conhecimentos tratados em áreas distintas.

Um problema prático de incorporar este tipo de seleções pontuais é que se baseiam em um conhecimento amplo da oferta editorial existente. Ninguém pode aproveitar o convite criativo de *Los misterios del señor Burdick*, de Chris van Allsburg,[2] nem pode utilizar um título tão sugestivo como a *Enciclopedia de las cosas que nunca existieron*[3] se não sabe de sua existência. Mas, em compensação, não são títulos necessariamente ligados a uma atividade ou avaliação concreta. Talvez então muitos professores estejam tentados a pensar que se trata de muito trabalho de seleção para uma simples operação de ambientação ou de comentário anedótico, que não oferece resultados tangíveis ou suficientemente consistentes...

No entanto, inter-relacionar os campos de aprendizagem e deixar resvalar a literatura entre as fendas é um modo de operar muito vantajoso para as crianças, tanto porque amplia seu contato com a literatura e seu convencimento de que ela faz parte do mundo, como pelo seu poder de converter as demais aprendizagens em algo mais vivo. Como nos disse Aziza, uma adolescente de um bairro periférico de Paris, ao ser entrevistada por Petit:

> Porque aí sim eu tinha a impressão de viver a história com as pessoas. Parece abstrato quando o professor diz: "Pois bem, houve cem mil mortos". Se nota uma cifra, e isso é tudo. Quando li o livro, me perguntei: como puderam viver tudo isso?[4]

---

[2] Chris van Allsburg, *Los misterios del señor Burdick*, México, Fondo de Cultura Económica, 1996.

[3] Michael Page e Robert Ingpen, *Enciclopedia de las cosas que nunca existieron*, Madri, Anaya, 1986.

[4] Michel Petit, *op. cit.*, p. 87.

Andar entre livros

Ler e escrever literatura: os contos no primeiro ciclo[*]

Sabemos que ler e escrever são duas faces da mesma moeda na missão de facilitar o acesso à cultura escrita que se encomendou à escola. No caso da leitura literária, os alunos leem mais literatura do que escrevem, é claro. Mas se ler literatura serve para aprender a ler em geral, escrever literatura também serve para dominar a expressão do discurso escrito; concretamente, escrever literatura – contos, poemas, narrativas feitos individual ou coletivamente – permite que as crianças compreendam e apreciem mais, tanto a estrutura ou a força expressiva de seus próprios textos, como a dos textos lidos. Muitos autores que desenvolveram as propostas de oficinas literárias aludem a este movimento recursivo e, inclusive, propõem inverter a ordem escolar tradicional e chegar à leitura literária através da escrita.

Na etapa primária, por exemplo, as crianças leem muitos contos;[5] mas escrevê-los é também a atividade da criação de textos autônomos mais frequente nesta fase. Desde que, no início da década de 1970, Gianni Rodari postulou a mudança das eternas redações escolares sobre "o dia mais feliz da sua vida" ou "a primavera", por tarefas mais imaginativas, a escrita de pequenos contos por parte dos alunos se generalizou. Escrever contos passou a ser, sem dúvida, um instrumento importante da educação literária das crianças, já que mobiliza de forma ativa e gratificante seus conhecimentos implícitos ou explícitos sobre como se constrói uma narrativa literária.

É conhecida, no entanto, a grande distância que existe entre o que os meninos são capazes de ler, o que são capazes de inventar oralmente e o que são capazes de escrever, já que estas atividades requerem competências muito diferentes, embora relacionadas. É evidente que o aluno do ciclo inicial, que escreve, laboriosamente, um conto de cinco linhas, que termina de maneira abrupta sem que se resolva o conflito anunciado, se indignaria ante a leitura de um conto sem desfecho. O aluno do ciclo superior, que descreve passo a passo os acontecimentos ocorridos em uma ordem estritamente linear, pode-

---

[*] Ciclos inicial, médio e superior são termos usados na Espanha que correspondem (segundo as faixas etárias citadas no próprio texto) do final da Educação Infantil à 5ª série do Ensino Fundamental. (N. do T.)

[5] Algumas ideias deste trecho foram expostas pela primeira vez em uma conferência no 1º Simpósio do Professorado de Educação Infantil e Primária do Ensino, em Valência, 1994. Foi publicada em espanhol, in Teresa Colomer, "Lectura de ficción y redacción de cuentos en la escuela primaria", in *Textos de didáctica de la lengua y la literatura*, n. 9, 1996, pp. 29-40.

ria mergulhar, em seguida, na leitura de uma narrativa que dose a intriga, através de antecipações e retrospectivas perfeitamente orquestradas nas vozes do narrador e dos personagens, que estariam reconstruindo ante seus olhos os fatos narrados de mil maneiras distintas.

As diferenças entre a competência da recepção e a da produção não se originam na escola primária; provêm dos primeiros anos de vida, ali onde vimos que as crianças aprendem as características básicas dos contos. E se prolongam ainda mais, já que os objetivos educacionais não focalizam a formação de escritores profissionais e sim a de leitores literários competentes. Mas o progresso da leitura e da escrita tem uma zona comum – embora seja pouco conhecida e mal definida – que se beneficia da relação entre as atividades que as crianças realizam em uma e outra área.

Uma parte da programação específica sobre literatura se destina a revelar progressivamente como estão construídos os contos que leem. Assim, parece que esse conhecimento explícito deveria reverter na capacidade dos alunos de melhorar seus escritos de ficção. Na direção contrária, experimentar o prazer de inventar mundos de ficção e utilizar literariamente a língua, deveria ajudar a apreciar a leitura de bons textos escritos por outras pessoas. E, em geral, aprender a ler e a escrever de uma forma mais consciente – através dos textos extensos de ficção que as crianças dominam com maior facilidade – deveria contribuir para o domínio da leitura e da escrita de qualquer tipo de texto.

O QUE SE COSTUMA ENSINAR SOBRE A REDAÇÃO DE CONTOS?

Ainda que professores e professoras quase sempre ensinem muito mais do que programam explícita e conscientemente, se consideramos o que dizem que fazem, além das propostas mais difundidas nos livros de texto, podemos agrupar as atividades em relação à escrita de contos em alguns campos prioritários.

• *As atividades de geração de ideias.* Nas últimas décadas, a escola focalizou a valorização positiva da originalidade e da fantasia nos contos produzidos pelas crianças. Um dos exercícios mais usados incita a pensar no encadeamento extraordinário de uma história. O acontecimento escolhido, esse popular "o que aconteceria se...?", oferece o início e o condicionante para guiar a redação dos contos. Deste modo, grande quantidade de narrativas infantis se estruturam a partir de uma primeira tarefa de forma similar a esta:

Andar entre livros

Meu gato amanheceu sem rabo, na manhã seguinte amanheceu com rabo de cavalo. Depois na manhã seguinte amanheceu com corpo de jacaré. Depois na manhã seguinte amanheceu com cabeça de coelho.
E assim foi o mascote mais popular da colônia. E eu me senti feliz.
Fim.

Érick, 7 anos.[6]

• *A estrutura narrativa.* O trabalho sobre a estrutura narrativa parece ser um ponto indiscutível nas atividades escolares. Tem muita responsabilidade nisso o interesse dos estudos estruturalistas pelas formas comuns a todos os relatos – e, em especial, a descrição de Propp sobre a estrutura dos contos maravilhosos –, assim como a atenção concedida a este aspecto pela pesquisa psicolinguística e educativa. Dividir os contos em suas partes principais, recompor contos previamente cortados, inventar as partes que faltam, criar histórias a partir de dados e cartas, etc., são alguns dos muitos exercícios habituais hoje em dia na escola e também são os mais mencionados pelos professores, quando se pede que descrevam em que consiste seu trabalho sobre os contos.

• *Os modelos da literatura tradicional.* A consciência da importância educativa e literária dos contos populares fez com que os professores se esforçassem por levá-los às aulas de formas muito variadas. Em geral, as crianças terminam por conhecer bastante bem suas características narrativas e é o modelo que mais adotam para o desenvolvimento de seus próprios contos.

• *O trabalho textual sobre a descrição, o diálogo e as fórmulas de início e fim.* Estes aspectos concretos são os que aparecem com maior frequência nos exercícios dos manuais escolares e constituem a maioria das atividades na aula. São feitos como exercícios prévios à redação e na tarefa de melhorar o texto já escrito. Em primeiro lugar, trata-se de aprender as convenções que os regem (a maneira de introduzir os diálogos, por exemplo), e, em segundo lugar, de utilizar formas mais ricas e variadas nas redações infantis (o uso de fórmulas tradicionais de introdução e fecho, a qualificação nas descrições, etc.).

---

[6] A tarefa e o texto vêm de um dos concursos de redação promovidos pelo site do Fondo de Cultura Económica do México.

7. Ler, expandir e conectar

OS ELEMENTOS DE CONSTRUÇÃO DO RELATO

As dificuldades dos alunos na confecção de histórias vão além dos aspectos que podem resolver-se com as atividades assinaladas. A geração de ideias limita-se a oferecer um ponto de partida; a estrutura narrativa supõe apenas um esboço – aliás, superconhecido pelas crianças; os modelos tradicionais deixam os alunos desamparados quando procuram redigir um conto de outro estilo; e, finalmente, os aspectos textuais abordados são muito parciais e, frequentemente, percebidos como uma correção ou um embelezamento do texto quando este já foi construído.

Possivelmente, se tivéssemos mais presentes quais são os elementos que configuram um relato e se soubéssemos que características têm os contos que as crianças leem, seria mais fácil programar outro tipo de ajuda no aprendizado da escrita de ficção e na capacidade de apreciar os livros quando lidos.

Em seu estudo sobre o aprendizado da linguagem escrita, Liliana Tolchinsky[7] mostrou a capacidade dos alunos do ciclo inicial para produzirem textos narrativos e descritivos perfeitamente distintos uns dos outros. Lamentavelmente, ao mesmo tempo assinalou a escassa qualidade dos relatos analisados. As causas desta pobreza não se referem a nenhum dos pontos de atenção prioritária no ensino escolar a que acabamos de nos referir. Ao contrário, tal como mencionou Tolchinsky, podem atribuir-se a aspectos como os seguintes:

- Nenhuma distinção entre a ordem em que os acontecimentos narrados ocorreram e a ordem em que são explicados, sempre em favor da ordem cronológica dos acontecimentos.
- Inexistência de um jogo de alternativas na presença/ausência do narrador, em favor do estrito relato dos acontecimentos, sem avaliações, cumplicidades, nem comentários dirigidos ao leitor.
- Ausência de descrições do mundo mental dos personagens, de suas intenções, em favor da simples descrição da conduta e das ações.
- Falta de controle da relação entre os detalhes e o sentido global do texto.

O que todas essas dificuldades têm em comum é que se situam em um nível de gestão do texto que se encontra em um estado "intermediário" em

---

[7] Liliana Tolchinsky Landsmann, *Aprendizaje del lenguaje escrito: procesos evolutivos e implicaciones didácticas*, Barcelona, Anthropos, 1993.

Andar entre livros

relação aos problemas abordados de maneira explícita pela escola. "Acima" da atenção nos níveis mais profundos do domínio textual (o que é uma narrativa frente a outras formas de texto, que estrutura tem, que modelos básicos nos oferece a tradição literária oral) e "abaixo" da atenção nos níveis mais superficiais (como os personagens e os ambientes foram descritos, como se utilizam os sinônimos, como se inicia e se finaliza um conto de maneira ritual ou surpreendente, entre outros).

Problemas como a distinção entre o argumento e a trama, ou a determinação da voz narrativa, aos quais remetem as dificuldades observadas por Tolchinsky, conduzem à necessidade de programar um ensino que sensibilize os alunos em relação às características da narrativa literária (alguém conta uma história a alguém) que assinalamos ao falar dos livros para leitores iniciantes. Na etapa primária, muitos desses elementos só poderão estar presentes de forma implícita. Apesar disso, seria desejável que a falta de ensino explícito não ocorresse em paralelo com a falta de consciência de sua existência por parte do professorado. Os mestres, sim, devem fazer uso desses conhecimentos, tanto para saber onde estão os problemas de redação de seus alunos e sugerir melhoras concretas, como para ressaltar sua presença durante a leitura dos livros, melhorando, assim, a apreciação das obras por parte das crianças.

Há alguns anos, a pesquisa sobre redação começou a chegar à prática escolar e deu evidência aos problemas de planejamento global do texto. Quando os alunos se propõem a escrever um conto têm que resolver as questões essenciais sobre sua enunciação: quem fala, o que sabe sobre a história, em que ordem a explicará, para produzir que efeito, como o leitor poderá interpretá-lo, etc. Ou seja, terão que estabelecer os elementos constitutivos do relato de forma mais detalhada do que se apenas se limitam a escolher uma ideia original e uma trilha-estrutura que a desenvolva.

Tal como assinalaram vários autores (Schneuwly,[8] por exemplo), muitos problemas da escrita narrativa de crianças derivam do fato de que até os dez anos enfrentam o texto de forma localizada, de maneira que uma ação conduz à seguinte, sem uma ideia guia e uma articulação suficientes. Isto é o que ocorre, por exemplo, no seguinte texto:

> Um sábado, jogando no computador, me aconteceu uma coisa nunca vista, pois me aconteceu jogando o "Last Dutchman Ming", toquei umas teclas e entrei no jogo e me tornei o

---

[8]   Bernard Schneuwly, "La conception vygotskienne du langage écrit", in *Études de linguistique appliquée*, n. 73, 1988, pp. 107-117.

166

protagonista, e pensei como consegui fazer isso, e voltei a pensar de novo, bem, deixei continuar, fiz que como protagonista eu estivesse morrendo de fome e olhei se havia bastante comida, e sim, havia o suficiente para viver bastante tempo, e continuei caminhando, de repente, encontrei um bandido, mas me atrevi a disparar contra ele e acertei-o na cabeça.

Fui em direção ao povoado e encontrei uma serpente, não sabia o que fazer e ela me mordeu e naquele momento voltei para casa e fiquei contentíssimo. Eu contei isso, mas não acreditaram (Xavier G., 9 anos).

Diferentemente, neste outro texto parece que as ações tendem a se articular entre elas, mas a falta de explicitação das inferências e a ausência de referências no "panorama da consciência" dos personagens dificultam sua compreensão:

Era uma vez um lobo muito antipático e que sempre incomodava João. João fabricou um invento. Quando caminhava pelo bosque tropeçou numa pedra e o invento caiu sobre a pele do lobo. E ele se transformou num dinossauro. João não sabia como devolver-lhe sua verdadeira imagem. Chegou o dezesseis de junho e sua mãe lhe deu uma poção para transformar qualquer pessoa. Então chamou o dinossauro. Agarrou-o e atirou a poção nele e ele voltou a ser o lobo de sempre, mas com uma diferença, tornou-se simpático e risonho (Marc, 9 anos).

A falta de explicitação das intenções e dos sentimentos dos personagens pode obedecer a uma dificuldade geral da escrita: a necessidade de se apresentar o destinatário para valorizar a informação que este requer e que para as crianças, como inventoras desse texto, parece evidente. Em todo caso, nenhum dos contos anteriores pode melhorar substancialmente se não se ampliam os aspectos a considerar no aprendizado da narrativa.

QUE MODELOS DE CONTOS AS CRIANÇAS CONHECEM?
O EXEMPLO DA PERSPECTIVA NARRATIVA

As causas das dificuldades das crianças também tem a ver com os modelos que suas leituras lhes proporcionaram; podemos pensar que seja, talvez, o predomínio do conto popular o que contribuiu para que as crianças não percebam a necessidade de explicitar os pensamentos dos personagens. Justamente, o conto popular tem seu impulso narrativo na ação e não na consciência. Baseia-se em um conflito externo que deve ser vencido pela destreza ou pela inteligência. Seus personagens, por outro lado, correspondem a arquétipos funcionais, que não precisam outra descrição que sua simples menção.[9] A interiorização deste modelo pode fazer as crianças acreditarem que estes aspectos não são relevantes quando escrevem.

Em contrapartida, a literatura infantil atual, sim, oferece muitas histórias centradas em problemas psicológicos, contos nos quais o conflito se situa no interior dos personagens e que requerem mudança no seu caráter, nos quais as circunstâncias pessoais e contextuais determinam o conflito e são objeto, portanto, de uma descrição personalizada. Mas, como já assinalamos anteriormente, até os oito ou nove anos, muitos destes traços se resolvem na ilustração e a familiaridade com os álbuns não oferece recursos verbais às crianças para incluí-los em seus relatos.

Assim, conhecer os contos destinados às crianças pode servir para saber que elementos da construção literária lhes são familiares. Dirigir a atenção para outros aspectos durante a leitura ou oferecê-los como exemplos de ajuda quando escrevem pode contribuir para o progresso na educação literária dos alunos.

Vejamos, como exemplo, a descrição de um dos elementos da construção narrativa: a perspectiva do narrador, ou a focalização,[10] na literatura infantil destinada às idades compreendidas na etapa primária.

OS LIVROS INFANTIS NO CICLO INICIAL

Como assinalamos ao falar dos livros para leitores iniciantes, estes seguem em geral as condições mais simples de enunciação. Segundo esta norma, se poderia esperar uma perspectiva narrativa onisciente, ou seja, um narrador que sabe tudo sobre a história que conta, que se movimenta em cenários distintos e que é capaz de explicar o que os personagens sentem e

---

[9] Daí a incongruência de alguns materiais escolares, que propõem trabalhar a caracterização personalizada dos personagens (ou a descrição do lugar e outros aspectos igualmente inadequados) a partir de contos populares.

[10] Como se sabe, Gérard Genette classifica a perspectiva da qual se contemplam os fatos em um relato em:

1 – Sem focalização. Quando o narrador sabe mais coisas da história que qualquer dos personagens;

2 – Focalização interna. Na qual o narrador sabe o mesmo que algum (ou alguns) dos personagens. Dentro desta focalização podem-se distinguir as perspectivas fixas, múltiplas e variáveis;

3 – Focalização externa. Na qual o narrador sabe menos que suas personagens, assiste a seus atos, mas não tem acesso à sua consciência.

7. Ler, expandir e conectar

pensam. Mas, mais da metade das obras atuais de qualidade destinadas aos pequenos contradiz esta expectativa, pois limita a informação conhecida pelo narrador.[11]

Em grande parte dos casos, o que o narrador sabe coincide com o que o protagonista conhece. Este traço está presente em grande quantidade de contos que versam sobre problemas psicológicos próprios daquelas idades, uma temática para a qual é mais adequado adotar a perspectiva do protagonista, com o objetivo de dar um caráter intimista à narrativa, falando ao ouvido do leitor.

Lembremos, por exemplo, de um conto como *Munia y el cocolilo naranja*, de Asun Balzola.[12] A menina perdeu alguns dentes de leite e teme que não nasçam outros novos. De noite, em seu quarto, pensa sobre esse temor e imagina (ou recebe) a visita de um crocodilo desdentado com quem pode compartilhá-lo, consolar-se e dar-se tempo para tranquilizar-se, até que os dentes comecem a sair. A história procura fazer com que o leitor se identifique com a menina, que sinta sua aflição e compartilhe seu trajeto até a segurança. Centrar-se no personagem ajuda a seguir esta viagem interior. No entanto, a voz narrativa se mantém na terceira pessoa. Ou seja, a história é contada a partir da consciência do personagem, mas existe um narrador que mantém, com firmeza, o controle da história, que sustenta o papel de "alguém que conta a história de outro", já que esta é uma situação de comunicação literária mais simples e familiar às crianças.

Outra parte importante das obras narra exclusivamente atos externos — o que se faz e o que se diz; não do modo como o fazem os contos populares, nos quais o narrador se afasta do plano da consciência porque a ação é o mais importante, enquanto mantém uma presença constante na gestação da história. Neste caso o narrador, ao contrário, se faz deliberadamente transparente e se limita a enunciar o que dizem e o que fazem os personagens, como no conto já citado *Ahora no, Fernando*:

"Olá, papai," "Agora não, Fernando",
disse Fernando. disse seu pai.

---

[11] Dados provenientes de Teresa Colomer, *op. cit.*
[12] Asun Balzola, *Munia y el cocolilo naranja*, Barcelona, Destino, 1984.

Andar entre livros

Como já dissemos, esta teatralização do relato obedece a uma vontade de distanciamento a serviço do humor ou à dureza do tema tratado, ou à intenção de facilitar a leitura dos leitores iniciantes, ou a todos esses motivos ao mesmo tempo.

OS LIVROS INFANTIS NO CICLO MÉDIO

A maioria das obras dirigidas aos meninos e meninas de oito a dez anos, ao contrário, utiliza um narrador onisciente. Como vimos no capítulo três, com o exemplo da inovação dos temas, isto ocorre porque os livros mais abundantes nesta fase são narrativas fantásticas que servem para olhar "para fora", para especular sobre os limites e as possibilidades da realidade externa e próxima ao leitor, e, neste estímulo à imaginação, os modelos tradicionais da literatura oral – os que correspondem às linhas mais simples do relato – se encaixam perfeitamente. Frequentemente se supõe que o leitor conta com um bom conhecimento dos contos populares e se pede sua cumplicidade (o que aconteceria se se encontrassem personagens de contos famosos; ou se se invertessem os traços típicos dos personagens tradicionais, etc.). Em outras ocasiões, os contos se afastam dos modelos folclóricos para constituir o que se denomina fantasia moderna, que utiliza objetos animados como protagonistas, a irrupção de um fato extraordinário na vida comum ("meu gato amanheceu sem rabo"), etc. O predomínio deste tipo de contos faz com que a perspectiva de um narrador que sabe tudo sobre a história seja a mais generalizada.

As narrativas para estas idades respondem à pergunta "o que aconteceria se...", e desenvolvem as características e consequências do extraordinário ou se aplicam em encontrar uma resposta engenhosa para o problema provocado pelo fato fantástico: que poderia ser, por exemplo, alguém que encolhesse aos poucos; ou pudesse transformar-se em animal, ou que determinados objetos tivessem vida própria, ou que o mundo fosse regido por outras leis físicas, fosse de pedra ou de caramelo, etc. Ou seja, adotam um modelo literário muito semelhante ao que em geral é utilizado nas redações escolares das crianças dessa idade.

OS LIVROS INFANTIS NO CICLO SUPERIOR

Nos livros destinados aos meninos e meninas de dez a doze anos aumenta novamente a focalização. Embora a extensão de seu uso seja parecida a dos contos para leitores iniciantes, o narrador externo se encontra agora em menor número, de modo que, na realidade, a perspectiva do protagonista da história aumenta notavelmente em relação às leituras iniciais.

Esta tendência é coerente com o predomínio, nesta etapa, dos contos realistas protagonizados por um menino ou uma menina que "olha" à sua volta, não mais para especular imaginativamente sobre a realidade, mas para começar a refletir sobre as relações familiares, amistosas ou sociais. Nem é preciso dizer que isto impede que se utilizem também elementos fantásticos no relato.

Por outro lado, o aumento da complexidade nas estruturas narrativas utilizadas permite que – também no caso de manter-se em uma perspectiva onisciente – o narrador se divida entre numerosas perspectivas cedendo a vez a personagens distintos, que contam partes da história. Os leitores são convidados, deste modo, as reconstruir a narrativa a partir da informação recebida por vias diversas, a partir de fragmentos que se vão encaixando.

Se pressupomos que os leitores já têm esse nível de competência, não é de estranhar que seja nessa fase que irá surgir o modelo literário de mistério e investigação. É um modelo muito popular, tanto nos livros quanto nas redações dos alunos. A adoção deste modelo por parte das crianças dessa idade dá também a medida das suas limitações, já que o mistério se entende como um quebra-cabeças e a perspectiva como uma ocultação dosada da informação. Só muito mais tarde os adolescentes serão capazes de entender também o mistério como algo derivado da percepção que o narrador tem dos fatos, ou seja, como um jogo literário construído, precisamente, sobre a base da perspectiva narrativa.

A REFLEXÃO ESCOLAR SOBRE OS ELEMENTOS CONSTRUTIVOS

No ciclo médio do primário as crianças começam a produzir contos mais longos e coerentes. Tal como se notou, as fórmulas que utilizam estão de acordo com os temas e modelos predominantes nos livros que lhes são destinados e configuram assim sua imagem mental do que se espera delas, quando se propõem a escrever um conto.

Sem sairmos do exemplo da perspectiva narrativa, que seguimos no trecho anterior, podemos dizer que as crianças adotam facilmente uma perspectiva onisciente em seus escritos. É a que conhecem melhor a partir dos modelos tradicionais e a que apresenta menos restrições ao escritor no momento

Andar entre livros

de criar um mundo fictício e um argumento. Também lhes é fácil adotar uma perspectiva centrada no protagonista através da primeira pessoa. É um modelo aprendido socialmente na narrativa natural de anedotas e acontecimentos da vida cotidiana, sem intenção literária.

No entanto, a educação literária na escola poderia levar os alunos mais adiante destas duas possibilidades. A perspectiva é um elemento complexo para as capacidades cognitivas dos alunos e provavelmente deve permanecer em um nível implícito até o final desta etapa educativa: mas o professor pode chamar a atenção sobre a sua existência, sua relação com os temas e os modelos narrativos, de maneira que se vá revelando a consciência de sua utilização deliberada. O que acontece nesse encontro dos personagens de *Voces en el parque*, de Anthony Browne,[13] no qual ele nos conta a mesma história através de quatro personagens distintos? Por que o autor não nos proporciona um narrador em quem possamos acreditar para saber o que "realmente" aconteceu?, ou o que está equivocado é justamente desejar um único "realmente"?

Os contos lidos pelas crianças oferecem todo tipo de exemplos de perspectiva narrativa, apesar de que uns predominam mais que outros. Saber como funcionam os livros infantis pode ajudar a criar um programa mais preciso de ensino literário na escola (quando chamar a atenção sobre cada elemento construtivo, quando nomeá-lo, quando sistematizar o conhecimento de suas possibilidades) e pode ajudar a utilizar estes textos como exemplos compartilhados ou como leituras para um progresso programado.

Não se desenvolveram materiais didáticos e práticas educativas muito extensas neste campo; mas a escola foi capaz de difundir atividades de redação para os objetivos que já foram bem compreendidos e aceitos, como no caso do estímulo à escrita ou do domínio da estrutura narrativa. É, pois, de esperar-se que a consideração de novos objetivos concretos gere novas e variadas atividades, que ajudem as crianças a melhorar sua leitura e sua escrita de forma inter-relacionada.

LER E ESCREVER LITERATURA: O CASO DA POESIA

Muito poucos livros lidos na escola são de poesia. A relação entre a leitura de poesia e a escola tem uma história particular de amor e desamor. Por um lado, podem tomar-se os poemas como unidades de sentido, o que tem

---

[13] Anthony Browne, *Voces en el parque*, México, Fondo de Cultura Económica, 1999.

a grande vantagem de serem curtos, e por isso poderão ser lidos, recitados ou analisados em uma só aula. Por outro lado, têm a desvantagem de que sua apresentação "como livros" dificilmente atrairá a leitura autônoma das crianças ou dará um objetivo claro ao ensino dos professores.

A presença da poesia nas aulas deu-se, de modo geral, como seleção incluída nos livros de leitura ou nos livros didáticos. Quando a escola começou a tornar permeáveis as suas fronteiras com a introdução de livros "exteriores", a entrada de contos e narrativas não encontrou maiores dificuldades, mas a poesia refugiou-se em antologias de diferentes tipos:[*]

- Antologias folclóricas de canções, romances, adivinhações, cantigas de roda, refrões, entre outros, nas variantes de antologias mistas ou de recopilação de um só desses gêneros.
- Seleções de poemas para adultos, acessíveis às crianças. Às vezes de um único autor, outras realizadas a partir de um movimento poético e ainda outros com critérios flexíveis. Na literatura castelhana têm sido especialmente selecionados os autores da Geração de 27 devido ao enlace de uma parte de sua poesia com as formas folclóricas tradicionais.
- Antologias mistas, com poesias folclóricas de autores adultos e de autores de poesia para crianças, realizadas a partir de algum critério de agrupamento, sobretudo o temático. Trata-se de um tipo de antologia que se difundiu já no período de entreguerras do século XX, ao tempo em que se ampliava a proposta de trabalho escolar por "centros de interesse".
- Poesias destinadas ao público infantil, um gênero minoritário na Espanha e em países de língua espanhola em geral, motivo pelo qual um autor catalão como Miquel Desclot denunciou reiteradamente que a sociedade parece esperar que as crianças possam saltar diretamente do *Sol solet* (uma canção infantil tradicional) para o *Sol, i de dol* (um poema de J. V. Foix, autor vanguardista, com uma obra de grande elaboração formal e conceitual).

Se analisamos os critérios subjacentes à produção específica de poesia para crianças, podemos chegar à conclusão de que as características que se

---

[*] No Brasil já se encontram muitos livros de poesia escrita para o público infantil e/ou selecionada de poemas escritos originalmente para o leitor adulto com belas ilustrações e capricho editorial. (N. do T.)

considoram adequadas para a recepção infantil são a brevidade, alguns interesses temáticos determinados (como os animais, a natureza em geral ou os brinquedos), linguagem simples, referências muito próximas à experiência infantil, preferência pelo humor, versificação de arte menor, determinados recursos expressivos – como a abundância de metáforas – e uma deliberada proximidade com as formas folclóricas, um traço que leva a usar o jogo intertextual com canções ou outras produções tradicionais que se supõem sejam conhecidas das crianças, assim como a proferir gêneros tradicionais como adivinhações, romances, quadrinhas, versos rimados aos pares, trava-línguas, disparates, etc.

O uso escolar dos livros de poesia dificilmente ocorre na leitura autônoma. Durante muito tempo, as poesias incluídas nos livros de leitura do primário foram poesias para ler em voz alta, recitar, cantar e decorar. Eram poesias para compartilhar: compartilhar o folclore ainda vivo fora das aulas ou compartilhar as referências da coletividade; essas poesias de autor, que configuravam a sensação de comunidade cultural e cimentavam o sentimento de nação. No secundário, estas últimas se ampliavam e eram analisadas estilística e historicamente.

Na segunda metade do século XX, todas as mudanças sociais e educativas assinaladas se aliaram para silenciar a leitura poética. Então os professores não souberam o que fazer com os poemas, e os livros infantis converteram-se em um instrumento quase exclusivo da narrativa. Foi a escrita que veio em ajuda da educação poética. As oficinas literárias foram uma das principais linhas de renovação no ensino. Em suas atividades, a poesia tornou-se logo um dos gêneros prediletos. Em parte por sua brevidade, mas principalmente porque pareceu que esse tipo de aproximação criativa era especialmente pertinente em um gênero com pouca presença social e, no entanto, tão essencial para a educação literária da infância e da adolescência. Este enfoque na aproximação aos textos poéticos teve, sem dúvida, efeitos benéficos, entre os quais podemos destacar os seguintes:

- A adoção explícita do propósito que as crianças experimentem as possibilidades criativas da linguagem e o poder subversivo da poesia.
- A ampliação do *corpus* de leitura, novamente em direção à poesia de tradição oral e, pela primeira vez, em direção à poesia contemporânea, que contribuiu para expulsar as características do "bonito", do "infantil" e do "facilmente compreensível", que configuravam então

7. Ler, expandir e conectar

boa parte das antologias e dos livros didáticos do primário, tal como afirma Josette Jolibert.[14]

- A renovação das práticas rotineiras sobre o texto poético – os questionários de avaliação da compreensão, a busca das metáforas, a aplicação mecânica dos critérios histórico-estilísticos descritos anteriormente pelo docente, etc. – com a introdução de tarefas de produção muito variada, o contato direto com um maior número de poemas, mais diversificados e escolhidos mais livremente, um trabalho de dicção mais elaborado ou a integração do trabalho poético em montagens e exposições que deram vigor à relação da poesia com outras formas artísticas e a motivação comunicativa da leitura e da escrita literária.

A introdução do jogo poético na escola, entretanto, também ajudou o surgimento de discussões teóricas sobre sua função, uma vez que se produzia certa insatisfação prática com respeito à sua viabilidade como itinerário de aprendizagem.

De alguma forma, estes problemas derivaram do fato de que o jogo poético na escola provinha de duas heranças distintas. De um lado, se ajustava à pedagogia da livre expressão. Daí contemplava-se a poesia como uma força liberadora, que permitia desbloquear a criatividade infantil. J.-H. Malineau,[15] em sua introdução à proposta de jogos poéticos, afirmou que se propunha "permitir o reencontro da criança com suas energias e suas formas de inteligência atrofiadas, utilizar estas energias com finalidades criativas e dar-lhe os meios linguísticos para que possa expressar-se". Em um contexto temporal presidido pela reflexão sobre o jogo e a criatividade, com referências indiscutíveis como Wallon, Winnicott, Claparède ou Freinet, torna-se muito representativo que Georges Jean[16] afirmasse que "a poesia introduz no coração da escola um fermento que derrubará os muros".

Por outro lado, este tipo de exercícios de criação podia ser visto como a continuação da antiga prática escolar de escrever "à maneira de...". Desta perspectiva estabeleceu-se a dúvida de que se não nos acharíamos diante de uma mera substituição do modelo de referência romântica ou simbolista,

---

[14] Josette Jolibert (coord.), *Former des enfants producteurs de textes*, Paris, Hachette, 1992.

[15] Jean-Hugues Malineau, *Des jeux pour dire, des mots pour jouer*, Paris, L'École des Loisirs, 1975.

[16] Georges Jean, "La langue dans tous ses états", in *Poésie 1*, n. 28-29, 1973.

Andar entre livros

pelo modelo instaurado pelas práticas poéticas do surrealismo e outros movimentos de vanguarda. Uma substituição que tinha seus perigos, já que frequentemente essas práticas fomentavam a percepção do texto poético como uma construção agramatical e aleatória, com escassa atenção à articulação linguística e de sentido, em favor de um texto baseado na justaposição cumulativa de elementos e na ideia de que qualquer associação imaginativa é possível.

A dupla filiação assinalada remete à tensão de fundo, existente entre o jogo aberto e o jogo com regras, que se reflete em todo discurso pedagógico sobre o ensino da poesia nas últimas décadas. Uma parte dos argumentos se dirige à defesa radical do prazer espontâneo e compartilhado da palavra poética. Seus defensores mantêm-se imperturbáveis ante as críticas escolares à falta de programação, sistematização e avaliação, já que, como indica Daniel Delas,[17] "não é possível perder tempo quando a imaginação se acha no poder". Outra parte dos argumentos e da prática escolar situa-se na perspectiva do jogo com regras. Esta posição acolhe o aspecto lúdico como motivação, mas o objetivo real é a análise e a apropriação das técnicas abordadas. Em contraposição à afirmação de Delas, tratar-se-ia de "a imaginação 'a serviço' do poder do discurso".

Pode-se objetar, seguindo D. W. Winnicott,[18] que os jogos organizados são "uma tentativa de manter à distância o aspecto atemorizador do jogo", mas a polêmica remete, em definitivo, à distinção entre jogo/trabalho e aos limites da instituição escolar. Porque, quase necessariamente, o jogo poético na escola adota características de jogo regrado e estabelece uma tensão entre sua perda de promoção do desejo e sua vantagem na eficácia metodológica, eficácia que passa pela intenção de estabelecer objetivos linguísticos e literários concretos e diversos a partir dos distintos tipos de jogos propostos. Incidir na experiência do prazer do texto implica então o objetivo do domínio da língua.

A introdução do jogo poético teria assim justificativa, não no efeito desbloqueante, nem no suposto imediatismo da gratificação, mas no fato de que permite tocar a realidade da língua acedendo seu avesso. Ou seja, que permite, em definitivo, construir um prazer que se alcança através da experiência e do conhecimento acumulado. Isso é igual, por certo, se falar-

---

[17] Daniel Delas, "L'enjeu du jeu poétique", in *Pratiques*, n. 39, 1983, pp. 79-100.
[18] Donald Woods Winnicott, *Realidad y juego*, Barcelona, Gedisa, 1993.

7. Ler, expandir e conectar

mos da literatura em geral, mas a escrita poética aparece como menos submissa a funções comunicativas externas à mesma língua que outros tipos de discurso, e torna mais fácil levar a língua a seus limites, jogar com as regras e as possibilidades de desvio significativo através da manipulação e da troca dos elementos do texto.

Na mesma linha, a leitura de poemas desestabiliza a leitura espontânea, fere a ordem lógico-referencial de nossos hábitos de compreensão e representação do mundo e torna visível o processo de construção do sentido. A elipse, a concentração, o potencial alusivo e a semantização de todos os níveis do texto próprios da poesia requerem um esforço interpretativo maior do que o habitual em outras leituras. Aprender a ler um poema é aprender a construir sua coerência, apoiando-se sucessivamente nas "zonas legíveis" para o leitor que busca o sentido através de entradas sucessivas. Com esta forma de proceder se ampliam as competências de análise e de integração como operações intelectuais básicas em nossa interpretação da realidade.

Por essas razões, a presença destas práticas poéticas e da discussão sobre seu objetivo contribuiu, em suma, à reflexão geral sobre o sentido do ensino de literatura. A leitura e escrita de poesia na escola resulta representativa, pois, da evolução do ensino literário a favor do acesso dessacralizado ao texto e da participação ativa do aluno. E constitui, também, um claro exemplo da relação entre o aprendizado literário e linguístico, entre o ir e vir da leitura à escrita e da escrita à oral, entre o aprendizado em outras esferas do conhecimento e esse poema que sempre vem a propósito ou essa antologia que junta poemas sobre os temas tratados (os pássaros, os mitos, as paisagens geográficas, as atitudes sociais ou qualquer outro).

Nos últimos anos, parece assistir-se a uma recuperação social e escolar da poesia através da oralidade. Os registros em áudio, os hábitos de atenção fragmentária ou as atividades socializadoras próprias dos alunos parecem oferecer uma nova oportunidade à entrada da poesia através da música e da voz. Talvez por isso, a década de 1990 iniciou um aumento dos livros e antologias poéticas para crianças na produção editorial. Sua leitura na escola se acha agora diante de um duplo desafio: integrar as práticas iniciadas nas décadas anteriores em uma programação de aprendizagens que não trairiam o espírito liberalizador com que foram propostas e gerar outras atividades, que consolidem o avanço das oficinas e atos pontuais, ao fazê-los mais facilmente generalizáveis no interior das rotinas escolares.

8.

Ler com os especialistas

> "Bom, o que pensa do Sr. Wordworth, Srta. Gilly?", perguntou o Sr. Randolph, interrompendo seus pensamentos.
>
> "Estúpido", disse ela. Uma expressão de dor atravessou o rosto do Sr. Randolph. "Suponho", disse ele com sua voz ferida, educada, "com apenas uma leitura, alguém poderia".
>
> "Como aqui", Gilly se sentia obrigada agora a justificar uma opinião que não havia mantido no passado, "como aqui no final: 'a mais desprezível das flores que voa'. Que diabo? O que se supõe que queira dizer? Quem ouviu falar jamais de uma 'flor má'"?
>
> O Sr. Randolph relaxou. "A palavra desprezível[1] tem mais de uma definição, Srta. Gilly. Aqui o poeta se refere à humildade, à insignificância, e não – rindo com suavidade –, não a seu caráter".
>
> Gilly ruborizou-se. "Tampouco nunca se viu uma flor voar". "Dentes-de-leão". Todos voltaram a olhar para William Ernest (...)
>
> Katherine Patterson, *La gran Gilly Hopkins*[2]

Ler obras com a intenção específica de aumentar a capacidade de interpretá-las é o quarto aspecto a levar em conta no planejamento da leitura. Mas assim como os três anteriores já apresentam linhas de renovação educativa bem delineadas, este último é o mais problemático. Sua dificuldade não surpreende, dada a profundidade dos problemas implicados na aprendizagem da interpretação.

Para começar, refere-se à melhora dos processos de "alto nível", segundo a hierarquia estabelecida pelas teorias cognitivas, a qual implica, por exemplo, os processos de elaboração da leitura (a formação de imagens mentais, a resposta afetiva do leitor, a construção de julgamentos distanciados do texto, etc.), que são os menos conhecidos até agora pela pesquisa sobre leitura. Também refere-se aos conhecimentos metalinguísticos e metaliterários que se

---

[1] Refere-se à palavra "mean", do original em inglês.

[2] Fragmento desta narrativa infantil trazido por Trevor H. Cairney, *op. cit.*, p. 49 como exemplo de conversação entre o professor e seus alunos.

Andar entre livros

consideram necessários para o progresso do uso comunicativo da literatura, um problema de inter-relação entre "saber fazer" e "saber como se faz", que afeta todo o ensino da linguística. Por outro lado, requer o acordo escolar sobre o leque de saberes que devem ser ensinados, saberes que se referem tanto ao funcionamento interno do texto, como às suas relações com diferentes tipos de contextos e sistemas artísticos e culturais, sejam sincrônicas e heterogêneas (a relação entre uma obra e as outras artes de sua época, por exemplo) ou diacrônicas e homogêneas (a relação entre uma obra e a tradição literária na qual se situa).

Assim, a renovação deste espaço de leitura escolar depende, primeiro, de uma delimitação de objetivos, uma sequência e uma programação específica dos conteúdos literários que estamos longe de possuir. O que deve saber qualquer pessoa sobre literatura em nossa sociedade? O que deve saber em relação ao seu uso e ao seu nível conceitual? Estas perguntas continuam esperando um consenso educativo suficientemente amplo, inclusive entre os setores mais implicados na renovação pedagógica.

Segundo, se a questão sobre o tipo de conhecimentos que resultam pertinentes e sobre a distribuição que lhes corresponde no planejamento educativo não está resolvida, não é menor o problema de determinar que tipo de orientação necessita a leitura dos alunos para poder progredir nesse sentido.

Não é que se parta do zero neste aspecto; a leitura guiada de textos é a prática que melhor se ajusta à imagem que a escola tem de si mesma como lugar de formação e tem sido a atividade educativa por antonomásia ao longo da história do ensino literário. Durante muito tempo, inclusive a própria facilidade da leitura dos textos foi olhada com suspeita a partir da ideia de que uma leitura sem obstáculos impede a tarefa reflexiva do leitor ou, ao menos, não a favorece. Em certo sentido isso é verdadeiro, porque as atividades escolares de leitura necessitam de um certo nível de provocação, e já mencionamos a necessidade de que os textos ofereçam desafios interessantes para a construção de significado nas atividades compartilhadas. Mas não é uma ideia transferível a todas as atividades de leitura, e ainda menos no caso das obras integrais. Tampouco é uma ideia plenamente aceitável na medida em que revela uma concepção educativa baseada na transmissão do professor e o esforço ascético do aluno. Essa visão representa melhor a imagem derivada do antigo ensino baseado na tradução e na leitura atenta de textos clássicos gregos e latinos sob a orientação do professor. Assim se perpetua a imagem emanada da desconfiança ante o prazer do conhecimento que pre-

8. Ler com os especialistas

sidiu majoritariamente os critérios escolares, dando lugar a todo tipo de preconceitos dicotômicos segundo os quais, como resume Vera Cerqueiras,[3] se alguém aprende não joga, se se diverte, não estuda; se não copia, esquece; se o professor não dita, é porque não sabe, e se cede o protagonismo é porque não quer trabalhar.

Na realidade, "ler com os especialistas" é algo que um leitor de literatura deseja fazer durante toda sua vida. Por isso alguns leitores compram livros de crítica literária ou assistem a conferências e cursos culturais. Na lista seguinte, W. H. Auden[4] resume as funções que um leitor espera que os textos de crítica cumpram:

1. Apresentar-lhe autores desconhecidos.
2. Convencer-lhe de que desdenhou injustamente um autor ou uma obra por não tê-los lido com o cuidado suficiente.
3. Mostrar-lhe as relações entre obras de diferentes épocas e culturas, que nunca teria podido perceber por falta de conhecimentos.
4. Oferecer-lhe uma "leitura" de uma obra que amplie sua compreensão da mesma.
5. Iluminar-lhe sobre a relação da arte com a vida, a ciência, a economia, a ética, a religião, etc.

Os três primeiros desses "serviços" da crítica exigem que os especialistas tenham um maior conhecimento erudito que o restante dos leitores; os três últimos demandam maior competência leitora. Ter conhecimentos eruditos é importante, não porque esse "capital" provoque admiração ou confiança, mas porque são úteis para iluminar a leitura dos demais. Ler de maneira mais sutil é importante, não porque permite impor e generalizar uma interpretação, mas porque suscita interrogações e problemas que fazem os leitores refletir e os leva a descobertas mais complexas e gratificantes sobre suas leituras. Não parece algo muito diferente do que as crianças esperam de seus professores.

---

3 Vera Cerqueiras, "Leo lo que quiero, quiero lo que leo: apuntes y experiencias sobre el taller de lectura", in Carlos Battilana e Gustavo Bombini (eds.), *Voces de un campo problemático: actas del Primer Congreso Nacional de Didáctica de la Lengua y la Literatura*, La Plata, Universidad de La Plata, 1997, pp. 273-277.

4 Wystan Hugh Auden, "Reading", in *The Dyer's Hand and Other Essays*, Londres, Faber and Faber, 1962.

Andar entre livros

LEVAR A INTERPRETAÇÃO MAIS ADIANTE

Mencionou-se que nessa relação assimétrica entre leitores especializados e aprendizes, a escola não parte do zero, mas deve reconhecer-se que parte, sim, de um modelo que não parece funcionar. Já assinalamos que a etapa primária resolveu o problema de programar os conteúdos prescindindo, com uma penada, de fazê-lo. Não obstante, a mesma necessidade dos alunos de ir mais adiante do simples comentário compartilhado, desenvolveu experiências educativas muito interessantes de leitura guiada. Se analisamos estas novas práticas podemos afirmar que, de um modo ou de outro, todas se baseiam:

- na possibilidade de que o leitor expresse e amplie sua resposta, já que experimenta os limites e as variações da interpretação subjetiva;
- na construção do sentido através de formas de diálogo e debate;
- na inter-relação rigorosa das atividades de leitura e escrita ou de ligação com os conhecimentos ficcionais e literários presentes no entorno dos alunos.

As interrogações sobre os conteúdos e o tipo de orientação aumentam, no entanto, na etapa secundária. Ante a dificuldade de guiar a leitura de obras integrais, prefere-se a leitura de fragmentos e, muito frequentemente, mais do que orientar a leitura dos alunos, é o professor quem interpreta, o que faz com que os estudantes se instalem, muitas vezes, na passividade intelectual e tomem notas para que, diante de um exame, comprovem nos textos as características gerais enumeradas ou se fixem em saber que devem admirar algumas obras determinadas. No melhor dos casos aprende-se a interpretar de forma implícita, se a leitura do professor é bastante expressiva para isso, ou seja, se permite ver, com clareza suficiente, o que ele faz para obter sentido.

É evidente que, de maneira geral, os alunos – como no exemplo dos turistas em um museu a que aludimos antes – se limitam a seguir seu guia-professor, de modo que não sabem justificar por si mesmos os valores de uma obra, se desorientam diante de textos que não compreendem, ou não no mesmo grau, os traços que foram retirados para caracterizar um período, um autor ou um gênero. Talvez se possa argumentar que se seguiu um "roteiro" para analisar a obra, mas a análise dos modelos propostos pelo "comentário do texto" ou pelos aportes posteriores da linguística textual demonstrou, à

8. Ler com os especialistas

saciedade, a enorme dificuldade dos alunos para interiorizar um método de leitura que lhes sirva para enfrentar outras obras, de maneira que esse tipo de leitura na aula merece o nome de "leitura substituída" mais do que o de "leitura guiada".

Na realidade, essa interpretação que sobrevoa as cabeças dos alunos é um tipo de crítica valorativa, mais apropriada para ser acrescentada a *posteriori* à leitura guiada, com a intenção de aumentar a fruição da obra. O aprendizado escolar está centrado no esforço pela construção pessoal de sentido. Podemos imaginá-lo por um momento como uma faixa prioritária situada em um espaço intermediário entre o efeito imediato da leitura pessoal e o conhecimento de saberes exteriores. O guia deve servir para mostrar o modo de vencer as dificuldades de sentido da obra, oferecer informação imprescindível para entender determinados aspectos obscuros e chamar a atenção sobre outros aspectos, que suscitem interrogações inadvertidas ou que estimulem novas interpretações mais complexas. É esse, propriamente, o campo de trabalho da escola obrigatória.

Entretanto, quando o efeito e a compreensão da leitura foram alcançados, os leitores gostam de conhecer as interpretações que outros leitores especializados fizeram. É algo que ilumina a leitura uma vez já terminada, uma "iluminação retrospectiva", como a chama C. S. Lewis:

> Longe de mim insinuar que essa luz retrospectiva sobre nossas experiências literárias prévias careçam de valor. Pertencemos a um tipo de pessoas que não se conformam em ter essas experiências, mas que, além disso, querem analisá-las, compreendê-las e expressá-las. E como todo ser humano – ou seja, como animais sociais que somos – queremos "comparar nossas notas" (...) é natural e totalmente adequado que nos produza prazer inteirar-nos do que pensa uma mente superior sobre uma obra excepcional. Por isso lemos com tanto interesse os grandes críticos (embora seja raro concordarmos com tudo que afirmam). Sua leitura é muito proveitosa, mas creio que exageram a ajuda que podem trazer para a leitura das obras literárias.[5]

O aporte de avaliações críticas contribui, então, para a consciência de que as obras formam sistemas que se julgam mediante diferentes tipos de critérios artísticos, históricos e sociais. Essas avaliações formam parte dos saberes "exteriores", dos saberes adquiridos sobre o sistema literário, das noções construídas no período escolar, que fazem o leitor saber que sua lei-

---

[5]   C. S. Lewis, *Crítica literaria: un experimento*, Barcelona, Antoni Bosch, 1982, p. 98.

tura se produz a partir de coordenadas socialmente recebidas, que a condicionam, ao mesmo tempo em que a enriquecem.

Como é natural em um verdadeiro "guia", há que se partir da competência dos alunos para fazer esse trabalho. Podemos calcular, por exemplo, que quando os adolescentes chegam à etapa secundária, podem ter conhecido uma parte do folclore oral e ter lido cerca de 300 livros infantis ao longo de uma boa vida leitora. Uns trinta títulos podem ter sido compartilhados nas aulas através da leitura em voz alta, da leitura coletiva, da dramatização e da recitação de poemas ou do trabalho escolar em geral. E podem ter ouvido falar de um certo número de obras e autores através de sua presença na cultura que os cerca ou de suas versões audiovisuias. Esta é a bagagem de sua cultura literária no melhor dos casos. Não tem nada a ver, naturalmente, com a de seus professores, ou com a que seria desejável que seus professores possuíssem. De modo que a primeira coisa que se deve fazer é explorar a experiência leitora desses garotos e garotas para saber onde se inicia o encontro dessa "viagem guiada".

Em seguida, é necessário decidir que experiência de aprendizagem programada parece mais conveniente em seu processo de leitura de livros. Se se retoma o exemplo do secundário, pode-se combinar que, em uma etapa obrigatória de uns quatro anos de duração, a escola pode oferecer-lhes ao redor de uma dúzia de obras ao longo dos cursos, através de distintas opções organizativas: títulos obrigatórios pata todos, títulos por grupos de trabalho, escolher de uma lista, etc. Em qualquer desses casos, não se trata de um volume de leitura muito extenso, de maneira que é necessário selecionar muito bem esses poucos títulos e, principalmente, pensá-los como um conjunto educativo, porque se programamos as perspectivas e os conteúdos que vão ser trabalhados ao longo da etapa – e talvez das línguas estudadas – seus efeitos podem multiplicar-se.

Recordemos que é importante distinguir um espaço de leituras guiadas de outro espaço de leitura livre, porque isso permite propor leituras que não sirvam unicamente "para que ao menos leiam alguma coisa", um objetivo próprio do espaço de estímulo à leitura. Também evita que essa leitura transcorra em paralelo (quer dizer, sem se tocar) com o ensino da literatura seguido nas aulas. Neste sentido, cabe assinalar que o fato de relacionar ambas as atividades facilita afastar-se do trabalho comum da ficha de leitura, um trabalho que, por outro lado, tem por finalidade o simples (e ilusório) controle de que a leitura foi feita, o que requer a aplicação solitária (e apática) dos

8. Ler com os especialistas

instrumentos de análise aprendidos. Pessoalmente, conhecemos bons leitores que quase enriqueceram com o negócio de preencher fichas para os companheiros, até que a proliferação pela internet de trabalhos sobre as leituras mais frequentes arruinou suas possibilidades financeiras. Assim mesmo, é evidente a pressa e o tédio na redação de trabalhos destinados apenas para cumprir uma data e para que o professor os corrija.

Ao espaço próprio da leitura guiada corresponde, primeiro, uma seleção de obras mais complexas do que a dos títulos que os alunos podem ler de maneira autônoma e, segundo, um trabalho dentro das aulas, se o propósito é ajudar e sustentar o progresso na capacidade de interpretação das crianças. A ideia principal é que, precisamente para aprofundar sua leitura, as crianças necessitam da ajuda de leitores mais experimentados que lhes deem pistas e caminhos para construir um sentido mais satisfatório do significado dos livros. Dar para ler obras integrais não implica em anular o trabalho sobre elas, mas sim refletir sobre as condições que podem convertê-las em pertinentes e interessantes para os alunos. Portanto, incorporar a leitura guiada de livros oferece uma das vias mais claras da conciliação dos diferentes objetivos presentes na educação obrigatória e de superação das perplexidades atuais através de novas práticas.

A primeira condição, ou seja, a seleção das obras mais pertinentes e rentáveis dentre esse conjunto situado um passo adiante das capacidades autônomas dos alunos, requer conhecer amplamente os distintos tipos de *corpus*, coisa que nem sempre ocorre. Como assinalamos, frequentemente o *corpus* clássico de leitura escolar perpetua o habitual das aulas universitárias ou das sucessivas edições de antologias e livros didáticos, com escassa renovação. Ou seja, o *corpus* de literatura para crianças e jovens permanece praticamente desconhecido para muitos educadores, já que não foram tratados como um saber profissional durante sua formação.

A segunda condição, quer dizer, a integração dessas leituras no trabalho de aula, implica em repartir os objetivos da leitura não apenas – nem sequer principalmente neste âmbito – como um progresso em círculos concêntricos, mas como a oportunidade de programar umas tantas experiências distintas do fenômeno literário ao longo das etapas escolares: estudar as obras como uma construção interna formada por diferentes elementos, examinar as obras e sua relação intertextual, as obras e sua relação contextual, etc.

Também significa analisar previamente as obras a serem utilizadas e preparar as atividades em função do que se espera delas em cada ocasião. Quer

Andar entre livros

dizer, pensar concretamente para onde se deseja guiá-las e como explorar sua leitura nessa direção. No espaço de leitura livre não se prevê nenhum dispositivo didático além do estímulo à leitura. Na leitura compartilhada, dá-se ênfase à compreensão, ao contraste e à construção de um sentido da *comunidade leitora*. Mas na leitura guiada necessita-se desenvolver atividades didáticas em função dos *objetivos* propostos. Assinalamos aqui alguns critérios que a pesquisa educativa[6] divulgou como mais aconselháveis no trabalho sobre os livros:

1 – A análise e o comentário das obras devem tender a priorizar os temas e aspectos que melhor deem conta de seu significado global e não se centralizarão em questões de detalhes ou nem sequer aludirão a elas, se tais detalhes não são relevantes para o sentido global e surgem como aspectos anedóticos, como desvios para questões ou conteúdos secundários ou de níveis que podem ser trabalhados em fragmentos e em outros momentos da aprendizagem. Trata-se aqui de privilegiar uma análise "no volume" sobre aqueles aspectos que só podem ser apreciados na leitura de uma obra (evolução dos personagens, criação de enredos, relação de tramas, etc.) e não "no plano" operando sobre a obra como se fosse constituída por uma soma de fragmentos textuais sucessivos, que se analisam um por um nas distintas sessões de aula. Outra coisa diferente é que, em uma análise mais sistemática de uma obra, possam levar-se a cabo ciclos recorrentes – leitura e compreensão global / análise de detalhes / nova revisão global da interpretação – como proposto por Bernard Veck.[7]

2 – As tarefas sobre a leitura serão prioritariamente do tipo *aberto*, com possibilidade de respostas múltiplas, de modo que suscitem a reflexão dos alunos e seu interesse pela opinião dos demais, e não consistam em um exercício de resposta única que, com frequência, propicia mais um esforço do tipo adivinhação e um objetivo meramente avaliativo.

3 – As tarefas propostas tenderão a oferecer-se como trabalhos eletivos, de maneira que os alunos possam escolher o trabalho que se ache em maior consonância com o interesse que lhes despertou pessoalmente.

4 – As tarefas se ajustarão a uma obra concreta, já que é difícil que um questionário ou atividade não específica opere com efetividade sobre uma obra determinada.

---

[6] Trevor H. Cairney, *op. cit.*
[7] Bernard Veck (ed.), *L'oeuvre intégrale au lycée*, Paris, ENS Éditions, 1997.

8. Ler com os especialistas

5 – As tarefas propostas darão lugar ao trabalho *cooperativo* entre os alunos, de modo que socialize o interesse suscitado e se construa uma interpretação mais complexa, graças ao intercâmbio entre os leitores e à intervenção do docente.

MOSTRAR DIFERENTES ENFOQUES NAS OBRAS: ALGUNS EXEMPLOS PARA A ETAPA SECUNDÁRIA

Já vimos antes que a possibilidade de guiar a leitura de obras integrais só pode realizar-se em um número reduzido delas. Por isso, devemos fazer com que sua escolha favoreça a ampliação da experiência literária dos alunos, dando lugar a diferentes autores e tipos de obras. Mas, principalmente, devemos buscar que facilitem o trabalho centrado nos distintos conhecimentos que se consideram básicos sobre a literatura. Vejamos alguns exemplos disso.

A LITERATURA COMO UM JOGO DE REGRAS

Sabemos que as obras literárias constituem uma formalização da experiência que se situa no terreno do jogo com regras determinadas. Existem, por exemplo, as normas de uma língua literária ou formas de gênero que condicionam o uso dos elementos constitutivos do texto. Além disso, possuímos um extenso conjunto de obras que mostra o leque de possibilidades exploradas até o momento no campo literário. Uma grande parte do aprendizado literário das crianças se baseia na consciência progressiva das convenções que modelam as obras e que guiam nossa leitura.

No primeiro capítulo assinalaram-se os objetivos da educação literária sistematizados por Bertoni Del Guercio, um dos quais é conhecer os principais elementos que constroem uma obra. Ao desenvolvê-lo ao longo dos cursos, os alunos adquirirão conhecimentos sobre estruturas, personagens, cenários ou perspectivas que configuram uma narrativa. Um dos enfoques ou "entradas" previstas na etapa secundária pode ser a de analisar uma obra concreta da perspectiva do funcionamento conjunto desses elementos vistos como "regras do jogo". Quanto mais estereotipada é uma obra, mais claro é o código de normas a que ela responde, o qual inclui habitualmente sua adoção de um modelo literário de gênero. Por isso, no trabalho das aulas e dos materiais didáticos dos primeiros anos do secundário tendem a ser utilizadas

Andar entre livros

obras de gêneros populares muito marcados (romances policiais ou de ficção científica, frequentemente) que facilitam a explicitação dessa ideia.

Um romance histórico hoje pertencente ao *corpus* chamado "clássicos juvenis",[8] *Ivanhoé*, de Walter Scott, vai nos servir para exemplificar esta perspectiva, na qual se pode contemplar a narrativa como algo parecido com um jogo de mesa ou eletrônico, no qual se começa por abrir o tabuleiro ou a tela.

O início do romance nos situa em um espaço de cor verde: o verdor dos bosques de Sherwood, que funcionará como uma imagem fortemente durável da obra na lembrança do leitor. Nesse fundo situam-se três castelos e uma planície, que dividem a história em suas partes distintas. Em continuação podemos imaginar que o autor coloca sucessivamente as peças de cores diferentes, que representam cada um dos grupos sociais medievais em conflito: os saxões, os normandos, os templários e os judeus. As peças de cada grupo se ordenam por fileiras hierárquicas: os personagens principais, cujos amores e enfrentamentos constituem o argumento central (o herói saxão, o adversário templário e a figura da mulher, que no caso de Ivanhoé se desdobra na saxã Rawena e na judia Rebeca); os poderosos de cada um dos grupos (o nobre Cedric, o príncipe João, o rei Ricardo, o Grão-Mestre, Isaac, etc.), que atuarão como personagens secundários relevantes que impulsionarão a trama com seus pactos e intrigas, e, finalmente, os personagens secundários tratados de forma mais coletiva. Estes últimos são muito numerosos aqui, já que nos achamos ante uma longa partida e são necessárias muitas fichas no tabuleiro. Alguns destes personagens mantêm o equilíbrio entre drama e humor, tão comum nas narrativas, e outros criam histórias paralelas de grande força emotiva, como no caso da trágica Ulrica.

À semelhança de muitas outras ficções, Ivanhoé se propõe a traçar um cenário completo que convide o leitor a viver em outro tempo e, provavelmente, em outro lugar. Neste caso, deve transportar-se a uma sonhada idade média inglesa repleta de personagens e batalhas. Se até aqui aludimos a regras de construção narrativa (o cenário, os personagens, os episódios, o enredo, etc.), agora devemos nos situar em outro grau da literatura como forma fixada: a análise das convenções dos gêneros. Guiar a leitura de uma obra como *Ivanhoé* leva, pois, a incluir também algumas regras da novela histórica:

---

[8] Os exemplos concretos de obras aqui aludidas fazem parte da coleção de clássicos juvenis da Editora Edebé. Neles não se encontra nenhum dispositivo didático, mas se comentam, concretamente, as obras a partir de diferentes tipos de enfoques literários.

8. Ler com os especialistas

- A necessidade de nos transladarmos documentalmente a um tempo passado e às limitações que isso impõe ao autor (a impossibilidade de casar o cristão Ivanhoé com a judia Rebeca, por exemplo).
- As distorções que se produzem inevitavelmente (a modernização linguística levada a cabo por Scott ou um conflito entre saxões e normandos mais diluído historicamente na época em que nos situa o autor, do que o que se lê pela necessidade da tensão narrativa da obra).
- O interesse atual por essa época e por esse episódio, e que levou o autor a escolhê-lo e a seu público a desejar lê-lo (por exemplo, a mensagem do escocês Scott no século XIX sobre a recriação de um sentimento nacional menosprezado e sobre a necessidade de respeitar os direitos dos diferentes grupos que constituem um Estado).

Há obras que foram criadas a partir de sua inserção no modelo de um gênero e outras contribuíram para construí-lo. Muitas podem ser analisadas comparando-as com os parâmetros atuais dos gêneros para vê-las de uma perspectiva mais próxima aos estudantes leitores e à sua experiência de leitura e de ficção que, em muitos casos, passa pelos meios audiovisuais. Assim, não há dúvida de que as obras de Conan Doyle podem servir para caracterizar os relatos policiais de mistério. *Huckleberry Finn* pode ser contemplada como um *road movie*, na qual um dos grandes pares da literatura, Huck e Jim, desliza na balsa pelo eixo do rio, enquanto Huck faz sua aprendizagem do mundo. E *Miguel Strogoff* pode ser considerada a aventura de um agente secreto, não muito diferente das ficções audiovisuais que as perpetuam em nossos dias: os mesmos traços do protagonista como um homem de ação, o encargo de uma missão confidencial, a alternância das plácidas superfícies sociais e a efervescência soterrada de tramas ocultas, a passagem veloz por cenários exóticos e convulsos, o adversário como antagonista do herói, a emoção de levar as dificuldades até um limite que parece insuperável, o contraponto do humor, como recurso de distensão, etc.

Este tipo de entrada formal na literatura explicita que qualquer obra estabelece relações de continuidade, ruptura, semelhança ou contraste com a ficção criada até então. A reutilização de determinados tópicos, cenas, personagens ou imagens verbais ao longo do tempo é um dos mecanismos que se inscrevem nesta ideia e é um dos saberes básicos sobre o funcionamento literário que deveria formar parte da consciência literária de qualquer cidadão. Constitui uma descoberta que combate a tendência inicial de identificar e

Andar entre livros

valorizar as obras por seus argumentos concretos, quando, pelo contrário, a maioria dos leitores é incapaz de se lembrar da trama de uma narrativa depois de certo tempo, enquanto recorda-se, com facilidade, da atmosfera ou do tom utilizados, e parte de detalhes e cenas que o impressionaram especialmente quando tentam fazer emergir essa lembrança. A força desse tipo de elementos é o que reverbera na mente humana através das gerações e o que faz com que se reutilizem e perpetuem os tópicos literários além de seu encadeamento com relatos concretos.

Esta linha de transmissão continua oferecendo-se de um modo especial às crianças através do folclore. O palácio de cristal, o castelo de Irás e Não Voltarás, as mesas abundantes, as múltiplas possibilidades das máscaras e dos espelhos, a redução das cinzas das que renascem triunfantes a Fênix ou a Gata Borralheira, os mundos adormecidos ou petrificados, as propriedades mágicas dos anéis, as marcas de predestinação no nascimento dos heróis, os lagos do esquecimento ou a magia do número sete dão forma aos sonhos infantis graças a seu conhecimento da literatura oral.

Talvez porque a literatura comparada viva seu auge em nossos dias ou pela exacerbação na reutilização dos referentes, própria da arte pós-moderna, esta entrada literária se encontra muito forte atualmente nas experiências renovadoras do ensino da literatura. Mas sua aquisição se produz mais propriamente através da leitura de textos fragmentados e em série, ou de enlaces pontuais entre obras que mostram determinadas ligações existentes entre elas: ligações entre o folclore e os contos atuais, ligações através dos contos de um autor que cria um mundo próprio de referências, ligações através do tempo histórico, ligações de significados reiterados, contestados, parodiados, atualizados, etc.

Apesar de ser uma entrada muito apropriada para itinerários de leitura de diferentes textos, a ideia de que a literatura reutiliza elementos que demonstraram sua eficácia literária está presente também na análise de quase todas as obras. No exemplo de *Ivanhoé* podem observar-se alguns: o poderoso que se apresenta incógnito, os bandidos honrados, a substituição de um personagem por outro através do disfarce, a vítima integrada no bando de seus algozes, a necessidade de escolher entre os princípios morais e a salvação pessoal ou o enfrentamento final entre o herói e seu adversário. Ao perceber a recorrência destas situações e ao discutir sua função, o leitor pode se manter na ótica de um jogo com regras, neste caso, o de uma espécie de partida de xadrez onde os jogadores utilizam lances já tradicionais.

8. Ler com os especialistas

A LITERATURA COMO DEBATE MORAL

Se os enfoques anteriores são exemplos de aspectos de construção formal das obras (os elementos que configuram uma narrativa, as leis do gênero ou a reutilização dos temas literários), um tipo de entrada muito diferente pode ser o da formulação direta de dilemas morais ou filosóficos que constituem o núcleo mais interessante de uma obra determinada, como acontece em *O médico e o monstro*, de R. L. Stevenson.

Alguém pode dizer, naturalmente, que vai seguir a leitura dessa obra a partir de sua construção interessante como um quebra-cabeças, no qual os dados oferecidos pelas diferentes explicações dos personagens se superpõem até estabelecer um desenho completo e unificado pelo olhar do personagem Utterson. Ou pode-se escolher fixar a atenção na habilidade de Stevenson para criar descrições visuais (uma Londres noturna e fantasmagórica) ou converter as cenas e os objetos em símbolos do que se narra (o atropelamento da menina-inocência como apresentação de Hyde, as duas portas de acesso da casa, o espelho no qual quem olha e o que vê são uma só e a mesma coisa, etc.). Mas, parece que o melhor enfoque, o mais natural e rentável para um itinerário educativo nesta obra é o dos dilemas morais que propõe e que podem ser considerados em três núcleos principais.

O primeiro seria o da dualidade entre os desejos e sentimentos positivos e negativos no interior dos seres humanos. A literatura criou múltiplas contraposições para falar disso. Às vezes a partir de figuras contrapostas, como os anjos e os demônios, Caim e Abel, ou tantas personagens desdobradas da história da literatura, entre os quais o leitor se vê impelido sempre a tomar partido. Outras vezes ao encarnar a parte maligna em figuras externas que permitem falar do mal, afastando-o de si mesmo e as quais o leitor deverá enfrentar até vê-las destruídas ou configuradas. E, a partir do século XIX, insistiu-se em que o mal é parte da essência humana: Hyde é Jekyll; de maneira que o leitor deve reconhecer a parte negada de sua própria forma civilizada. Quanto mais repressora dos instintos é uma sociedade, mais difícil será descobrir e admitir que a fascinação pelo mal está nela mesma. A ficção moderna revela ativamente todas as formas desta ocultação, assim, a obra de Stevenson pode contrastar com muitas outras formas de indagação e provocação da negação social do mal, através da literatura.

Este primeiro núcleo leva imediatamente ao segundo: o do interesse e admiração que os personagens literários que encarnam o mal suscitam, frente

Andar entre livros

a anódina previsibilidade da conduta própria dos heróis. Parece um núcleo relevante porque a ficção moderna e grande parte daquela consumida pelos adolescentes nutre-se do reverso dos modelos positivos, de anti-heróis que trabalham sem sentido de culpa e permanecem sem castigo. No entanto, diferentemente de muitas ficções de consumo atual, o propósito de Stevenson é o de explorar com profundidade a dúvida sobre a natureza humana e os limites do estabelecido. Por isso, a complexidade de Jekyll se alça acima do simplesmente malvado Hyde e acima de todos os personagens "corretos". O amálgama de bondade e maldade de Jekyll o faz superior a todos os demais, tal como acontece, com frequência, com os personagens culpados de muitas obras que crescem absorvendo o protagonismo, como ocorre com Iago ou Brutus nas obras de Shakespeare, ou como no jogo de ambiguidade encarnado por Silver, outro personagem de Stevenson, embora aqui não chegue a eclipsar Jim, que se mantém como o autêntico protagonista de *A ilha do tesouro*.

A oposição entre ambos os personagens não é a única existente na obra, embora seja a principal. Achamos um terceiro núcleo moral de interesse, em outro desdobramento, o do uso legitimado ou condenado da ciência, que Jekyll e o doutor Lanyon encarnam. O dilema moral de Jekyll e Hyde se situa historicamente na troca da fé na providência divina pela confiança no progresso da ciência. Os limites desafiados não são mais os da natureza, que marcam a religião – com seu mundo de bruxas, diabos, vampiros ou vendedoras da alma –, mas os que a ciência impõe – como o atestam os protagonistas científicos como o doutor Frankenstein, que deseja criar a vida; o doutor Moreau, que dá origem aos animais transgênicos; ou o doutor Jekyll, que descobre a maneira de desdobrar as personalidades que nos habitam. Em qualquer desses casos, a sociedade se retira horrorizada. Como o faz o doutor Lanyon para quem a perda de confiança na ciência é tão irreconciliável com sua concepção do mundo, que ele fica anulado por essa contradição. Do mesmo modo que no caso de Hyde, a figura de Jekyll se alça acima da consistência humana de Lanyon. No entanto, a opinião deste é a única que Jekyll pode combater. Como para qualquer pessoa real, para Jekyll só conta verdadeiramente a posição daqueles que tomam parte na sua comunidade social, aqueles a quem considera seus iguais e que por isso podem atuar como consciência, uma consciência que proporciona neste caso o espelho da reprovação social, a qual o levará à sua decisão final de autodestruir-se.

Situado o doutor Jekyll nessas encruzilhadas, toda a sua atuação se desenvolve como um processo moral, que serve ao autor não para exaltá-lo, mas para propor sua reflexão e condenar finalmente seu desgraçado personagem com uma tomada de posição ética evidente. Stevenson aborda a necessidade de não negar-se a saber, de aceitar o mal para poder desfazer-se dele através de regras combinadas, tanto socialmente como no interior de cada indivíduo. Só lutando para entender o funcionamento destrutivo do mal se é capaz de concordar sobre os limites que se deseja estabelecer. Jekyll se engana e perde o controle; mas arriscou-se a ir além das convenções tranquilizadoras. Por isso, em um momento determinado da obra, sente o alívio de pensar que sua atuação fica a mercê do exterior e não de sua livre escolha. Se nos estendemos nesse exemplo foi para mostrar que esse pode ser, definitivamente, o grande interesse desta ou de outras obras semelhantes para os adolescentes que, depois de uma infância marcada por normas externas, estão enfrentando agora sua liberdade de escolha, construindo sua responsabilidade moral, sua capacidade de decidir de que maneira conciliarão e que limites estabelecerão, entre a parte negativa de Hyde e a parte positiva de Jekyll, que convivem na alma humana. As crianças têm o direito de saber o que a literatura nos fala, deste e de outros dilemas humanos.

A LITERATURA COMO VARIAÇÃO INTERPRETATIVA

O médico e o monstro pode ser visto como uma história de mistério e terror, como uma obra de ficção científica e inclusive como uma investigação policial através da forma epistolar. Ver que uma mesma obra pode ser analisada como gêneros distintos, dá a ideia da multiplicidade de visões que envolvem sua composição. Mas pode-se ir mais adiante e descobrir que a maioria das grandes obras pode ser entendida a partir das "lentes" de diferentes teorias interpretativas: sociológicas, ideológicas ou psicanalíticas, entre muitas outras.

O jogo de interpretações é uma constatação que faz parte do aprendizado do contraste de leituras. Combate a ideia inicial de que uma obra tem apenas uma significação, sempre e para todo o mundo. Através da leitura de obras, as crianças descobrem que não é assim e que a literatura não esgota nunca sua mensagem. Nem todo mundo entende uma obra da mesma maneira. Não se entende igual, segundo o nível de aprofundamento. Não se entende igual, segundo o número de vezes que se leia ou a etapa da vida em que se situem os leitores. E não se entende igual, se estamos interessados em buscar significados de um ou de outro tipo.

Andar entre livros

Robinson Crusoé, por exemplo, pode ser lido como uma obra emanada do individualismo econômico e a justificação colonizadora da burguesia inglesa do século XVIII. Mas também pode – talvez devêssemos dizer deve – transcender esse aspecto para vê-la como a narração da trágica condição de solidão da existência humana ou da construção positiva da consciência individual do homem moderno.

Também *Frankenstein* pode servir como exemplo das múltiplas perspectivas pelas quais se pode analisar uma obra. Como se se tratasse do mesmo monstro, construído de fragmentos, as interpretações de *Frankenstein* giraram em volta da obra para destacar um ou outro elemento.

Assim a narrativa foi lida como um romance de terror, como um tipo novo de monstruosidade que se soma aos recursos literários de formalização dos distintos temores humanos, através de recursos do romance gótico e um certo gosto pelo *gore*,* o sangrento e o arrepiante. É a leitura que mais êxito alcançou na maioria de suas versões cinematográficas. Também se situou como início de um novo gênero: o da ficção científica, concretamente na linha das obras que alertam sobre o mau uso da ciência. Neste sentido, é um livro que conduz com naturalidade aos debates éticos sobre os limites do progresso científico, que hoje apresentam uma inegável atualidade. Por outro lado, a maioria da sociedade na qual a obra foi escrita dedicou-se com novo entusiasmo conservador à sua leitura como uma metáfora do desencanto social da geração liberal anterior, tanto em relação ao progresso em geral, como quanto à emancipação social das massas trabalhadoras, que se transformavam finalmente em "monstros" protagonistas. Outra leitura é a apontada por Shelley no prólogo ao relato de sua esposa, quando afirma que se trata de uma obra em defesa da família. É uma das interpretações mais chocantes, mas, em compensação, projetar a biografia de Mary Shelley sobre os detalhes da obra tem sido uma constante ao longo do tempo, e, recentemente, a crítica feminista retomou esta linha, indagando precisamente sobre o discurso ideológico de emancipação social e da mulher, transmitido por esta história.

Do ponto de vista formal, embora ninguém afirme que esta obra seja um relato unitário, com uma só perspectiva, fala-se dela como se o fosse, porque suas versões simplificadoras são as que passaram a formar parte do imaginário coletivo. Muito ao contrário, a obra se constrói sobre uma perspectiva fragmentada, a partir de um coro de vozes e sobre a superposição de

---

* Palavra inglesa que significa sangue coagulado. (N. do T.)

8. Ler com os especialistas

várias tradições literárias de gêneros romanescos, que corresponde todo à imagem de suas possibilidades caleidoscópicas de leitura. Uma das principais perdas ocasionadas por suas versões é a da própria voz da desolada criatura monstruosa, um elemento que nos remete diretamente a uma das leituras de *Frankenstein* mais poderosas, porque talvez seja a que melhor possa dialogar com os leitores adolescentes: a da narrativa sobre a solidão da criatura sem nome, a da busca dolorosa do reconhecimento social, de um olhar que lhe dê a categoria de semelhante, que lhe outorgue humanidade aceitando sua condição de ser outro.

Usamos neste trecho três exemplos de enfoques (formal, ético e interpretativo) para mostrar que há na literatura um certo número de abordagens que correspondem às ideias de fundo do que qualquer cidadão deveria saber sobre este tipo de obras.

É um aprendizado literário que pode se fortalecer se se planeja um leque de leituras guiadas nas aulas. Porque nem sempre se trata de entender muito bem uma obra em todos os seus níveis, nem de conhecer alguns, sempre poucos, títulos referenciais, mas de decidir aspectos relevantes, que sirvam como esquemas de compreensão subjacentes a qualquer leitura futura. O tempo escolar é escasso, mas ali se encontra a porta da literatura para as novas gerações e há que pensar-se muito detidamente a melhor forma de abri-la. Trata-se de situar-se na mesma forma de pensar e planejar, que leva rapidamente a utilizar palavras como *conjunto, global, instrumento, colaboração, flexibilidade, polivalência*, etc. Pode ser menos cômoda que a lista dos antônimos destes termos, mas deveria resultar mais eficaz, porque assim se pode descrever a formação que os meninos e as meninas requerem de nossas sociedades atuais, e assim funcionam, apoiando-se uns nos outros, os distintos espaços e tipos de leitura na escola, se se quer que entre todos formem o caminho do leitor.

9.

À maneira de conclusão

A reflexão que aqui termina parte da convicção de que "andar entre livros" é a condição essencial da educação literária das novas gerações. Na primeira parte nos centramos, sucessivamente, na escola, nos leitores e nos livros, com o objetivo de analisar os componentes que interagem nesse processo. Na segunda, entramos na escola para refletir sobre a forma pela qual se pode ativar o contato entre as crianças e as obras literárias nesse contexto. Do que foi dito na primeira parte derivamos quatro linhas de atuação sobre os tipos e objetivos da leitura de livros. Embora não tenhamos descrito as atividades, os instrumentos ou os tipos de conhecimento de avaliação, que os professores podem obter sobre os avanços de seus alunos a partir desses campos de atividade escolar, mais do que a citação de exemplos pontuais para esclarecer o exposto, talvez seja conveniente oferecer aqui um quadro indicativo das possibilidades aludidas, de maneira que sirva como indicação para os docentes que desejam relacionar mais concretamente o exposto com sua prática na aula.

Leitura de obras na escolaridade obrigatória

Tipos e objetivos	Atividades	Instrumentos	Avaliação
LER • Aproveitar a guia do próprio texto. • Exercitar as habilidades leitoras. • Aprender a escolher os livros de forma autônoma.	• Tempo de leitura. • Visitas externas (a livrarias, etc.).	• Bilbioteca da sala de aula ou central. • Caderno de leitura. • Mural de avaliação.	• Informação quantitativa sobre a leitura de cada aluno. • Informação sobre gostos e capacidades.

Andar entre livros

COMPARTILHAR
Leitura socializada

• Compartilhar com os demais.	• Clube de leitores, leitura em pares, em grupos, através da internet, etc.	• Mural de recomendações.	• Informação sobre o uso (transmissão) de saberes literários.
• Envolver-se e responder.		• Pautas ou perguntas para ajudar.	
• Opor-se e construir um sentido.	• Discutir, elaborar.	• Entrevistas pessoais.	• Sobre capacidades interpretativas.
• Usar a metalinguagem literária.	• Recomendar.		
• Construir referentes coletivos.	• Recordar juntos.		

EXPANDIR
Leitura integrada nos objetivos escolares

• Ler com diferentes propósitos.	• Leitura coletiva.	• Leitura individual.	• Segundo os objetivos específicos.
• Escrever.	• Escrita (manipulação, imitação, etc.).	• Seleções pontuais de livros.	
• Narrar oralmente, dramatizar.	• Dramatização.	• Segundo as necessidades de criação de textos, espetáculos, vídeos, exposições, etc.	
• Expressar criativamente.	• Expressão plástica.		
• Aprender sobre outras áreas.	• Passar para outros códigos.		

INTERPRETAR
Leitura integrada na programação do ensino literário

• Adquirir competência e conhecimentos de maneira implícita e/ou explícita.	• Leitura reflexiva.	• Seleção de obras.	• Sobre saberes literários.
	• Discussão e comentário guiado.	• Dispositivos didáticos.	
	• Projetos de trabalho literário.		

Através destas páginas tentamos mostrar que incentivar a leitura e ensinar a ler são os dois eixos sobre os quais discorre a inovação no ensino da literatura. Trata-se de dois objetivos que neste momento pretendem gerar formas de articulação estável para uma relação que resulta inevitavelmente complexa. Complexa porque deve responder à conexão entre a capacidade de recepção e de produção literária, entre a recepção do texto e a elaboração

9. À maneira de conclusão

de um discurso analítico e valorativo sobre ele, entre a interpretação do leitor e os conhecimentos que a tornam possível, entre a educação linguística e a educação literária, entre os aspectos linguísticos e os aspectos culturais que configuram o fenômeno literário ou entre a literatura e os restantes sistemas artísticos e ficcionais que existem nas sociedades atuais.

A leitura de obras literárias integrais é uma atividade que se situa no centro da tarefa de alcançar esses objetivos do modo mais amplo possível, tanto em profundidade quanto em extensão social. E o desejo de todos é que os livros e os professores trabalhem juntos para consegui-lo.

Referências bibliográficas

AHLBERG, J.; AHLBERG, A. *El cartero simpático*. Barcelona: Destino, 1991.

ALLSBURG, C. van. *Los misterios del señor Burdick*. México: Fondo de Cultura Económica, 1996.

ALOY, J. M. "Emili Teixidor, un escritor exigente", in *CLIJ: Cuadernos de literatura infantil y juvenil*, ano 16, n. 158, 2003, pp. 7-15.

APPLEBEE, A. N. *The Child's Concept of Story: Ages Two to Seventeen*. Chicago: The University of Chicago Press, 1978.

ARMELLINI, G. *Come e perché insegnare letteratura: strategie e tattiche per la scuola secondaria*. Bolonha: Zanichelli, 1987.

AUDEN, W. H. "Reading", in *The Dyer's Hand and Other Essays*. Londres: Faber and Faber, 1962.

BALZOLA, A. *Munia y el cocolilo naranja*. Barcelona: Destino, 1984.

BAUDELOT, C.; CARTIER, M.; DETREZ, C. *Et pourtant ils lisent...* Paris: Seuil, 1999.

BERTONI DEL GUERCIO, G. "L'ensenyament del text literari", in T. Colomer (coord.), *Ajudar a llegir: la formació lectora a primària i secundària*. Barcelona: Barcanova, 1992.

BETTELHEIM, B. *A psicanálise dos contos de fadas*. São Paulo: Paz e Terra, 1978.

BETTELHEIM, B; ZELAN, K. *Aprender a leer*. Barcelona: Crítica, 1983.

BÉZARD, J. *De la méthode littéraire: journal d'un professeur dans une classe de première*, 1911, citado por M. Jey in *La littérature dans l'enseignement secondaire (second cycle) en France de 1880 à 1925*. Paris: Université de la Sorbonne Nouvelle, 1996.

BLOOM, H. *Contos e poemas para crianças extremamente inteligentes de todas as idades*. Rio de Janeiro: Objetiva, 2003, 4 vols.

BLOOM, H. *El canon occidental*. Barcelona: Anagrama, 1996.

BOMBINI, G. *Los arrabales de la literatura: la historia de la enseñanza literaria en la escuela secundaria argentina (1860-1960)*, Buenos Aires: Miño y Dávila, 2004.

BOURDIEU, P. "La production de la croyance: contribuition à une économie des biens symboliques", in *Actes de la recherche en sciences sociales*, vol. 13, 1977, pp. 3-43.

BRONCKART, J.-P. "Le texte comme lieu d'articulation de la didactique de la langue et de la didactique de la littérature", in F. J. Cantero *et al.* (ed.), *Didáctica*

Andar entre livros

de la lengua y la literatura para una sociedad plurilingüe del siglo XXI. Barcelona: SEDLL-Universidad de Barcelona, 1997.

BROWNE, A. *Voces en el parque.* México: Fondo de Cultura Económica, 1999.

BRUNER, J. *Realidad mental y mundos posibles: los actos de la imaginación que dan sentido a la experiencia.* Madri: Gedisa, 1986.

BRUNHOFF, J. de. *A história de Babar.* São Paulo: Companhia das Letrinhas, 1992.

BRUNO, P. *Existe-t-il une culture adolescente?* Paris: In Press, 2000.

BRUNO, P. *La culture de l'enfance à l'heure de la mondialisation.* Paris: In Press, 2002.

BÜHLER, K. *The Mental Development of the Child.* Londres: Routledge & Kegan Paul, 1949.

CAIRNEY, T. H. *Enseñanza de la comprensión lectora.* Madri: Morata, 1992.

CALVINO, I. *Por que ler os clássicos.* Trad. Nilson Moulin. São Paulo: Cia. das Letras, 1993.

CASSANY, D. *Construir la escritura.* Barcelona: Paidós, 1999.

CERQUEIRAS, V. "Leo lo que quiero, quiero lo que leo: apuntes y experiencias sobre el taller de lectura", in C. Battilana e C. Bombini (eds.), *Voces de un campo problemático: actas del Primer Congreso Nacional de Didáctica de la Lengua y la Literatura.* La Plata: Universidad Nacional de La Plata, 1997.

CESERANI, R.; DE FEDERICIS, L. "La ricerca letteraria e la contemporaneità", in *Il materiale e l'immaginario: laboratorio di analisi dei testi e di lavoro critico.* Turim: Loescher, 1988, vol. IX.

CHAMBERS, A. "Cómo formar lectores", in *Hojas de lectura,* n. 45, 1997.

CHAMBERS, A. *Tell me: Children, Reading, and Talk.* South Woodchester: Thimble Press, 1993.

CHANDLER, M. "Social Cognition: A Selective Review of Current Research", citado por N. Tucker, in *El niño y el libro: exploración psicológica y literaria.* México: Fondo de Cultura Económica, 1985.

CHARTIER, A.-M.; HÉBRARD, J. *Discursos sobre la lectura (1880-1980).* Barcelona: Gedisa, 1994.

CHARTIER, A.-M. "La littérature de jeunesse à l'école primaire: histoire d'une rencontre inachevée", in H. Zoughebi, *La littérature dès l'alphabet.* Paris: Gallimard Jeunesse, 2002, pp. 141-157.

COLE, B. *Minha mãe é um problema.* Trad. Heloísa Prieto e Lilia Schwarcz. São Paulo: Cia. das Letrinhas, 1992.

Referências bibliográficas

COLOMER, T. *A formação do leitor literário*. Trad. Laura Sandroni. São Paulo: Global, 2003.

COLOMER, T.; CAMPS, A. *Enseñar a leer, enseñar a comprender*. Madri: Celeste, 1996.

COLOMER, T.; CAMPS, A. *Ensenyar a llegir, ensenyar a comprendre*. Barcelona: Edicions 62, 1991.

COLOMER, T.; CAMPS, A. *Ensinar a ler, ensinar a compreender*. Porto Alegre: Artmed, 2002.

COLOMER, T. "Cómo enseñan a leer los libros infantiles", in F. J. Cantero *et al.* (ed.), *Didáctica de la lengua y la literatura en una sociedad plurilingüe del siglo XXI*. Barcelona: Publicacions UB, 1997, pp. 203-208.

COLOMER, T. "De la enseñanza de la literatura a la educación literaria", in *Comunicación, lenguaje y educación*, vol. 3, n. 9, 1991, pp. 21-31.

COLOMER, T. "El álbum y el texto", in Muñoz-Tebar, J. I.; Silva-Díaz, M. C. (coords.). *El libro álbum: invención y evolución de un género para niños*. Caracas: Banco del Libro, 1999. (Col. Parapara Clave, vol. 1).

COLOMER, T. "El álbum y el texto", in *Peonza – Revista de literatura infantil y juvenil*, n. 39, 1996, pp. 27-31.

COLOMER, T. *et al.* "El héroe medieval: un proyecto de literatura europea", in Anna Camps (coord.), *Secuencias didácticas para aprender a escribir*. Barcelona: Graó, 2003, pp. 71-82.

COLOMER, T. "El lector de la etapa infantil (0-6 años)", in *Alacena*, n. 21, 1995, pp. 17-24.

COLOMER, T. "El papel de la mediación en la formación de lectores", in T. Colomer; E. Ferreiro; F. Garrido, *Lecturas sobre lecturas*. México: Conaculta, 2002, vol. 3, pp. 9-29.

COLOMER, T. "Enseñanza de la literatura y proyectos de trabajo", in *Lulú Coquette: Revista de didáctica de la lengua y la literatura*, Buenos Aires, ano 1, n. 1, 2001, pp. 99-111.

COLOMER, T. *Introdução à literatura infantil e juvenil atual*. São Paulo: Global, 2017.

COLOMER, T. "La didáctica de la literatura: temas y líneas de investigación e innovación", in C. Lomas (coord.), *La educación lingüística y literaria en la enseñanza secundaria*. Barcelona: ICE UB-Horsori, 1996.

COLOMER, T. "La enseñanza de la literatura como construcción de sentido", in *Lectura y vida: revista latinoamericana de lectura*, ano 22, n. 1, 2001, pp. 6-23.

Andar entre livros

COLOMER, T. "Lectura de ficción y redacción de cuentos en la escuela primaria", in *Textos de didáctica de la lengua y la literatura*, n. 9, 1996, pp. 29-40.

COLOMER, T. "¿Qué significa progresar en competencia literaria?", in *Textos en contexto: la literatura en la escuela*, vol. 5, 2002, pp. 9-22.

COLOMER, T. "¿Quién promociona la lectura?", in *Lectura y vida – Revista latinoamericana de lectura*, ano XXV, n. 1, 2004, pp. 6-15.

COLOMER, T. (dir.). *Siete llaves para valorar las historias infantiles*. Madri: Fundación Germán Sánchez Ruipérez, 2002.

COLOMER, T. "Una nueva crítica para el nuevo siglo", in *CLIJ: Cuadernos de literatura infantil y juvenil*, ano 15, n. 145, 2002, pp. 7-17.

DELAS, D. "L'enjeu du jeu poétique", in *Pratiques*, n. 39, 1983, pp. 79-100.

ECO, U. *Lector in fabula: la cooperación interpretativa en el texto narrativo*. Barcelona: Lumen, 1981.

ELIOT, G. *Middlemarch, um estudo da vida provinciana*. Trad. Leonardo Fróes. Rio de Janeiro: Record, 1998.

EVEN-ZOHAR, I. *Papers in Historical Poetics*. Tel Aviv: Tel Aviv University, 1978.

FERREIRO, E. "Acerca de las no previstas pero lamentables consecuencias de pensar sólo en la lectura y olvidar la escritura cuando se pretende formar al lector", in T. Colomer; E. Ferreiro; F. Garrido, *Lecturas sobre lecturas*. México: Conaculta, 2002, vol. 3.

FREINET, C. *Consejos a los maestros jóvenes*. Barcelona: Laia, 1978.

GENETTE, G. *Figures II*. Paris: Seuil, 1969.

GENETTE, G. *Figuras III*. Barcelona: Lumen, 1989.

GÓMEZ SOTO, I. *Mito y realidad de la lectura: los hábitos lectores en la España actual*. Madri: Endymion, 1999.

HAAS DYSON, A. "'Once Upon a Time' Reconsidered: The Developmental Dialectic between Function and Form", in *Written Communication*, vol. 6, n. 4, 1989, pp. 436-462.

HEILBRUN, C. G. *Writing a Woman's Life*, citado por F. M. Connelly e D. J. Clandinin, "Relatos de experiencia e investigación narrativa", in J. Larrosa *et al.*, *Déjame que te cuente*. Barcelona: Laertes, 1995.

HUNT, P. (ed.). *Children's Literature: The Development of Criticism*. Londres/Nova York: Routledge & Kegan Paul, 1990.

JAMES, H. *The Atlantic Monthly*, out. 1866, p. 485, citado por M. Benton e G. Fox, *Teaching Literature: Nine to Fourteen*. Oxford: Oxford University Press, 1992, p. 2.

JEAN, G. "La langue dans tous ses états", in *Poésie 1*, n. 28-29, 1973.

Referências bibliográficas

JOLIBERT, J. (coord.). *Former des enfants producteurs de textes*. Paris: Hachette, 1992.

JOLLES, A. *Formas simples*. Trad. Álvaro Cabral. São Paulo: Cultrix, 1976.

KIEFER, B. "Los libros-álbum como contextos para comprensiones literarias, estéticas y del mundo verdadero", in *El libro-álbum: invención y evolución de un género para niños*. Caracas: Banco del Libro, 1999. (Col. Parapara Clave, vol. 1.)

KUETHE, J. L., "Perpetuation of Specific Schemata in Literature for Children", in *Psychological Reports*, vol. 18, n. 2, 1966, pp. 433-434, citado por A. Applebee, *The Child's Concept of Story: Ages Two to Seveteen*, Chicago, The University of Chicago Press, 1978.

LANSON, G. "L'étude des auteurs français dans les classes de lettres", in *Revue universitaire*, Paris: Armand Colin et Cie., 1893, ano 2, vol. 2, pp. 255-271, citado por M. Jey, "La lecture comme exercice: sa place au tournant du siècle dernier", in *Le Français aujourd'hui*, Paris, n. 118, 1997, pp. 11-18

LERNER, D. *Leer y escribir en la escuela: lo real, lo posible y lo necesario*. México: Fondo de Cultura Económica, 2001.

LEWIS, C. S. *Crítica literaria: un experimento*. Barcelona: Antoni Bosch, 1982.

LLEDÓ, E. "La voz de la lectura", in *CLIJ: Cuadernos de literatura infantil y juvenil*, ano 7, n. 63, 1994.

LOMAS, C. *La vida en las aulas: memoria de la escuela en la literatura*. Barcelona: Paidós, 2002.

LOTMAN, I.; ESCUELA DE TARTU. *Semiótica de la cultura*. Madri: Cátedra, 1979.

MACHADO, A. M. *Lectura, escuela y creación literaria*. Madri: Anaya, 2002.

MALINEAU, J.-H. *Des jeux pour dire, des mots pour jouer*. Paris: L'École des Loisirs, 1975.

MANESSE, D.; GRELLET, I. *La littérature du collège*. Paris: Nathan/INRP, 1994.

MC LEOD, A. S. "Solidaires et distinctes: la littérature enfantine et la culture américaine au tournant du siècle", in J. Perrot, *Culture, texte et jeune lecteur – Actes du Xe congrès de l'International Research Society for Children's Literature*. Nancy: Presses Universitaires de Nancy, 1993.

MCKEE, D. *Ahora no, Fernando*. Madri: Altea, 1980.

MEEK, M. "Ajudant els lectors", in T. Colomer (coord.), *Ajudar a llegir: la formació lectora a primària i secundària*. Barcelona: Barcanova, 1992.

MEEK, M. "What Counts as Evidence in Theories of Children's Literature?", in *Theory into Practice*, vol. 21 n. 4, 1982.

Andar entre livros

MINARIK, E. H., *Osito*. Madri: Alfaguara, 1994.

MONTES, G. "Espacio social de la lectura", in *La educación lectora*. Madri: Fundación Germán Sánchez Ruipérez, 2001, pp. 83-92.

MONTES, G. *La frontera indómita: en torno a la construcción y defensa del espacio poético*. México: Fondo de Cultura Econômica, 1999.

NAGY, W. E.; SCOTT, J. A. *Word Schemas: What do People Know about Words They Don't Know?*, citado por J. Giasson, in *La compréhension en lecture*. Boucherville: Gaëtan Morin, 1990.

NÚÑEZ, G. *La educación literaria*. Madri: Sintesis, 2001.

ORAM, H.; KITAMURA, S. *Fernando furioso*. Caracas, Ekaré, 1989.

PAGE, M.; INGPEN, R. *Enciclopedia de las cosas que nunca existieron*. Madri: Anaya, 1986.

PAGÈS, V. *Un tramvia anomenat text: el plaer en l'aprenentatge de l'escriptura*. Barcelona: Empúries, 1998.

PETIT, M. *Nuevos acercamientos a los jóvenes y la lectura*. México: Fondo de Cultura Económica, 1999.

POZUELO YVANCOS, J. M. "Canon y lectura", in A. M. Fillola (coord.), *La seducción de la lectura en edades tempranas*. Madri: Ministério de Educación, Cultura y Deporte, 2002, pp. 283-307.

PRIVAT, J.-M. "Sandrine, lectrice adolescente ou 'Je lis de moins en moins, je suis bête'", in S. Goffard e A. Lorant-Jolly, *Les adolescents et la lecture*, CRDP de l'Academie de Créteil, 1995.

PRIVAT, J.-M. "Socio-lógicas de las didácticas de la lectura", in *Lulú Coquette: revista de didáctica de la lengua y la literatura*, ano 1, n. 1, 2001.

QUART, P. *Poemes escollits*. Barcelona: Edicions 62, 1983.

REIS, C. "Lectura literaria y didáctica de la literatura: confrontaciones y articulaciones", in F. J. Cantero *et al.* (ed.), *Didáctica de la lengua y la literatura para una sociedad plurilingüe del siglo XXI*. Barcelona: SEDLL-Universidad de Barcelona, 1997.

RICO, L. *Castillos de arena: ensayo sobre literatura infantil*. Madri: Editorial Alhambra, 1986.

RUANO, A. *Besos*. Madri: SM, 1993.

SARDI, V. "Devenir nacional: prácticas lectoras y procesos nacionalizadores en la escuela", in G. Herrera de Bett (comp.), *Didácticas de la lengua y la literatura: teorias, debates y propuestas*, IV Congreso Nacional de Didáctica de la Lengua y la Literatura, Córdoba, Universidad Nacional de Córdoba/Universidad Nacional de La Plata, 2003.

Referências bibliográficas

SARLAND, C. "Piaget, Blyton, and Story: Children's Play and the Reading Process", in *Children's Literature in Education*, vol. 16, n. 2, 1985, pp. 102-109.

SCHNEUWLY, B. "La conception vygotskyenne du langage écrit", *Études de linguistique appliquée*, n. 73, 1988, pp. 107-117.

SCHWARTZ, R. "Learning to Learn Vocabulary in Content Area Textbooks", in *Journal of Reading*, vol. 32, n. 2, 1988, pp. 108-118.

SENDAK, M. *Donde viven los monstruos*. Madri, Alfaguara, 1995.

SILVA-DÍAZ ORTEGA, C. "¡Qué libros más raros! Construcción y evaluación de un instrumento para describir las variaciones metaficcionales en el álbum", in *Anuario de investigación en literatura infantil y juvenil*, n. 1, 2003, pp. 167-192.

SIMONE, R. *Diario lingüístico de una niña: ¿Qué quiere decir Maistock?* Barcelona: Gedisa, 1992.

SORIANO, M. *La literatura para niños y jóvenes: guía de exploración de sus grandes temas*. Buenos Aires: Ediciones Colihue, 1995.

STEVENSON, J. *No nos podemos dormir*. Madri: Anaya, 1983.

TAUVERON, C. "La littérature au-delà de l'alphabet", in H. Zoughebi. *La littérature dès l'alphabet*. Paris: Gallimard Jeunesse, 2002, pp. 167-179.

TEBEROSKY, A. *Propuesta constructivista para aprender a leer y escribir*. Barcelona: Vicens Vives, 2003.

TEXTOS E.P. *Lecturas escolares – grado primero*. Madri: Editorial Bibliográfica Española, 1957.

TOLCHINSKY LANDSMANN, L. *Aprendizaje del lenguaje escrito: procesos evolutivos e implicaciones didácticas*. Barcelona: Anthropos, 1993.

TUCKER, N. *El niño y el libro: exploración psicológica y literária*. México: Fondo de Cultura Económica, 1985.

UNGERER, T. *El sombrero*. Madri: Alfaguara, 1978.

VECK, B. (ed.). *L'oeuvre intégrale au lycée*. Paris: ENS Éditions, 1997.

WELLS, G. *Aprender a leer y escribir*. Barcelona: Laia, 1988.

WHITE, D. *Books before five*. Oxford: Oxford University Press, 1954.

WILLIAMS, G. "Children Becoming Readers: Reading and Literacy", in P. Hunt (ed.). *Understanding Children's Literature*. Londres: Routledge, 1999, pp. 151-162.

WINNICOTT, D. W. *Realidad y juego*. Barcelona: Gedisa, 1993.

YEOMAN, J.; BLAKE, Q. *La rebelión de las lavanderas*. Madri: Altea Benjamín, 1994.